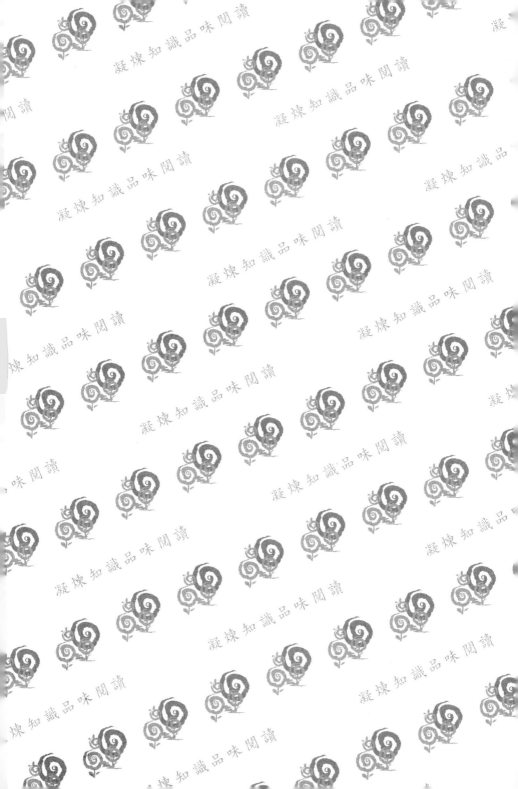

近代國家之懲罰與其正當化

曾友俞 | 著

五南圖書出版公司 印行

序

本書中的前言與結論，已就本書將探討的問題與探討而出的結果呈現，因此，這裡應有些許餘裕說些無關題旨的話。

國內法律科系的教育幾乎以國家考試爲目標，所關注的問題是非常務實與實務的。然而，法律的問題是無法與政治脫離干係，政治哲學正是在此範疇中探討相關知識的學門。這些知識對於法律實務工作可以說是無用的，但知識並不是以實用性作爲評判的標準，卻是本身就具有價值。有沒有用是太常見對於學習的判斷指標，但卻不該如此，知識本身就值得被追求。

會有這樣的想法或許也會跟個人經歷有所關聯，學習過程中對於考試書籍感到乏味，也產生了更多「爲什麼」的疑問。因此，一步一步地展開閱讀政治哲學與歷史學的途路，這本書至多只能說是初步的成果，因爲道路是無止盡的，愈是行走愈是能發現路途之遙。這或許描繪了一幅無窮盡的形象，但這卻不是悲觀的理由，因爲走在這條路途上本身就是令人嚮往的。

有趣的是，行進間會發現其他人也走在這條道路，於是從閒談到深究，漸漸地會成爲旅伴，而我遇到的一群人正是如此。因閱讀而結識進而成爲旅伴，取名爲「讀輸人」的小小群體。無論政治哲學、歷史學、文學、心理學，總是能在各種議題上討論且不受限於任何有如政治正確的價值，這也對視野的拓展有無法計量的助益，因此對於他們的出現是我非常感謝的事情。同時，感謝的心意也必須對伴侶馥郁表達，她提供給我的協助讓我能更順利地完成本著作，以及在此也必須感謝五南圖書願就本書進行出版，尤其是郁婷編輯對於本書編校的細心程度令我印象深刻。

雖然本書的章節安排是以「國家」、「權力」、「懲罰」爲順序，但起初卻是從懲罰開始回頭考察，畢竟這是法律科系會碰到的問題，但也不是問題。因爲在教科書中所能見得對於懲罰理論的討論大多是將應報理論與預防理論簡介後，以我國「實務」採取折衷說作結。但是細究卻會發現理論的根柢是無法調和的，那麼折衷至多是種便宜的做法，當我們以爲把優點給統合的同時，也必然囊括各自理論上的瑕疵。故而在本書中的第四章是以分析各理論的內容與將面臨的問題，以及理論的正當性探討爲內容。懲罰作爲權力的施展則在第三章對於權力的概念探討中說明。懲罰的權力於當代是國家主權予以施加，也因此在本書最初的章節是以「主權國家」（State）的考究作爲起始點。由此，依序揭示近代國家之懲罰與其正當化的樣貌。

曾友俞

目次

第一章　前言

以近代國家之刑罰權作爲本書論旨，係因在一般法學教育中僅著重於法解釋學、對於條文的應用以及實務見解的檢視，這些是國家考試所不可或缺的，然而大學中的法律學科並不僅爲國家考試而設；法學（Jurisprudence）作爲知識，卻成爲被忽略的學門，更遑論與法學相涉的政治哲學。所謂「法律」，是以國家作爲其語義之背景才有意義的，然而何謂國家?中文的二字相較於英文而言必然地產生誤差，就如同權利與權力雖爲同音，但卻在意義上天差地別而有永恆的拮抗關係（見第三章）。

故而，本書第二章從「國家」概念的爬梳作爲開始，提到國家一般都僅由「人民、政府、領土與主權」定義，但如此簡易理解卻抹去概念的系譜。如學者張旺山所言，國家是「具體的、與某一歷史時期相聯繫的概念」[1]，國家就是近代國家，近代——十五世紀中葉至十八世紀末葉——之前不存在「國家」。

近代國家是以馬基維利（Niccolò di Bernardo dei Machiavelli）的國家理性將政治從道德中予以分離，加上布丹（J. Bodin）提出的主權概念，而以霍布斯個人主義之契約論建構出現代國家—主權國家（State）。盧梭所提出的社會契約論，則將主權者的位格由君王移轉至人民開啓民主時代。韋伯（Max Weber）相較於過往，不以目的卻以手段的方式定義國家，施密特（Carl Schmitt）則意圖在理性化的時代中恢復超驗性的特質而提出決斷論，這些乃是在政治哲學中對於刑罰權理解不可或缺的概念。

當考察出近代國家概念核心爲主權時，其不可分割、不可轉讓、絕對、唯一、最高的特質，使其成爲政治社會中所有權力的基源，除以政治哲學外，第三章從社會學的方式檢視權力。權力（power）與權利（right）是截然不同的，前者是：「權力所指的是一種支配，而支配可以被實踐於其他對象，又或者是作爲潛力存於主體之中。」後者是：「權利是一種鑲嵌在系統之中的東西，主體必須對於系統有所呼求，系統也會對此呼求有所回應，而此系統的產生更有賴於參與者在其中的共識。」並且第三章在內容上也比較權力、武力、影響力的關係，以及權威與正當性等概念。以自由概念的探討作爲該章之末，作爲相對於權力概念之比照，這包括消極與積極面向的自由及其與秩序的關聯。最後，以傅科論及的規訓社會與法律的關係，並以我們所論及的刑罰必須置放於「刑罰權中的刑罰」之脈絡來作爲該章結尾。

第四章探討的是懲罰的意義，使用「意義」一詞是避免與目的之概念產生混淆，因懲罰理論的倫理學基礎有義務論（deontology）與目的論（teleology）的差異，前者以康德式的應報理論爲代表，後者則如邊沁（Jeremy Bentham）式的功利主義爲代表，我國法學界卻經常將目的、功能予以混用，對於不同倫理學基礎的應報理論與威嚇理論也敷衍地綜合折衷，但卻忽視理論根基的衝突以及混合所帶來的代價。然而，我們必須分別從不同的基礎推演出國家依據什麼來施加懲罰於人民？這也就是懲罰的意義——正當化——的問題。

應報理論將會以康德與黑格爾的懲罰觀的討論爲主，釐清一般而言過於淺顯的指摘，例如批評其等爲不具有「目的」的循環論證，但這卻是法律學科上慣常性的「目的—手段」式的思考，遮蔽了義務論式論證的進途。然而，應報理論中最重要的概念即爲應得（desert），其與正義、公正的關聯是使應報區別於復仇與報應的核心。又，應報理論也區分消極與積極的不同面向，分別是以應報作爲必要、或必要且充分條件，而予證成懲罰理論，然而消極應報理論卻經常地與其他後果主義式理論結合。任何不同理論的結合在本書中皆以混合理論（hybrid theory）稱之，蓋因不同倫理學基礎乃是「無法調和的」，因此任何如此嘗試皆爲徒勞，甚至產生虛僞掩蓋的惡害。

目的論後果主義式的懲罰理論，以威嚇理論與復歸理論爲代表。我國不當地以一般預防與特別預防區辨二者，然而二者之理論基礎，僅有在功利主義的倫理學根基是相同的，然對如何達成更多公共善之可欲狀態卻有截然不同的取徑。而功利主義在本書中將以邊沁式的單一標準作爲依據，雖彌爾（James Stuart Mill）有提出修正，然僅以「最大多數人的最大快樂」作爲道德正當性判準已足爲本書論述目的所需。復歸主義則是將罪犯認定爲「偏差者」而需要被矯治，並不認爲人是應爲自己行爲負責的主體，也不認爲人是理性的而能被嚇阻，卻是需要矯治治療的病患，這以李斯特（Franz von Liszt）的馬堡綱領（Marburger Programm）與政治上的福利國家背景作爲理論的脈絡。

但在七〇年代後對於國家官僚的無效批評來自左右兩翼，大眾對於安全的需求與對犯罪的不安，使得刑罰成爲凝聚大眾情感的途徑，大眾的不認可透過懲罰向罪犯表達，此即爲表達理論，認爲懲罰經由對大眾道德情緒表達而正當化。表達理論的修正，則是從單向的訊息傳遞，進而至雙向的罪犯回應以爲對話，以此作爲世俗悔罪達成理想社群市民社會成員身分的再回復，此即溝通理論。

在方法上，我們應注意者爲須在特定的理論脈絡上予以探討特定的理論，例如我們在討論應報理論時，無法以正義能達成多少效益來批判應報理論；又或者在討論威嚇理論時，以其不把人當作目的（一或說，將人作爲客體）爲批評，或者批評懲罰是否公正。然而，這卻是我國於此等理論討論時經常產生的問題。彌爾的態度是可取的，他說：「對於任何與功利完全無關的抽象權利概念，即便其有利於我的論點，我也一概棄而未用，因爲我把功利視爲一切倫理問題上的最終歸宿。但這裡的功利是最廣義的，是基於作爲不斷進步之物的人的長遠利益而言。」【2】

言歸正傳，本書所欲回答的問題爲以下三者：近代國家的刑罰權是什麼？權力的型態又是什麼？懲罰又是如何被正當化？前二者是理解「懲罰」概念所不可或缺的基礎，在本書各章中都分別以「國家」（State）、「權力」（power），以及「懲罰」（punishment）作爲中心，向外擴及至相關知識闡述於各章之中。最後，作爲國家主權之權力行使的懲罰的正當性，即爲本書欲解答的核心問題。

◆註解◆

[1] 張旺山，〈論「近代國家」概念〉，收錄於：林從一編，《哲學分析與視域交融》，頁二一八（二〇一〇年）。

[2] J. S. Mill，孟凡禮譯，《論自由》，二版，頁三二（二〇一五年）。

第二章　近代國家之概念

第一節　前言

所謂的「國家」，被定義成公法人，由「人民、政府、領土與主權」四個元素所組成。然而，如此簡易之理解，卻忽略掉在翻譯上使得其發展之系譜被消去，同時，也無視其成形之脈絡，更將以後見之明去理解概念的起源。

如學者張旺山所言，國家是「具體的、與某一歷史時期相聯繫的概念」。[1]換句話說，國家就是近代國家，近代之前不存在「國家」的概念。有趣的是，此後來者反而成為理解先前政治組織型態的概念，所以將希臘城邦也稱作「城邦國家」，中世紀教會成為「宗教國家」。不過以此作爲參照基準，也能確實捕捉人類政治體（body politic）的若干特徵。

本書所稱之近代，係以十五世紀中葉至十八世紀末葉作爲期間，也就是始於一四五三年中世紀結束之時，而以法國大革命的一七八九年——將無法對國家統治施加影響的大多數人的第三等級（Third estate）從一無所有轉變成擁有一切的行動[2]——作爲終結。此前，沒有主權（國家，State），此後則是民族國家。

「各種權力都會流於濫用，是法的功能以預防任何權力行使的恣意。」[3]

本書將從政治思想史考察，依次概敘古希臘時期至近代的政治思想發展，進而以馬基維利（Niccolò di Bernardo dei Machiavelli）的國家理性將政治從道德中予以分離，其後以布丹（J. Bodin）提出的主權概念，並同霍布斯對於自然狀態的想像作爲方法，以個人主義之方式綜合前先的思想建構出現代國家——主權國家（State）。

如洛克（John Locke）也提出不同版本的契約，而其所著重的是財產權作爲人類社會的基礎，然而眞正轉變了社會契約的型態者乃爲盧梭，其將主權者的位格由君王移轉至人民，劃出民主時代的起源。

韋伯（Max Weber）則以異於以往透過目的之方式——經由手段之方式——定義國家，也指出了二十世紀國家概念發展的祛魅過程，對於人的屬性也並同刪去的危機。因此，施密特（Carl Schmitt）意圖恢復在理性中立化時代中的主體特質，而提出決斷論以復興超驗性，其中的同質性也映襯了民族國家的趨流。

這就是國家概念的系譜，其一切皆以「主權」（sovereignty）作爲核心。

第二節　近現代政治思想概述

壹、城邦、帝國到宗教國家

在西元前五百年至元年的古希臘時代的人類政治體，以「polis」為對應，指涉者為市民團體，可以「城邦國家」為理解的指標，例如雅典城邦，這時的世界觀也就是政治觀，是目的論式地認為政治與道德共存，而政治是公共事務（res publica），公民參與，亦即追求共善的公共生活是德行的表現，認為應順應自然法則生活，理性與正義為生活的指導，美好人生就在於利用自然賦予的權能發揮潛力，過著良善生活。

柏拉圖作為哲學之源，認為觀念來自於理型世界，政治亦然。政治，是為建造合於理型世界的秩序，而國家是因人類經濟需要而產生，為獲得美滿生活而透過多數人協力組織成團體，依照每個人擅長的不同以維持運作。而每個人的特長分為理智、勇氣與欲念：理智為腦：制定規則，此種人係屬金質，擅長於理智之才能而屬於哲學家專司統治，其等之命令即為法；勇氣為心：以勇敢為才能，係屬於銀質之人，為了保衛國家以及維持社會之秩序及執行統治命令而存；欲念為腹：此等人係屬鐵質者，欲念屬於才能，此等人愛好錢財並勤奮工作，專門生產供給予全國人民。而這些人的互相合作所形成的社會，即係柏拉圖所謂之理想國。柏拉圖所設想的政治社會是階序式的，尤其希臘時代中公民的政治參與乃是德行的實踐，這與現代社會的差異在於，後者的相互尊重與服務僅係爲達成社會生活的基本生存條件，而非德行的卓越。[4]

亞里斯多德對政治的看法，則如同其倫理觀認爲均衡與至善爲首要，國家的存在是爲達成人生至善之目的，亦即完成人的人性。城邦是共同體，而共同體是爲善而建立的，最高的共同體所追求的一定是最高的善，而城邦就是最高的共同體，國家的地位也因此高於其他人類團體。至善（the highest good）指的是幸福生活，包括外在的財富、權力、健康，以及內在的勇敢、節制與明哲。城邦的形成是經由人類性慾與自我保存的結合而成，因此形成家族再成爲鄉村，最後就成爲國家。換句話說，國家是家族範圍擴大而形成的，又因爲家族是自然而然所產生，國家亦因此而屬自然形成之團體，所以，「人類是天生的政治動物」，欲脫離社會而存在者，僅有上帝或野獸。人的特性在於具有語言（logos）——理性言說——相對於單純的聲音（voice），不只能表達情緒，也能表達利害與正義，進而使得理性溝通、城邦生活成爲可能。當代的公私之分此時並未存在，這是主權國家形成之後才有的產物。承繼了其思想（以及托馬斯）的是中世紀末期的詩人但丁

（Dante Alighieri, 1265-1321），他認爲，「國家的存在是適應人類的生活需要：當一個人要滿足他與家庭同居的慾望時，他需要一所與鄰居一樣的住宅，如果沒有這樣一所住宅，會有許多不便，就無所謂幸福生活可言。但是僅與一群鄰人在一起，仍無法滿足生活的需要，因此必須與城市發生聯繫，又需要與鄰近城市交易或聯盟，於是形成一個國家。」[5]

至羅馬時期，國家概念成爲「civitas」，其中西塞羅強調高尚性（honestum）與效益（utilitas）之別，前者代表的是事物本身具有價值而成爲行動目的；後者則是外於事物的價值，而可促成人類生活的利益，而這兩者必然同時並存，若不符合高尚性，則無利益，因背離於高尚性的利益只是虛假表象。國家的意義係代表有完整市民權之羅馬市民所組成之團體，且隨勢力延伸，征服地之人若加入市民團體也將具有公民權，直到羅馬成爲帝國、公民權喪失之後，國家之概念成爲「imperium」，這時國家已成爲統治團體之代表，而非單指人民之集合而已。

之後的黑暗時代即爲中世紀的宗教國家時期。所謂宗教，指涉的是基督教，其具有末世論性格，將現世與彼岸區隔，因此是「反政治的」。「讓凱撒的歸凱撒，讓上帝的歸上帝」即此思想之彰顯，人類存在的世界只是天主之城降臨前的過渡，永福皆在彼岸的來世，教會發展出的組織也就是此時期的國家型態，這時的政治同時也就是神學。「在基督教籠罩一切的中世紀，由於永生才是主要的關懷，俗世只是通向永生的考驗，因此，維持一個穩定的環境，俾讓基督徒得以較平順地行走於俗世的天路歷程，可謂是對於政府的主要任務的基本理解。」[6]此時的神學家也有提出國家源於神權之說，有如主張國家之權力在教會之下，如奧古斯丁（A. Augustinus）與阿奎那（T. Aquinas）；亦有主張國家之權力與教會平等，如丹第（Dante Alighieri）；或是主張國家之權力在教會之上，如馬西僚（Marsiglio da Podova）。

中世紀國家的特點在於，國家與教會的爭權。羅馬教會之教皇代表上帝，於靈可控制歐洲，於肉則權力足壓制國家。「Gregory VII的改革，是中世紀政教衝突的一個分水嶺，從此教皇取得了在整個基督教世界裡的最高權威。……一方面，透過所謂『神職授予鬥爭』，Gregory VII所開啓的運動，排除了俗世統治者對教會及神職人員的指揮和任命權力，並且進一步侵奪俗世統治者的神權地位，削弱他們的正當性依據。不過在另一方面，這場改革建立了教會內部的統一管轄體制，使教皇成爲一個神職官僚體系的最高領袖。」[7]再加上神聖羅馬帝國皇帝自詡爲古羅馬傳人，而有統一基督教國家之權，他國君主若非受皇帝之冊封，無從統治其國。又，君王的地位也是具有雙重的屬性，同時服從法律也高於法律，因其同有腐朽、不朽之身，「君王有兩個身體，一是塵世之肉身，是會腐朽的，另一則是受上帝『恩賜』而有的不朽之體；君王的身體就成爲不可聞見之上帝及其『道成肉身』兩者之間的媒介，君王的身體乃體現其統治之社會的同一性，透過君王可見之身體，整個政治社會遂與另一個不可聞見的超驗的世界，或上帝，而有了聯繫。就此而論，君王之肉身因在塵世而會腐朽，但其權位因上帝的『恩賜』而是不朽」。[8]在英國的伊麗莎白女王以及斯圖亞特王朝早期，也流行著國王的兩個身體（King's Two Bodies）的理論，國王分爲自然的身體（body natural）：肉身，臣服於時間與習慣，可朽的；與政治的身體（body politic）：國王的位置，永恆、全能的。也因此，君王成爲人與神之間的中介兩把劍的理論，被認爲作爲國家根源。不過雖然概念有此系譜，但近代國家作爲世俗化的神學，才是當代政治的起點。

中世紀末期的封建國家，因政治組織中的權力基礎以土地所有權爲據，國家的概念則以「land」、「terre」、「terra」表示，土地之因素在此時加入於國家概念內。封建制度的特點在於君主只不過是領主之中的最高者（overlord），封建的領主就像是國家中的國家，上層與下層間由契約建立權利義務關係；然而，契約也預設了議價的平等性，國王的權力因此並非直接統治於國土上的國民之上，而係透過領主，階序性地間接統治。君主頒布律法須經封臣的同意，即便名義上是最高的，但實際上的權力卻非全能的。義大利的城邦政治在重商主義中經由商業活動帶動政治更新，十三世紀的「城市共同體運動」抗拒歐陸封建體系的莊園經濟與社會等級序列，要求城市自治與市民身分平等並對公共事務的參與，雖說仍是派系寡頭，但隨著十四世紀人文主義（humanism）興起使教會受到衝擊，十六世紀馬基維利倡議古典共和的異教政治德行，封建體制開始鬆動。而後發展出的「State」的概念，來自於羅馬帝國滅亡後叢生以「lo stato（或stato）」的概念統稱（無論君主或共和）的各小國，亦即「stato」代表的是統治者的權位，也即是君王之國。在十六世紀與十七世紀之間，國家脫離中古世紀的政治，故而在國家集權統一的同時，人民也追求自由、自主，這兩股力量匯聚於城邦與共同體，催生出現代的政治。

貳、近現代政治思想

十六世紀對於世界的理解爲基督教神學式的，基督教聖經是秩序的來源，世界環繞著上帝與聖經的秩序而存在；十七世紀時，形上學與理性科學取代了宗教的地位，中葉時的英國革命是新興的資產階級對抗君王威權與要求自由與平等權利的革命。十八世紀倫理人文主義（ethical humanism）盛行，義務與美德成爲主流，世紀末的民主革命，即法國大革命以及美國獨立革命，啓蒙時的人權、自由、平等與人民主權的理論實踐到政治場域，並以憲法為架構創造代議民主，並以民族同一性成為國家理論的新方向。十九世紀經濟學成為主軸，歐洲的自由主義推展出代議制與自由思想，此時的自由主義乃為現所理解之古典自由主義，以消極防禦國家權力干預為理解自由的基點，透過代議制度約束國家主權並保障公民權，選舉制度使多元意見可在衝突中協調，於是戰爭的可能被轉移到議會中的磋商。二十世紀則是技術的時代，一個中立與去政治的時期。

使用「國家」的概念來理解政治是以後見之明的方式來理解政治。「State」是近代的產物，我們卻以此概念來定性「（主權）國家」概念出現之前的政治組織，例如：「中世紀國家」、「宗教國家」或是「城邦國家」等。然而，在國家概念出現之前，並沒有現代國家的核心——主權的存在，而這點必須被指出，以免產生概念上的混淆。同時，主權概念的出現也是劃分出「近代」起始點的概念，以下將透過接續章節的敘述，整理出國家概念發展的系譜，然在此之前必須先予區別相關概念。

語言使用不同概念即為對不同現象的指涉，國家（State）與政府（government）分別所代表的是政治的實體與政治的機構，例如：布丹認為國體變革與政體變革之區別在於，前者係主權歸屬更易，後者僅係制度與法律更改但主權並未移轉；洛克則認為國家與政府係不同契約所生成，前者係社會契約所致，後者則係人民與統治者間之約定；盧梭認為國家是人民普遍意志所形成之政治社會實體而有最高主權，政府則是人民選出代表或官員組成的機關以執行普遍意志。因此，在概念的內涵上，國家必然是「先於」政府而存在，也只有國家的成立作爲前提，才有設立政府的可能。

同時，國家（State）與社會（society）的概念也是不同的，固然都是在事實（de facto）的層面上予以理解，但社會卻是人民的集體相對於國家作爲實體而存在。尤其國家擁有的虛擬人格，更是在主權的觀念下作爲「絕對、唯一、客觀、永恆、全能」的政治實體，其政治性亦非其他社會團體（包括社會自身）得以篡奪，否則，將會是內戰的發生。政治作爲世俗化的神學，主權者也被依照上帝的形象描繪，而隨著正當性從超驗走向內在，人的屬性躍居於上位，上帝被人的理性給殺害之後，統治者與被統治者取得了同一性，民主也就取代了君主，這也就是民主時代的開端。

參、馬基維利與國家理性

在進入現代的時點，馬基維利是不得不被提出的思想家，其所著作的《君王論》，將道德剝除於政治場域之外，「國家理性」（ragione di stato）因此成爲現代政治的特性。所謂國家理性，指的是君王的國家——Stato——統治者的權位所統治的區域中，「事實上」最高權力的存在，「Botero在《論國家理性》一書的第一卷第一章的一開頭是這麼界定『國家理性』的：國家是對一群人民穩定的統治，而『國家理性』則是關於如何建立、維持與擴充這樣的一種支配的手段的知識」。[9]其由國家自我保存以及權力理性所組成，前者以價值理性作爲政治行動的理由，以目的合理化手段；後者則將目的理性作爲行動原因，透過因果必然性強迫人們接受後果。「國家理性並不在追求君王本身權力的擴充及鞏固，而是將國家視爲目的本身。易言之，國家不但從倫理觀中釋放出來，也不再與統治者的權力發生必然的關聯。」[10]

《君王論》被稱爲邪惡之書，係其將政治分離於道德—宗教之外，而被貶低爲權術，但此見解則係忽略本書著作的脈絡，這時是文藝復興時期中人文主義的濫觴，同時也是國家存亡之秋，如何生存的交關。「受人愛戴比令人畏懼更好，抑或相反？答案是最好兩者兼備。不過，由於很難同時做到，因而，如果君主要在兩者之間取捨，那麼令人畏懼要比受人愛戴更安全。……人們冒犯一個自己愛戴的人要比冒犯一個自己畏懼的人較少顧慮，因爲愛戴維繫於恩義，而由於人性之惡，人們隨時都會爲了自身利益而忘恩負義；但是畏懼之心，卻會由於害怕必定降臨的懲罰而持之有恆。……人們的愛戴之情是他們自己做出的選擇，其畏懼之心則取決於君主的選擇，明君應當盡量求諸自身而不是求諸他人。一如

前述，唯須努力避免的是受到憎恨。」【11】

不同於以往將政治與道德綁縛，政治的德行也就是人的美善人生，《君王論》中提出的統治者的德行即爲是否爲「有效的統治」，而在有效統治中即便不具有眞摯的德行，也必須「看起來有」。主要的原因在於「一般人在進行判斷時，都是依靠雙眼而非依靠雙手，因爲每一個人都能夠看到你，但是很少有人能夠接觸你；每一個人都看到你的外表是怎樣地，只有很少數的能夠摸透實際上的你（P.18: 6）」【12】。因此表象的維持相較於實際是重要的，因爲這是眾人的感知所在，這裡所定性的「政治」是沒有超越性的本質或理念世界，可用做判斷政治行動正當性的標準。這時期的旁觀者不同於羅馬時代是貴族，卻是「庸俗大眾」，因此在有效的統治之上，更好的是獲得群眾的讚揚。但是，有時德行的眞正反而可能有害於統治，政治秩序的創造與維持無法依據常規道德，必要時仍須爲惡，「他必須理解：一位君主，尤其是一位新的君主，不能夠遵從那些被認爲是好人所應做的所有事情，因爲他要保持國家（maintain his state），常常不得不背離誠信（faith），背離慈悲（charity），背乎人道，違反宗教。因此，一位君主必須有一種精神準備，隨時順應機運的風向和事物變化的情況而與時俱變。如同我前面所說過的，可能的話不要背離良善（good），但是當被必要性所驅迫的話，他就要懂得如何進入罪惡之途。（P.18: 5）」【13】政治上的德行與道德上的德行不只不再相關，甚至，可能相反。

在馬基維利的政治理解中，重點在於「必要性」，「人類事務並非靜止不動，而是處在一種恆動的狀態，若非興起便是衰亡。必要性將爲行動者帶來一些並非理性所能預見的事態（D.I.6: 4）。也就是說，必要性與理性相對立，意味著在政治領域中由於機運以及偶然性而對行動者所產生的限制，新君主的德行便在於能夠克服必要性的限制」。[14]「傷害」就是君王創造政治秩序時，不可避免的必要性。這是對於西塞羅的顚覆，因其正義觀的首要原則正是在於避免傷害。換言之，馬基維利的君王的必要性在於不正義，正義則是最不切實際的，而政治就是實際的問題。政治上的善是相對的，只代表害處較小的路途，實際上損害較少的即爲政治上爲善的道路。

馬基維利的思想，顚覆基督教中心的神聖秩序與君權神授觀念，推翻階級社會的正當性以及宿命論（finalism），古典政治的目的論也被否決，人的圖像在馬基維利的觀念中是：「人在本質上並不是如古典實踐哲學所規約的理性之存有，而是『慾力』（impluse）的存在。人的行動均來自激情（passion）與利益的考量。」[15]

國家理性即爲在非道德性的現實中的，爲自我保存所必須具有的技術性知識，而這關於「權力—武力—暴力」的獨占。國家內部權力鬥爭完成中央集權後，國家理性於內部，將由法的理性取代，政治問題也成爲法律問題；於外部，國家理性則轉以「國家利益」的方式存在，進而鬥爭的主體也將成爲國家與國家。

第三節　主權：霍布斯與利維坦

壹、布丹：主權的概念

現代國家的成立，除了馬基維利的國家理性，以及霍布斯的原子式個人主義契約型態建構，更重要的是國家的靈魂——主權。對於主權，一般之理解爲：「對內最高，對外獨立」。然而，此卻忽略主權最初的出現僅有對內之意義，是在政治體內的權力位階排定中，被置放於最高位之權力，尚無考慮對外的問題。所謂的「國際」——對外，也是在「國」出現之後才有的觀念，而「國」的出現時刻，僅係在確立權力的性質，而主權的出現即爲政治體性格的彰顯，說明如何構成、權力來源、性質與歸屬，並如何正當化的問題。

最先提出主權（sovereignty）概念者係爲布丹，於其所著《國家六論》（*Six Livres de*

la Republique）提出：「主權是屬於國家絕對且永久的權力。（Sovereignty is that absolute and perpetual power vested in a commonwealth.）」[16]所謂永久，是指超越時間限制的，而絕對則是指除了神法（神意）與自然法（個人自由及私有財產）外，不受任何法律的限制，故而無須遵守教皇的法令，也無須臣民同意，也不向任何人負責，然須遵守與他國所定條約以及與國民簽訂契約的義務。而既然法律（實定法）是主權者的意志所訂定的命令，故而主權者本無須遵守之，而這也是主權的標記：「絕對的立法權」，主權的內容也包括「宣戰與媾和的權利、直接任命文武百官或是裁定人事派令、宣布最終的褒貶賞罰、發行通貨並規定度量標準。……主權者也有權要求『臣民奉獻出誠實與尊敬』、『信任與效忠』」。[17]此也即國家與其他團體的區別關鍵所在。在奧斯丁（John Austin）的著作《法理學範圍之界定》（*The province of jurisprudence determined*）也提到主權的三個品質——被接受、可感知的、超越限制的。[18]雖然說現實的主權是有限的，甚至是可錯的（fallible），但正因此才需要理論家的政治想像，以及法律來建立主權的無可錯性（infallibility）。

布丹認爲，國家的產生是因人類合群的天性產生家庭組織，然家族相互鬥爭優勝劣敗後產生征服與被征服方的統治關係，分別爲統治者與奴隸，最後才產生國家，換言之，國家是由多數家族的人員和財物集合而成的集合體，並被最高主權（a sovereign power）及理智（reason）所支配。「對布丹而言，家庭是依據父權架構而形成的一項『天生』秩序體系，父親對自己的家庭成員行使著至高無上的權威。父系家庭不僅合乎歷史以及聖經所認可的權威型態，並且複製在範圍更廣的國家中。」【19】

貳、自然狀態：萬人對萬人的戰爭

十七世紀前的政治哲學探討的是統治者的品格與德行，經由馬基維利的國家理性，加上布丹的主權概念，最後由霍布斯以個人主義式的社會契約建構出的「利維坦」（Leviathan），才是現代國家——主權國家的原型。

霍布斯的哲學思想，是研究事物的「實然」，規範的「應然」則不在研究範疇中。而其對於自然的理解則是基督教式的，也就是上帝意志的創造物，上帝可以改變它，此係相較於希臘哲學的思想中，宇宙秩序獨立於任何意志而存在的思想。其認識論核心在於感覺（sense），眞實透過感覺（senses）影響感知（perception），知識的基礎是感知而非經驗，從人性出發，以數學、幾何學的機械方式來證成國家的起源，透過設定公理（不證自明）並做出分析推論進而形成理論（此與斯賓諾莎（Baruch Spinoza）相同），其對於人性的描述是自負、虛榮、貪婪、愚昧、盲目、眼光短淺、私利的。換句話說，人的理性不是決斷式的，而是計算式的，進行決斷的是意志。然而，不斷追求權力的個體，如何形成共同權力？答案在人的欲望、激情，以及理性。「讓每個人能想望和平的激情者即是憂懼死亡；欲求如此的事物，乃是安居樂業之生活所必須的，也是勤勞而能有所收穫的希望。理性建議一種人們得以同意的和平條款。這些條款，換句話說可被稱之爲自然法則。」[20]自然法是自然的秩序的規範性法則，但其係因出自上帝的命令——自我保存——才具有規範性，而這也是笛卡爾式的「暫時性道德法則」（provisional moral code），爲了個人安全，對常識見解與世俗道德仍予遵循，自然法在此則是一種爲了克服戰亂、失序，爲達和平的「集體的暫時性道德法則」。

霍布斯爲了政治社會所設定的公理，正是自然狀態（state of nature），即其政治理論中的數學性所必然存在的預設。利維坦的創造必須經由「自然狀態」想像，才能證成利維坦所具有的政治正當性。自然狀態雖有經批評是非事實上的眞實歷史，但是，自然狀態從來僅爲理論工具而非作爲經驗命題而存在。[21]「自然處境的論述方式是一項分析工具，而不是歷史敘述工具。」[22]然而，工具也好、思想實驗也罷，都無法脫離與現實的關聯，一六五一年出版的《利維坦》（*Leviathan*）是在英國三十年戰爭中的內戰背景下完成的，畢竟若缺乏現實感，也將使得創造出絕對統治權力變得沒有必要。

「當人生活在沒有公共權力以保持他們的敬畏的時期內，他們處在戰爭狀態中，一個所有人對抗所有人的戰爭，結果就是所有人對於所有人都是敵人。在這種條件下，無法發展工業，因爲成果並不確定，也因此無農耕，無航行也無對於可能從海洋進口的日用品的使用，沒有寬敞建築，沒有交通工具，沒有對於大地的知識，沒有時間觀念，沒有藝術，沒有文字，沒有社會，最糟的是無間斷的恐懼以及暴死的危險（violent death）。於是，人的生命，孤獨、窮困、骯髒、野蠻且短暫。」[23]這是霍布斯式的自然狀態，萬人對萬人的戰爭（bellum omnium contra omnes），對於「恐懼」作爲其理論建構中的重要元素，其甚至打趣地說母親在生育時，他也獲得了一位名叫恐懼的孿生兄弟。

所謂的恐懼，是「必當『試圖保有或企求某種可欲的狀態』，才會有恐懼之由生或恐懼感之乍現。因此，恐懼感乃是一種衍生的情愫，它是對於心之想望的一種內在防衛」。[24]在自然狀態中，我們所想望的正是「自我保存」，當我們對此可欲狀態有心理預期將被影響時，恐懼感就會萌生，而恐懼感是因此而產生的焦慮與躁動情緒，尤其恐懼並不只使人陷於焦慮，甚至會敦促行動以避免恐懼的實現。也就是說，霍布斯基於現實上對於秩序的渴求，在想像上創造了充滿恐懼的自然狀態，一個所有人隨時有暴死風險的狀態，來證成巨靈的正當性。

自然狀態中所存在的並非「人民」，而是「眾民」（multitude），其即便有多數的聚合，但卻缺乏同一性，而無法共同行動，也就是意志並不單一，而這些正是自然狀態中個體存在的樣態。霍布斯甚至有舉出例子，如當時美洲原住民，以及國與國之間的戰爭狀態，因此對應即自然狀態的建構與現實之間的關聯，「從這些具體的案例，可以看出霍布斯所設想的自然狀態以及雜眾，並非某種遠古的歷史狀態，而是現實條件中缺乏政治共同體時的客觀環境（自然狀態）以及個人境遇（雜眾）」。[25]自然狀態所描繪的，根據學者所述，是理智與道德的無政府狀態，問題不在人缺乏能力進行認識或判斷，而是缺乏在認識判斷結果間選擇的判準。[26]

換句話說，霍布斯式的自然狀態是客觀道德標準的欠缺，且人在自然狀態中是平等的，無人強壯到足以抵禦他人的侵害，而無論強弱都有暴死的風險，「是人彼此間最平等與最自由的處境……是一個極端民主的狀況」。[27]這是一種「認識論上的困境」，對於同一事物，因不具有裁斷的標準，導致衝突與紛爭甚至殺害，而也沒有何人該統治的共識，因此，「……霍布斯所謂的平等關係假設事實上是一種『規約』，它所要強調的是人們不應當著眼於『事實上』人與人之間身心能力上的差異，而去爭論孰強孰弱，爲了達成和平，人們『應當』學習去承認彼此的差異沒有想像中大，然後才會意識到戰爭狀態的可能，也才會願意進入和平狀態……」。[28]

關於自然狀態的認識論問題，論者[29]認爲自然法（nature law）第二條：「放棄對一切事物的權利——『當其他人也如此做的時候』。」中，產生了誰來判斷是否滿足此自然法？人能獲得正確理性？等困境，人與人之間如同賽局一般必須判斷他人是否有心遵守自然法，故而符合「（工具）理性」的行動是將他人不守法作爲判斷的前提，以免自身之守法換取自身之毀滅，反而違背了自我保存的最高目標。且，自然狀態的存在並不在於實際的爭鬥發生，而在於戰鬥的可能性存在之時，畢竟在自然狀態中所有人也具有「自然權」（nature rights），即「但我先前已揭示國家的制度前，每個人有對一切的權利，且做一切爲自我保存所必要的；征服，傷害，或殺害任何人，爲此目的。而這是所有國家行使懲罰權利的基礎」。[30]這也就是人的權利，因死亡是種應避免的罪惡，而自我保存成爲應追求的目標而成爲權利，以所有手段確保自我保存也成爲權利的範圍。

由此可知，自然法與自然權利是不同的，前者是上帝對人的約束，而後者則是人類的自由，而自然權利是被自然法所規定，因此邏輯上以自然法爲先，又自然法來自於上帝意志，故而自然權利則是上帝的恩賜，於此也預示了《利維坦》中的統治與自由關係，也是日後古典自由觀念的起源。

認識論的困境使得自然法不作爲任何人的行爲規範而無實效性，故而，即便是依照正確理性（right reason）來判斷，但除自身卻無人可參照而無法分辨何謂「正確」，而無法確定是否掌握自然法，尤其自然法的規範性質也有被解釋的需要，遑論人會因眼前利益而忘掉和平的利益。總而言之，理性本身毋庸置疑地眞確，然而人運用理性的能力則可疑，而無人可宣稱自身符合理性，此種自然狀態的困境只有透過強制力來消解，而這就是主權者意志被創造的契機。

對比於過往社群主義者如亞里斯多德，個人在霍布斯的理論中並非社會性的，而是先於社會而存在的，國家的出現因此並非「自然」，卻是「人造的」（artificial），並且古典政治哲學中目的論的觀念中，人類共同體的形成是爲了完成良善生活並實現正義，然而霍布斯對於政治的理解卻認爲這是不可能，進而主張以「最大惡（summum malum）——死亡」取代「最高善——良善生活（summum bonum）」，政治觀點也從實現至善轉變成爲迴避至惡。「『對死亡之恐懼』雖然是一種極端經驗，卻是每一個人內省後最大的恐懼，足以成爲形構政治共同體的動力因，使得主權國家成爲保障個人生命『不得不實現的政治狀態』，而非如古典主義實現良善生活的政治共同體之渺不可及。如此一來，政治共同體也從促成德行實現的積極性格，轉變爲消極的，以保障人民安全以及和平爲主要功能的低限度國家。」[31]自然狀態是充滿懷疑的處境，且正因理性地行使權利自我保存才走向殘暴的戰爭狀態，而這形成了失序混亂的自然狀態。

也因此，在趨樂避苦的人性驅使下，遵從理性而訂立契約將全數權力移轉。「每個人都同意將他們爲了追求自保而可以爲所欲爲的自然權利悉數拋棄。人人依據自願約定的方式邁向這段歷程，因此對主權者具有服從的義務。」[32]創造出單一的人格（個人或少數人所組成），這個人格就是利維坦——國家，其意志絕對、權力萬能，並非締約者，而是契約的結果，因此地位高於契約，換句話說，主權的行使不受限制也不被剝奪而爲絕對。眾人將意志服從於該意志，將判斷服從於該判斷，法律之源來自於主權者的意志，而利維坦的出現正是爲了消除自然狀態的悲慘。論者以「保護與服從」作爲理解《利維坦》的基點，「國家之建立雖然剝奪了人在自然狀態中絕對的自由，但是臣民相對卻得到在國家所制定的法律中所保障的權利；再者，臣民在國家無法保障和平與安全的情況下仍然可以解除對國家之服從義務。因此，霍布斯的『利維坦』是以『保護與服從』作爲其建立與運用的原則。」[33]

我們對於利維坦的理解，可以「秩序」（order）作爲核心，因爲秩序與安全乃是雙面，相對於自然狀態的混亂與危險。利維坦的出現正是收攏所有人的判斷權力與認識，政治權威凌駕與道德與知識之上，不再透過外於政治的方式予以證成，而僅以「政治—存亡」的理解來證成國家的起源。尤其，秩序的需求也可在人類無論何處所創造出的「神話」所見得，也就是看似任意、無意義、荒誕的神話，但在世界各地都有著類似的創作，這無秩序背後的秩序正彰顯出人類心靈中對秩序的需求。[34]

參、利維坦：人造的神

對立於原先對於政治體作爲自然產生的國家理論，霍布斯的政治社會形成是人造的，自然則是反政治的，兩者作爲極點而相對。

「建立抵禦外敵以及防免彼此傷害，並保證可以生活在自己工藝與收成能培育自身與滿意生活的公共權力的唯一方法，是將自身所有權力與力量交付給一個人或一群人，這會將所有人的意志減少到單一意志。也就是說去指定一個人或一群人來承擔所有人的人格，且所有人認知並且承認自己是那承擔他們人格者在慮及和平與安全的行動的授權者，可以說，將所有人的意志屈從於該人的意志，將所有人的判斷屈從於該人的判斷。這不只是同意，這是透過所有人與所有人的契約（convenant）形成一個眞正的全體統一，在契約中就像每個人對每個人說：『在你們放棄你們的權利給該人或該群人，以及授權所有他的行動的條件下，我授權並放棄我統御我自身的權利給該人或該群人。』該統合者就叫作國家（commonwealth，拉丁文civitas），這就是那偉大的利維坦（Leviathan）的誕生，或更尊敬地說，那俗世的神（mortal god）。」[35]而因將政治權威定位在世俗且有形，主權成爲潛在有錯性的（potentially fallible），其必須要有人的樣貌（human face）但同時也要超越人，才能成爲所有人生命的保衛者，即須同時是人性的卻完美的（human but perfect）；世俗的卻超人的（worldly yet superhuman）。[36]

眾人意志、判斷的屈從，交付由主權者進行判斷，這是透過政治上的權威來解決認識論困境的路徑，而服從正是爲了保護，「霍布斯（Hobbes）說，要讓人類再度明白這種『保護與服從之相依關係』是牢不可破的，它是奠基於對人性訴求、對上帝法則的觀察之上的，這是他寫《利維坦》的本來目的（在一六五一年英文版的結論，頁三九六）」。[37]利維坦是眾人意志讓渡後所創造出的政治實體，也就是現代國家的原型，這其中有三個實體，首先是主權者的肉體，其次是其所代表的主權者身分，最末則是主權者的人格（靈）所代表的國家人格。由此亦可見兩把劍理論中，君王具有的靈肉屬性同時存在於其身，而這位君王——主權者——國家，即爲消滅混亂，創造秩序的絕對者——「意思是說，沒有任何原則、事實、甚至於推理正確與否的邏輯規則，對這樣一套秩序的妥當性是有意義的。霍布斯從來沒有說這類原則、事實或規則不存在；他也沒有說它們在原則上便不可知；他是說任何關於它們的『認識聲稱』——包括主權者的——均無法逃脫基於人性的懷疑從而無法擺脫爭議的宿命，也就無法取得政治上的效力。主權者頒布的秩序之所以在政治上有效，是因爲它乃是循非認識的途徑取得妥當性。它可以終結自然狀態中的認識無政府狀態，己身卻不勞任何認識資訊的支持，也不受任何認識資訊的挑戰。這樣一套秩序，我們勢必要說，它在認識論的意義上乃是『絕對』的。」[38]利維坦不是契約締結者，而是契約的結果，而不受契約的約束，地位更高於協議。

這不僅解決了認識論問題，且也顚覆了政治與秩序的關聯，「從前，秩序是政治的架構、權力的來源；現在，權力與政治才是秩序的締造者。這兩者之間關係的轉換，徹底改變了政治活動的性格。因爲從政治產生秩序，預設了一個關於『政治』的基本了解：它只能以意志爲參考點，而無法訴諸任何客觀的標準。可是，霍布斯以最清楚的方式告訴我們，如果秩序沒有意志之外的來源，那麼，唯有一個壟斷了權力的意志才能帶來秩序。因爲，唯有這樣的意志才能構成社會的公共意志」。[39]在其中，並消解了基督教末世的危難，「正如『基督千年的統治國度』即是『和平的國度』，『國家』也就意味著和平，在主權者身上體現了彌賽亞式的和平，同時意味著千年國度的體現。所以，對霍布斯來說，國家的目的即是不計代價地實現地上的和平。首先，即是表現為對死亡的克服，正是源於對『恐怖末日』的恐懼，國家化解了『人與人全面戰爭』的殊死命運，彌賽亞主義的具體精神即是和平的統治，並且只有在絕對的統治權之下和平才有可能」。[40]

以機械論的方式理解國家是霍布斯的理論進路，霍布斯以機械式地理解國家，而正也符應其對人之唯物觀。「創造出利維坦的技藝稱作國家（commonwealth, state, civitas），即為人造人（artificial man），而有為自我保存與防禦所意欲的比自然人更大身形與力量；主權是為人造靈魂，給予整個身體生命與活動；行政官與其他司法、執行官員，為人造關節；賞罰（綁縛於主權的位置上，每個關節與成員被驅使於完成義務）為如同自然人一般的神經；富有的個體成員為力量；人民安全（salus populi）為任務；律師，即建議國家所有需要知道的事情，為記憶；平等與法律為人造理性與意志；一致（concord）為健康；叛亂、病疫與內戰為死亡。最後，協議與條約，即政體（body politic）最初創造的契約，置放在一起的整體，相似於那命令，或稱讓我們造人（let us make man），神再造物時所言。」[41]最重要的是上帝的造人命令，利維坦的誕生如同神在第六天時的命令一般，仿似於上帝的造人命令，這次是以人的意志創造出俗世之神，而利維坦正是《聖經約伯記》中上帝所造的巨大海獸（鯨魚或鱷魚）。[42]

政治社會中的利維坦具有自主性格，成爲了善惡的裁決者——界定者，界定者的標準成爲所有人的標準，而其僅因身爲界定者即自我證成，無需道德上的理據——使得道德上的認識困境消解。然而，更重要的是無關於道德的現實上政治的秩序的達致，秩序的重要性在於，「秩序其實就是集體生活得以運行的必要條件，沒有秩序的社會等於沒有社會」。[43]而同時，創造出利維坦之後，「國民」的身分——具有權利義務關係——才再被創造出，自然狀態到政治社會的過渡使得在事理上相同的事物具有了不同的意義，而原先的自然存在也成爲了政治存在。因此，造人命令所造出的利維坦，再造出其中的國民與主權者，而皆獲得新生。而這顛倒了《創世紀》，這次，是人造了神。「從日漸衰落的中世紀王國的基礎上產生了一種令人驚異的新式政治機器叫作「國家」——這種新奇的政治型態立即在全世界流行起來。它是人類的能力所創造出來的最接近上帝般無限威力的產物。」[44]

「國民」身分——相較於在自然狀態中的「雜眾」，秩序所代表的是「公共性」的，也就是僅與秩序——公共性——有所涉及，始爲國家所關心、限制的範圍，除此，與國家存續無所關聯則非利維坦所關懷之處，於是現代的「公、私」領域於焉劃分而出。「善惡知識與永生不朽是上帝獨有的，利維坦是壽命有限的上帝（mortal god），但既然是上帝，就必須繼續壟斷善惡知識和禁絕有關善惡的議論。雖是被造的人造人，仍奉上帝命令造出全新的主權者與國民，這樣的人造人昂然矗立於人群、治國者之上，僅居於全能的主之下，利維坦到此完成造人命令，造出一種不再議論善惡、不再質疑國家作爲無可替代之群體生活方式的全新之人，他們的名字叫國民。國民雖仍有自由，但不許作爲善惡是非的最高裁判者，一如伊甸園中的亞當和夏娃。自然狀態中的人們，則如同被逐出伊甸園的人類祖先！」[45]也因此，利維坦如同再返伊甸園的途徑，自然狀態中的人如同亞當與夏娃具有善惡判斷能力而受到上帝的磨難，而社會契約則是讓所有的亞當與夏娃的子民重返伊甸園的方式，我們放棄善惡判斷的能力，「利維坦是新伊甸園的稱呼，國民是新人類的名字，主權者則是管理國民、確保眾人絕對服從誡命的代理人」。[46]

私人良知留在非公共領域中，故而在不違反法律——主權者意志下的命令——的情形下，個人便擁有自由，而這正是近代自由觀念中消極自由的觀念雛形。消極性是霍布斯政治社會建構的特質，消極地離開自然狀態、消極地不受國家權力干預、消極地維持秩序而不鼓勵公民參與政治——「公開議論價值是眾人在自然狀態瀕臨互取毀滅的行動，自毀與自保之對立卻也是人性表現的典型。霍布斯相信，爲了自保，人們終究會做出正確的抉擇。因此，無論在戰爭狀態或利維坦中，公共議論不僅不是人類天性的昇華，而是互毀生存機會的愚行。」[47]——希臘時期的美好人生與德行問題，全數劃歸爲個人良知的私人領域問題。換句話說，異質性作爲契約論的預設也是在原子式個人作爲契約論基礎的必要前提，而這來自文藝復興的「個體性」價值彰顯，[48]透過自主性地同意交付權力而創生主權，這也是統治正當性的來源所在。個人的異質性在進入政治社會後，亦將不會改變此原設的人的屬性；然而，異質的部分則留待個人內心良知自主判定，故而個人僅需外在服從主權者而無需贊同，內心則非主權者所欲干涉者，此乃自由主義中良心自由與思想自由的發源。

利維坦收攏了所有的意志匯聚爲單一，創造了秩序、和平與安全，而契約論中的原子式個人作爲基礎，臣民對於主權者的服從然同時仍是行動的授權者（author），而君王則是代表（actor），且「當授權人將權利委託給代理人，前者便不再有權自作主張，而必須服從後者的言行，如同原先服從自己的判斷一樣，否則就是破壞自然法的背信者；若代理人破壞自然法，其中責任就要歸在授權人身上，因爲那是得到授權的行爲，視同授權人的言行。這種代理人與授權人的關係不只是同意（consent）或協調（concord），『而是全體眞正統一於唯一人格之中』（a real unity of them all），也就是統一於霍布斯稱之爲利維坦（Leviathan）和活的上帝（mortal god）的『國家』（commonwealth）」。[49]君權神授是中世紀君主的正當原則，霍布斯所創造的政治哲學新傳統正是在與主權者的絕對正當性，國家的政治權威是自我證成的終極來源，無須其他超越性的來源——「主權者的權力是絕對的，不是因爲他的某些理智或道德特質可以帶來某種超然客觀標準，具有不容挑戰的權威，例如理性或功效，而是因爲他根本便只是以本身的地位作爲唯一的理由。」[50]主權國家的崇高性並非宗教性的，政治是去宗教性的神學，且此係來自於人民的自願同意。「人民擺脫自然狀態，進入政治社會的一個意思正是在於他們獲得了一套思想及是非的標準，以及提供並且執行這些標準的最高統治者。」[51]主權不可思議的性質就在於它的自我指涉性（self-referentiality），以及透過這個程序所獲得的權力。主權者定義自身爲無上權力後創造一個政治秩序系統來維持自身。簡言之，之所以成爲主權者是因爲其宣稱自身爲之，主權是政治秩序的目的，也是手段，終極目標即爲自我保存。[52]

主權者所有的權利能區分成，消極權利與積極權利。前者有如不可改變國體、政府與主政者，這代表主權者不受屬民的牽制，消極性地維護主權者地位；後者則是思想與信仰的統一、規範——法律、善惡判準——的頒布、爭議裁決、與他國和戰決定、軍備籌措、人事運用、賞罰分派、頒布榮典、排定尊卑的權利，目的皆爲透過主權創造秩序。而因法律作爲主權者的意志，因己身之來源即具政治上的正當性，其判斷是否與理性相符則無關緊要，而主權者的義務則來自於自然法及其之目的推導，例如人民的安全、秩序以及自然法的約束。

另外，也必須注意的是主權的取得在霍布斯的理解中，不只有透過契約的方式，即所有人同意將自身屈從於政治體，這稱爲創立的國家（commonwealth by institution），或政治的國家（political common-wealth）。但也有另一種透過物理力量的方式，例如透過戰爭征服取得主權，這稱爲取得的國家（commonwealth by acquisition）。

利維坦的建造並不是毫無理論缺陷的，例如有循環論證的批判。「在《利維坦》中所論，自然狀態到相互約定而產生主權者，其論證如Kramer所批評的，會陷入循環論證。即，唯主權者的存在，才能安頓自然狀態中各人之私欲所帶來的混亂、鬥爭；但在自然狀態中所產生的主權者的權力及其建置，卻必須依賴先於自然狀態先行的、由約定來的共識（即使這個共識是多數的決意）而這個共識得以產生反過來說必須有主權者及其建置方得以成立。」[53]以及無窮後退的假設需要。Gellner批判：「社會契約論引發的問題不僅是邏輯循環的問題而已，如果契約確實地迫使人們踐履社會責任，那麼就必須引援一種『後設性的契約』（meta-contracts），以造就首次履行契約的行爲，因此，無窮推演。另一方面，社會契約論者不當地論證人性。履行契約信守承諾，只是人的一種特殊傾向，現在，卻被普遍化而成爲人性的本質。」[54]

或有本質主義的瑕疵，「『社約論』的『同意說』的論證缺陷，在於把人之個體身分從特定的社會脈絡抽離出來，而且普遍化人的某種特定的行爲（訂立契約的行爲），使之成爲人的一種本性。『同意說』的宗旨在於論證國家之正當性，這套學說當然有助我們理解現代國家的特質。但是，若缺乏了解它得以被表述的社會經濟與宗教的條件，很容易讓我們誤以爲國家的成立依賴個人的明示意願，以爲國家憑藉人的意志就可以被理性地建構。因此，如果說國家的正當性必須獲得人民個人的同意，那麼，這種同意並非是明白簽訂，而是『未明示的』，而這種『默示』同意則是來自於現代社會已存在，且爲人所信守的種種『規則』，以及所形成的一種認知概念與文化的統合架構，譬如政教分離、基督新教的『個人主義倫理』、科學理性、市場經濟，以及政治與經濟的多元主義……等等。」[55]又或者是，作爲絕對者的利維坦，其被建構的思想基礎與個人主義間所具有的緊張關係。盧梭也批評霍布斯乃將文明人的性質套用到自然狀態的原始人身上，以此來論證出的國家理論乃爲本末倒置。「霍布斯的錯誤，在於他宣稱描述自然人，然而在實際上描述的，卻是那已經『啓蒙』的社會人。」[56]

然而，我們無法否認的是，若非利維坦的創造，對於秩序的追求，消除了自然狀態的混亂失序，建構了政治與道德上的秩序，結合了國家理性、主權與個人主義契約論式，則將無現代國家的靈魂——主權的出現，並同時建構了現代的公私之別，作爲理解「自由」（liberty）概念的起點。

上帝造了人，是基督教式對於世界的想像，然而去宗教化的政治，個人主體性的抬頭，人作爲主體反寫了創世紀，我們創造了俗世之神——利維坦。

第四節 主權者更易：盧梭的社會契約論

壹、洛克：財產權作為基礎

在霍布斯與盧梭的時期之間，有著洛克的社會契約論，洛克認爲組成國家係爲求生命、自由與財產獲得保障，「與霍布斯迥然不同的是，洛克在實際的政治鬥爭中，支持議會，反對國王」。[57]洛克對自然狀態的想像是基督教式的：上帝創世，人人共用。雖有自然法——理性教導人類，所有人皆平等與獨立而不得侵害他人的生命、健康、自由、財產等自然權，人是上帝的子民必須遵從上帝意志而不能彼此之間決定、互不隸屬、無權彼此毀滅，所有人必須自我保存，並應盡所能保存他人（自我保存不成問題時），除非爲了懲罰罪犯。但在自然狀態中也會因爲各種原因，例如愚昧、偏見而對自然法有所誤解，且無公認的裁判者使得自然權利無從保障。

由此訂定社會契約創建的國家，則是以自然法爲據並以公共利益爲依歸，而國家也因此僅得在人民授權的範圍內，爲保護人民利益的目的才能行使權利。在自然狀態中的自然權最重要者係爲「財產權」，此更爲生命權與自由權的基礎，這也影響了邊沁（Jeremy Bentham）的思想。[58]「政治權力就是爲了規定和保護財產而制定法律的權力，判處死刑和一切較輕處分的權力，以及使用共同體的力量來執行這些法律和保衛國家不受外來侵害的權力，而這一切都只是爲了公眾福利。」[59]

懲罰罪犯的自然權利，是洛克理論中自然法所賦予人之自然權，這是重要的，唯一需注意者爲懲罰不得恣意，須依理性以達糾正與禁止之唯一目的。「觸犯自然法即表明不遵守理性，而理性乃上帝爲人類相互安全所設置的行爲尺度，故誰破壞的即是對人類和平安全的侵犯，人類基於自然法有權制止甚至毀滅。人基於保護人類有爲此做出一切合理行動的權利，可懲罰罪行並防止再度發生。在自然狀態中，人人有處死殺人犯的權力，因爲罪犯已滅絕理性，以暴力向人類宣戰，因此人人可把罪犯當作動物一樣毀滅。」[60]但洛克也有提到：「誰都不能把多於自己所有的權力給予他人；凡是不能剝奪自己生命的人，就不能把支配自己生命的權力給予別人。」懲罰罪犯的權利在洛克的理論中，乃是社會契約訂立後國家刑罰權的來源，而自然法在必須自我保存的規定下開了一個罪犯例外，本書的詮釋認爲：「人都是具有理性的」這個命題，並非對人的性質的判斷，卻是以理性作爲標準來判斷是否爲「人」──上帝的子民。換言之，被提出的命題是：「具有理性的才是人」。違背自然法的罪犯滅絕了理性，而人人可將其當作動物而毀滅，代表罪犯因爲侵犯了自然法（理性），違背了神意，失去了作爲上帝的子民──「人」的資格，進而人人可將其當作野獸消滅，換言之，罪犯不是「人」。

另外，洛克的理論中這裡可以區分出兩種不同類型的契約，且也區分了社會與國家的觀念，基於自然法的社會契約是先出現的；其次才有基於人民同意與委託的支配契約（政府契約）。尤其，後者是人民與政府所訂定，因此政府乃是締約之一造。因此，既然「人民的福利即是最高的法律」（salus populi suprema lex），則當政府無法完成人民託付的任務，甚至侵犯人民的財產時，人民就有終止支配契約、建立新政府的權利，並且人民才是『政府是否辜負或違反人民的委託』的裁判者！」[61]此乃洛克的政治理論中重要的抵抗權的理據。

同時，洛克的理論的重要之處，還有分權的觀念。將國家分權爲立法權與執行權，立法權由人民選舉出的代表來行使，執行權即爲執行法律之權力，兩者間以立法權爲高，但仍不得凌駕人民，若有違反人民委託之情，人民則得收回權力，理由則是：將權力授予他人者，比受者地位爲高。權力的階序關係中，主權歸爲人民所有，立法權監督執行權，而人民則監督立法權。

洛克也處理了社會契約的非現實性問題，也就是存在於當下社會中的人並無明確訂立「契約」的過程，縱使祖先訂立社會契約，對於非締約人之人何以需承擔此義務？洛克認爲，對於社會契約的同意可以個人明示或默示判定。例如，在國家中擁有財產權或是繼續存在，即屬默示同意。因此則應遵守契約的義務，生活於社會之中。不過，也有對於默示同意的批判，例如「沈默就是同意。在實踐中和在做出各種決定的無數層次上，總有人提出這一假定。也許這一假定是不可少的。然而，它是一個錯誤的等式，有時還是一個嚴重誤導的等式。消極地不表示反對或放棄選擇權，也許意味著整個一系列反應中的一種：在強權面前的畏懼或謹慎、政治上的冷漠、意志的消沉、消極的順從、徹底的絕望、愚昧的感情和奉迎的秉性等。所有這一切，或其中的任何一種反應都可能隱藏在沈默的外表之下。顯然，它們不等同於同意」。[62]

在進入盧梭之前，對於不同社會契約論式的理解，同時，銜接於霍布斯與盧梭之間，洛克的理論是重要的，在國家概念的形成上，以及當代的權力分立觀念上，以及對於自由觀念的深化上，以財產權作爲基礎的洛克式社會契約是理解現代國家不可或缺的一環。

貳、不同的自然狀態：文明的墮落與高貴的野蠻

對於霍布斯的自然狀態想像，盧梭批判其將文明人的惡習套用到野蠻人之上，包括「需求、貪婪、壓迫、慾望、傲慢」，這些全都是文明的特徵，即便是聖經裡頭受到上帝訓誡的第一人，早已不是自然狀態的存在者。「霍布斯並沒有理解，正如法學家所說的，妨礙原始人使用理性的那個原因，正好也如同霍布斯自己所認爲那般，就是阻止原始人濫用他們的能力的原因。」【63】

盧梭對自然狀態的讚揚以「原始人除了受傷與老化之外，不知道有其他疾病。……在森林中成長的馬、貓、牛、驢比在家裡飼養的，都比較有粗大身材，健壯的體型，力氣與膽量。那些因爲畜養而失去一半優勢的家畜，經常導致我們說，所有我們對於這些動物的好好餵食與照顧，反而使得牠們變得更爲退化。人類也一樣，在發展成社會與成爲他人奴役的同時，人變得懦弱、懼怕、奉承，並以一種軟弱與撒嬌的生活態度過活，同時也造成

他的力量與勇氣轉為衰弱。我們再說，原始人與居家人的差別，一定比野外動物與圈養動物的差別來得大，因為最初的人與動物受到自然相同的眷顧，但後來人類給自己增加的東西，必然比他們給所馴養動物多，同時也正因為這些特殊因素，導致人類後來明顯的退步」。[64]尤其人類被賦予自由，動物則依照本能；因此動物無法脫離自然法則的同時，人類卻會在有害自身的情況下，做出相反選擇。文明是德行墮落與不平等的起源，文明是經由反思而來，反思是疏離自我的活動，因其所造成的敗墮為盧梭所批判，因此，自然方成為盧梭所稱頌的狀態。

啓蒙、科學、實證，這些使得人遠離自身，科學與藝術趨向於完美，但是靈魂卻走向腐朽。「天文學生於迷信；雄辯術生於野心、仇恨、諂媚、謊言；幾何學生於貪婪；物理學生於一種虛妄的好奇心；所有的知識，甚至道德的知識，皆生成於人的傲慢。所以，科學與藝術全靠我們的罪惡而生……它們根源的缺點，我們可以從它們的目標裡來追溯。如果沒有奢華來滋潤藝術，我們要藝術做什麼呢？如果沒有人與人之間的不正義，法學能為什麼提供服務呢？如果沒有暴君、戰爭與陰謀者，歷史又會變成什麼樣呢？如果每個人只聽從人的義務與自然需求的支配，能把時間都用在為了國家、為了不幸的人，以及為了每個人的朋友事上，總之還有誰會終其一生從事那些無結果的沉思呢？」[65]科學造成閒散，閒散再造成科學，互相循環而產生了無用的公民，因對善事的無所為而成為「不作為而敗德」。然而，獲取德行無需工具，僅需傾聽內心良知即足，而這就是獲取人類知識中最重要的「人的知識」的途徑。

在文明與理性發展之前，人即有兩個原則。「第一原則，使我們熱烈關心我們的福利以及我們的生存；第二原則，引發我們那種不願意見到感覺動物面對危險或痛苦的情緒，尤其是與我們屬於同一種類的動物。我們的心靈活動能夠使這兩個原則協調與結合，不用再引入社會性的原則；對我而言，自然法的所有規範，均源自於它們。當理性後來被迫在其他基礎上重建規則時，這就是持續發展下，理性逐漸覆蓋了自然的時候。……學習成為神所諭令的樣子，學習知道你在人世間的位置。」[66]這兩個原則即為自然法之源，尤其是憐憫應用到他人即表現為慷慨、寬恕、關懷，而期間更長的憐憫則成為友誼與善良。這樣的特質在自然狀態的野蠻人身上是強烈且緊密的，但在政治社會文明人反之，理性使得人自重。關於人的知識，預示了傅科的規訓觀念；而關於神諭的人的圖像，則符應於康德超驗式的定然律令。

我們必須區分自重之愛（l' amour propre）與自保之愛（l' amour de soi），前者是社會性的，不存在於自然狀態，認為自身遠重要於其他人，造成傷害也推崇榮耀；後者則為自然狀態中每個人的觀眾只有自身，且作爲唯一的仲裁者而無從與他人比較，出於情感對於自我保存的要求而來，憐憫將會調整理性因而產生倫理，憐憫的重要性正在於緩和了人的理性作爲，確保相互保存。「在自然狀態中，憐憫心具有沒有人會違抗它那溫柔聲音的優勢，能夠取代法律、道德與德性的地位。」【67】

自然狀態中的人是無知的，所謂無知（ignorance），也同時代表著無辜。野蠻人不感受到「恨」，也不報復，這些情緒都來自受到觸犯的信念，因爲觸犯並非傷害本身，侮辱與加害的意圖才是傷害的本質，且野蠻人也無知於傲慢，也無所有權、正義的觀念，因爲無知，所以不濫用，因爲無知，所以無知於好也將無知於壞，因此將不爲善，也不行惡。自然狀態因爲互不需要，就不發生屈從關係，也就沒有奴役、無人受制於枷鎖，因此也無需強者的法律。

所謂高貴的野蠻是以現今的道德標準來評價野蠻人，而以同樣的標準審視當今的文明人，則是墮落，文明是罪惡之源。在文明狀態中的觀眾則是他人，這也是原始與文明的差別，爲了自己或是他人而活？虛榮的發萌也使得藐視、羞恥、嫉妒萌發，於是社會走向不平等，也走向了惡。

「第一個圈起一塊地的人，當他膽敢宣稱：『這是我的』，又認爲周遭的人簡單到相信他所說的，那麼他就是公民社會的眞正創建人。」[68]於是，發展出了財產權，然後建立執政制度，最後則是將合法權利改爲專斷權力。這三個階段依序發生貧富狀態、強弱狀態，最後則是主僕狀態，而這將持續到新的革命推翻政府，或使原先政府趨向於合法狀態爲止。在這之前，專制抬頭使得每個人回到平等，平等得什麼都不是，這是新的自然狀態，自然法的規則是強權眞理，但這卻是文明的腐敗結果。尤其，財產的權利不像自由與生命是無法放棄的，後者的放棄是否定心靈與個人存在。

自然狀態中的人即便被描述爲悲慘的，但卻是自由、心靈平靜的，相較於公民社會中到處抱怨生存環境甚至自我了結，野蠻人則不會如此。無善無惡的自然狀態是因於無知與安寧，而非啓蒙；啓蒙反而導致文明的發端進而產生不平等。然而，爲了面對自然狀態的巨大困難，盧梭以不同於霍布斯的方式建構了社會契約，提出了普遍意志與共同體的概念，相對於締約者將權利（力）轉讓予第三者，盧梭的社會契約是以「共同體」作爲承載權利的主體，其取代所有人的人格而有統一性且不可分割，並且使得主權產生了更易，從國家轉移到人民即爲其移動的軌跡。

參、社會契約論：共同體的誕生

卡繆（Albert Camus）對於社會契約論這麼評論：「《社會契約論》將一種新宗教的範圍大大擴張，以教條式的方法闡述，這個新宗教的上帝是和大自然相混淆的理性，它在塵世的代表不再是國王，而是人民的全體意志。」[69]啓蒙的時代，理性成爲了新神，取代了過往的上帝的位置，而正是人所具有的理性，創造了人類的共同體。

家庭是社會中最古老的自然組織，當依附關係解除恢復獨立後的繼續結合，所依靠的就是約定，強力也無法產生權利，[70]只有約定才是權威的基礎，而家庭就是政治社會的原型，首領是父親，人民是孩子，人生而自由平等，只爲利己才會轉讓自由。

自我保存是人性的首要法則，自然狀態中的巨大困難是無法憑著本能對抗，在無法獨自產生卻爲該首要法則運用已有力量時，就須由眾人締約凝聚力量。相對於霍布斯創造利維坦是消極地結束自然狀態，盧梭所創造的共同體是積極性的。訂約過程中，所有人毫無保留地將全數權利轉讓於共同體，所有人向全體奉獻自己全部，也就沒向任何人奉獻自己的全部，且從每一締約者處每人都能得到自身讓渡的等價物，同時也獲得更大的力量來自我保存，所有人隸屬於整體而互不隸屬因此依然平等，放棄自然自由的同時，獲取了政治自由並享有不可轉讓主權之一部，兩者互爲對價。這約定可以如此表示：「我們每個人都以其自身集權的力量共同置於公意的最高指導之下，並且我們在共同體中接納每一個成員作爲全體之不可分割的一部分。」[71]所有人服從整體只是服從自身之意志，若約定遭到破壞，就會恢復原先權利。

社會契約將自然的平等代替道德與法律上的平等。「人們儘可以在力量上和才智上不平等，但是由於約定並且根據權利，他們卻是人人平等的。」[72]國家是社會的一部，主權則是普遍意志的表現。所謂普遍意志（general will）不同於個別人民之特殊意志，亦非特殊意志之總和，後者稱爲總意志（will of all），總意志是以私人利益爲依歸，但只有普遍意志是以公共利益爲目標，而其表現即爲主權，普遍意志的宣示是爲主權行爲，且爲法律，其不受拘束，個體必須絕對服從。「在一個民主的政治共同體中，政治決斷總是由人民所做出；因此，盧梭才能說，人民所意願的總是善的，它不受任何規範拘束，而只是基於人民作爲政治存在。」[73]主權者是由組成的各人所構成，故無與其等利益相反之利益，而無需對任何人提供保證，且爲使社會契約不是具文，就包含著規定：任何人拒絕不服從普遍意志，就要迫使他服從，強迫他自由。[74]如此的契約論的特點在於經由「同意」（consent）而來的統治關係，是讓原先的道德義務（誠信）轉化成爲政治義務（服從），守諾從道德原則昇華至政治上的統治正當性來源，這也對應到從自然狀態過渡到政治社會中的自然權利轉化成爲法律權利的過程。

進入政治社會後，本能被正義給取代，行動也因此具有道德性，而道德性使人成爲人。「我們還應該在社會狀態的收益欄內再加上道德的自由，唯有道德的自由才使人類眞正成爲自己的主人；因爲僅只有嗜欲的衝動便是奴隸狀態，而唯有服從人們自己爲自己所規定的法律，才是自由。」[75]而如此的思想，也能在康德的理論中看見：「但是這個民族藉以將自己建構成一個國家的行動根本只是國家底理念，而唯有根據這個理念，國家底合法性才能被設想；這便是原始契約，而根據這項契約，該民族中的所有人（omnes et singuli〔所有人與每個人〕）均放棄其外在的自由，以便隨即以一個共同體——亦即被視爲國家的民族（universi〔全體〕）——底成員之身分重新接受這項自由，而且我們不能說：這個國家中的人爲了一項目的而犧牲了其天賦的外在自由之一部分，而是他完全拋棄了放縱的、無法律的自由，以便在一種對法律的依附中，亦即在一種法律的狀態中，不折不扣地重新發現其一般而言的自由；因爲這種依附起源於他自己的立法的意志。」[76]

主權的性質因其不可分割也不可轉讓的特質，而無法被代表。故而，即便代議士也不是人民的代表。「凡是不曾爲人民所親自批准的法律，都是無效的；那根本就不是法律。」[77]人民必須在場表達意志。「人民主權是不能被代表的，人民作爲主權者必須在公共領域展現其主權。凡人民所指派的政府官員都不是人民的『代表』，而只是他們的『辦事員』（deputies）。」[78]人民作爲主權者，可以限制與收回行政機關的主權。盧梭確實地區分了不同的契約型態。「《社會契約論》第一章就強烈表明公民契約遠超過人民與國王之間的契約，前者確立人民地位，後者奠立王權。在盧梭之前，是上帝支配國王，國王支配人民；從《社會契約論》之後，人民先支配自己，再支配國王。」[79]在不同的思想基礎下，對同樣的政治現實產生了不同的詮釋，因此顚倒了支配關係，使得主權從國王的統治成爲人民的統治，國王因此成爲被支配者，故人民也因此無法出賣自身予君王。「放棄自己的自由，就是放棄自己做人的資格，就是放棄人類的權利，甚至就是放棄自己的義務……取消自己意志的一切自由，也就是取消了自己行爲的一切道德性。最後，規定一方是絕對的權威，另一方是無限的服從，這本身就是一項無效的，而且自相矛盾的約定。」[80]

同時，在盧梭式的社會契約中，因以維護締約者之安全爲目的，故必附有達成目的的手段，也就是國家的生死權。訂約時每個人都不希望成爲被害人，因此社會契約的一個條款爲：若自己成爲兇手，就必須受死。這時締約思考的並不是自殺的可能，而是因爲完全關注於自我保存。而當有公民攻擊他人將是置自身於國家之外，甚至與國家戰爭，因此其中之一必須毀滅，此時公民成為敵人。[81]

個體在社會契約論是被二分的。「依照Sheldon Wolin的解釋，同意表現出兩種取向：一是導向人民團結整合為一的觀念；另一則是導向人民自我分裂為二。換言之，一是共享權利之公民；另一則是受權利保障，而且具有潛在反抗權力之『私民』的觀念。」[82]換句話說，「人民」作為統治者，但也是被統治者。subject具有主體以及服從者之意，雖作為權力來源，但社會契約論同時也說明被統治者應服從的理由，如此建構「集體人民身分」（peoplehood）視為國家本位取得概念上的立足點。「唯有假一個儼然具有一統人格的人民之名義，國家意志才稱得上是全體、普遍的意象；也唯有全民福祉、國族命運之類的說辭，才能讓國家利益相對於社會中的特殊利益取得優先性。放棄『人民』這個概念，國家立刻淪為專斷、恣意與整個政治社群脫離的異物，找不到任何存在理由。善用『人民』這個概念，國家立刻成為社會的保護者、滋養者、代理者、指導者，對內壓抑社會中的差異與異類，對外抵抗外來勢力的主張，取得不容挑戰的最高地位。」[83]我們也可由此發現，國家理性思想的承繼，以及作為民主理論開端的社會契約論，在不同觀點詮釋下，所將導致的不同意義理解。

這樣的理解是有意義的，波埃西（Étienne de La Boétie）在《自願爲奴》一書中就說明了這種現象。因爲，從表象來觀察，任何政治體都是少數人在統治多數人，問題就在於爲何自願爲奴？當然，這本著作說明的是反抗的潛能，但這反面地解讀，卻正說明了所有人的順從，才造就了政治體的存在；所有人在自認爲是統治者的同時，卻是對自身的奴役。而這服從不僅是外在物理性質的，更是心理性質的。因此，「若自由只要渴望便能得到，他所要做的就單單是渴望。這世界上，難道還可以找到哪個民族，會認爲一個願望是太高的代價？……若我們對他什麼都不供給、一點也不服從，這麼一來，無需戰鬥或壓制，他將變得赤身裸體、土崩瓦解直到一無所有，就像樹根若失去養分，樹根終將乾枯殆盡」。[84]但卻是這一點一滴的心靈養分，供養了統治者對我們的支配，畢竟「這個主宰你們命運的人，如同你們一樣，只有一雙眼睛、一雙手和一個軀體，和你們城裡爲數眾多、數之不盡的人當中最小的一個相比，他擁有的並沒有比較多，除了你們所賦予他，卻讓他反過來摧毀你們的這番優勢。他哪來這麼多雙眼睛來視察你們，若不是你們爲他睜圓了雙眼？他哪來這麼多雙手來鞭打你們，若沒有你們向他出借了雙手？他哪來這麼多雙腳來踐踏你們的城邦，若不是有你們自己的雙腳？若不是透過你們，他哪來的權力施展在你們身上？」[85]

社會契約理論中除了爲政治正當性提出理據外，也有政治創造的立法家科學的部分。所謂立法家（legislator）是外在於共同體的力量——外於憲法，卻是創造維持共同體的憲政得以持續的條件，使共同體能有啓蒙，使得社會的知性與意志統一，普遍意志才能與共善有所關聯。「立法家最重要的政治職能，便是在人民既有的社會狀態（財富、階級區分、血緣團體的政治力量等）與政治共同體所要達成的共善之間，建立一個穩固並可行之久遠的政治劃分（politicaldivision），讓其後的公民大會、普遍意志等得以順利運作，不至於被派系所形成的特殊利益所腐化。」[86]

啓蒙時代的理性，使得人的個體脫胎於整體，卡謬說：「一七八九年，理性取代了信仰，但這個理性僵化而不容置疑，其實也是超驗的。」[87]而如此的個體基於自己的意志，將所有權力讓渡創設了政治社會以統治自身，如同這個時代個人以理性統御自身一般。然而，人民作爲整體的政治決斷，也因此稀釋了主體的決斷性格。「盧梭的普遍意志相似於主權者的意志；但同時普遍的概念也包含了主體在量上的決定，所以人民成爲主權者。主權的決斷與個體性格因此喪失了。」[88]民主取代君主之後，決斷主體性也因此淡逸，於是施密特的決斷者即爲對此之恢復嘗試。

第五節　例外狀態：施密特的決斷論

壹、韋伯的國家觀

韋伯作為社會學家，必須於此即需先被提及係因其對於國家獨特地從手段的方式——而非目的——予以定義：「一個支配組織，如果在既定的地域範圍內，它的存在與秩序是持續地藉由其管理幹部應用及威脅使用『暴力』而獲得保證，可稱作『政治性組織』。一種政治性『經營機構』，如果而且唯有當此機構的管理幹部成功地宣稱：其對於為了施行秩序，而使用暴力的『正當性』有獨占的權利，則稱之為『國家』。」[89]即在一定的疆域——在地域中的所有行動，不僅是國民，皆為國家統治範圍所及——成功主張擁有正當武力——作為最後手段——壟斷權之人類共同體，暴力手段並非政治性組織專有，但卻是其不可或缺且甚至會提升為目的的特點，而國家內的其他一切團體若非經過國家，則不具有使用強制力的正當性。這樣的定義也影響到日後的社會學者，如有以「政治機構與其他機構最明顯的不同，就在於它對強制手段的壟斷控制。」[90]或「當一個政治組織能夠在一特定的領土內，成功地使武力的組織運作受到正當的壟斷，那麼此一政治組織方成其為

『國家』。」[91]等方式對國家的定義，即政治性組織無論其目的爲何，所共通者即爲支配的手段運用。

所謂的武力，是指在封閉的疆域中事實上最高的支配權力，其餘權力皆由此權力而來。惟須注意者爲，武力僅作爲必要條件而存在而已，而武力是政治上的唯一問題。「至於對政治而言，具關鍵性的手段是武力；而就道德來看，則是手段跟目的之間衝突的程度有多大……」[92]且「追求自身靈魂救贖以及拯救他人靈魂的人，不會到完全不同任務的政治道路上追求：因爲政治都是只能憑藉武力來解決的任務」。[93]且國家收編武力的過程，與經濟上的資本集中是平行發展的，此乃是西方的「科層化」與「理性化」的過程。「現代國家在『行政管理人員與行政管理資源的分離』方面的發展，與資本主義企業透過對獨立的生產者之逐漸地掠奪，而導致最終『生者者與生產工具的分離』的發展，是『完全平行』的。」[94]

甚至在一九一九年，韋伯的演講所整理成的文本《以政治爲志業》中，可以被譽爲二十世紀的君王論。他提出政治上的實踐必須要有：熱情、責任感、權衡分寸（Augenmaß）。熱情是種實事求是式的，但空有熱情仍非從政者唯一所需之特質，必須要責任感作爲行動的指引。爲此，則需權衡分寸。「以內在的冷靜和鎮定，來面對現實所產生的影響；也就是保持對事和人的距離的能力。」這分別對應到政治上的信任倫理與責任倫理，兩者雖非互斥，但前者所代表的是不計後果、歸咎於他人或世界，相當於「熱情」；後者則是務實考量行爲後果，評估可行性，咎責自身，如同「責任感」。而在此兩者之間，則須透過「權衡分寸」來調和，才能成就出「以政治爲志業」之人。

以武力形塑政治秩序，就必須有服從與擁護者，這就是機構。爲了維持機構，則必須有內外在的獎賞，如仇恨、報復等慾望的滿足，以及戰利品與利祿。擁護者的動機或許是道德上低俗的，但透過主觀上眞誠的信念，將復仇、權力、戰利品的慾望，在道德上進行正當化。尤其統治者須對抗人性之敵——虛榮心。這政治上的毒藥即爲，若追求權力變得不切實際而自我陶醉不貢獻於事業時，成爲了罪過；亦即追求權力與使用權力不再是爲了權力，而是爲權力之表象。同樣地，責任感之缺乏而空有熱情，如此將使得權力之實踐非爲實際而只爲權力本身而行使權力，也是錯行。

「政治意味著同時運用熱情和權衡分寸，慢慢用力地鑽透硬木板。一個十分正確而且所有歷史經驗都會加以證實的道理就是，如果不是一再地在世上追求不可能的事情，那麼即使是可能的事情也將無法達成。可是能夠做到這件事的人，必須是一位領袖，而且不僅這樣，甚至必須是一位英雄（就一種相當普通的意義而言）。即使是不屬於這兩者的人，也必須憑藉著內心的堅強來武裝自己，能夠承擔所有希望的破滅（就像現在），否則就連今天有可能的事情也沒辦法實現。誰能夠確信，即使當世界（從他的觀點看來）太過愚昧或鄙俗而不值得他有所投入，也不會因此而崩潰，而在面對這一切時還能夠說出『何懼之有！』唯有這種人才能夠以政治爲『志業』。」【95】

二十世紀技術化的時代，政治組織科層化與理性化進而官僚化，而資本主義化成爲了一種企業。畢竟科層化並非主體間的關係，而是主體位置間的關係，且以常態與規則爲基礎的社會組織，祛魅（disenchantment）的過程中，將非理性因素給去除，政治因此消失，也因此人也消失，近代國家具有人、獸、神、機械性格的利維坦，亦同在中立與去政治的過程中消失，韋伯此書相對於馬基維利的君王論，皆係出於國家的末日之時。於此，韋伯也提倡了具有卡里斯馬特質的權威，並分析以政治爲志業者的特質作爲引鑑。而正是在此時，施密特將要被世俗化的政治，恢復其超驗性的神學特質，意志的決斷，是主權的最重要的特徵。

貳、政治性的概念：友敵的二元

「所有現代國家理論的重要概念皆爲世俗化的神學概念不僅因爲它們的歷史發展——

即其自神學轉化爲國家理論，例如無所不能的神成爲無所不能的立法者（lawgiver）——也因爲它們的系統性結構，即此些概念對社會學而言是必要的認知。法學的例外相似於神學的奇蹟。只有認知到這相似性，我們才能理解國家在近幾世紀發展的哲學觀念方式。」[96]施密特的這段話，簡要地將政治與神學的關係予以敘明，尤其在政治作爲一獨立領域存在而言，政治性的概念被提出。

政治性是獨立於道德善惡、藝術美醜、經濟盈虧的「朋友與敵人之劃分」。「敵友的劃分有著這種意義：它標誌著一種連結或分離、組合或解組的最後緊張度；它在理論和實踐上都能夠自立，而不必同時使用到所有那些道德的、美學的、經濟的或其他的劃分。政治性質的敵人，不必然是道德性質的惡，也不必然是美學性質的醜；他不必是作爲經濟上的競爭者而出現，甚至與他做交易，可能還有好處。他就是另類（der andere）、陌生者（der fremde）。」[97]敵人就是非我群者的他者（the others），同時「我們」的形成也因他者作爲「不可或缺的外在」（constitutive outside）才有可能。「我們」與「他們」隨時可能因爲差異上升到否定我群的存在而具有鬥爭性質，進而政治性的場域躍升於檯面上。換言之，在任何場域中的不同群體，都因具有眞實的鬥爭可能性，使得政治性作爲獨立範疇而存在。「它必須被理解爲所有人類社會都內含的，並且決定了我們的存有處境

（ontological condition）的一個向度（dimension）。」【98】

若以社會學的角度來觀察我群與他者，此二概念也可以內群（in-group）與外群（out-group）代替，此爲關係概念，亦即在對立的關係中依存。也就是，前所述說的「不可或缺的外在」的意義，甚至「敵對意識界定了對立雙方」【99】。外群即爲內群虛構的負面自我，爲形成凝聚、共識、自我認同、團結與安全感，成形是來自於對於外群的拒絕行動，此虛構的對立面可以只存在於觀念上，不必然存於現實。在內群與外群的分別中，代表對於不同群體的態度：喜歡與討厭、信任與懷疑、安全與恐懼、合作與對立，對於我群有歸屬感，對於他群則無，卻只有殘缺與模糊的印象也無法理解，因此，外群對於內群而言是不可預測、不安全且危險的。【100】

與「他者」的衝突，無法在事先預訂的普遍規則下，也不是公正的第三方能夠決定的。只有實際的參與，才能正確理解並有做判斷的權能。也就是說「極端的衝突狀況，只能是由參與者自己來辨別；尤其是他們之中的每一人才能自己決定，在具體而當前的衝突狀況裡，陌生者的異質性（das anderssein），是否意味著對自己的存在格局的否定，是否要加以防制或戰鬥，以維護自己既有合乎實存的生存格局。」【101】

「敵人」是關係概念，相對於朋友，是在政治性範疇上的劃分。不必是醜的、惡的、僞的，而只要他們作爲他者在極端衝突狀況中，否定我群的格局，他們就是敵人。「敵人只是一群在實際上，即根據事實可能性而在戰鬥中的人，對立於另外一群處於相同情境的人。敵人只是公眾的敵人，因爲只要是與這種人群組合、尤其是與民族全體相關的，就成爲是公眾的。更廣義地說，敵人是公敵（hostis），而非私敵（inimicus）……。」[102] 換句話說，政治上的敵人必然是公共性質的，也因此敵人的概念也僅存於政治上此公共領域。而這裡的可能性並非是必然發生，而是「潛能」，所以才具有「緊張度」。而是否發生鬥爭，則必須依照具體情況是否發生極端的衝突，產生否定他方生存格局的境況，只要在個體或群體之間具有此友敵關係之張力，則「政治」作爲不同於其他領域（道德、知識、美醜等）獨立範疇之範疇即已屬存在。如同論述道德時，對於善惡自由的預設，人的性善性惡也非政治性概念所需討論的問題，人的性惡只是方法上的必要前設而已。

依照鬥爭的概念可知，政治性的概念是描述性而非規範性的，因此無需共享期望與目標。因此，鬥爭所指涉的正爲「物理性毀滅的眞實可能」。此乃戰爭之起源，也是最終極之實現。「戰爭不必是日常有的或常態性的，也不必讓人覺得它具有理念或價值願望的意含。然而，只要敵的概念有其意涵在，則戰爭就必然以其眞實可能性而存在。」[103]

但我們必須注意的是，戰爭絕非政治之目的與內容，卻是以戰爭的眞實可能性存在。

政治領域的存在才有前提基礎，而戰爭（鬥爭）無任何道德上、倫理上、規範上之崇高理念能夠證成，卻只能透過政治範疇中被鬥爭的他者，是否爲否定自身存在位格的他者——敵人——來確立。因此，所謂的「義戰」僅係服膺於現實政治目的上的鬥爭，甚至「人道戰爭」也在概念上不可能，因其排除了「敵」的概念，同時，「敵」也是「人」，於此我們可發現倫理與法學都無法證成戰爭時，戰爭被冠以倫理與法學概念之名，僅係作爲「修辭」，成爲帝國主義擴張的意識型態工具，甚至是將他者否定其人性，將戰爭扭變爲屠殺。

施密特認爲：「國家的概念以政治性的概念爲前提。按照今日的語詞運用來講，國家，是指一個民族在封閉的領土範圍內組織起來的政治位態（status）。」[104]在有了對其政治性概念理解之後，已具有理解例外狀態決斷主體的必要知識。

參、主權者：例外狀態的決斷主體

目前人民所生存的政治社會中是以法治國家爲名，而法治的狀態即爲常態，甚至法治的狀態是不容許有例外的。「實行法治時，不許有例外；如有例外，法治精神便爲之破壞。」[105]甚至，當代的社會是多元的，但是這些多元團體的存在前提爲何？是否能是在政治的領域，具有多元的存在？日常狀態又是如何產生？這就是施密特要回答的問題。

「主權者，即例外狀態的決斷者。」[106]

施密特以此句開啓了《政治神學》一書。所謂的主權者，不僅代表的是在例外狀態中做出決斷之主體，同時也代表決斷例外狀態開啓之主體。例外是無法被涵攝於規範之下，相對地，例外是常態的前提，這對應的是法學中兩個對立的元素——規範與決斷（norm and decision）。主權者的意志成爲理性化的二十世紀中超驗性（transcendence）的復興，此政治上的一元性，才可能作爲其他社會團體得以多元共存於政治體中的前提。換句話說，主權者的意志決斷，乃是政治狀態的裁決者，法秩序的前提是以政治意志的一元決斷爲據，並非規範。但我們須注意的是，因政治是以敵人的眞實可能性存在爲前提，故而在政治實體存在的向度中絕非一元，而其必然導向的是「國際」秩序的多元主義，「對『共識』和『全體一致』的幻想，一如反政治（anti-politics）的主張，都應該被認爲是民主的致命傷，因而應該被拋棄」。[107]

決斷具有優位性，也就如同國家作爲政治體有相較於其他社會團體的優位性。若說其他社會團體也具有在政治範疇上的多元性，那麼這個領域之中必然地會限於內戰；反過來說正因並非如此，而能理解國家作爲政治體是一元而非可容納其他否定自身存在位格的團體。因此，「在這種觀點下，國家的主權權威的本質，乃是一種『決定的壟斷權』，而不是『強制或支配的壟斷權』」。[108] 國家壟斷了決斷何者爲敵人的權能，作爲政治實體的存在本身就是最高的，而其之權威性也來自於政治的性格。多元社會團體以國家存在爲前提，這裡多元的意義是相對性的，若國家被規範化或不存在，則社會衝突可能升高到戰爭並瓦解共同體。例外狀態作爲常態的前提，也於焉被彰顯。「國家的存在，無疑的證據是其對法規範有效性的優越性。決斷將已釋放於所有規範約束，並成爲眞正意義上的絕對。就像人們會說的一樣，國家在自保權利的基礎上，在例外狀態下，停止法律的效力。」[109]

施密特的思想可稱爲決斷論。「決斷論的基本立場是：所有法上的效力與價値之最終的法基礎，在法學上都可以在某種意志過程、某種決斷中找到，是這種決斷作爲決斷本身才創造了『法』，並且這種決斷的『法力』是無法由『決斷的規則的法力』導出來的。對決斷論類型的法學家而言，一切的『法』的總源頭並非作爲命令的命令，而是隨著命令而給出的某種『最終的決斷』之權威或主權：所有的規範或秩序皆因而產生。因此，『主權的決斷』乃是絕對的開端，而開端（包括希臘哲學中的「arche」意義下的『開端』）也無非就是主權的決斷。」[110]

施密特如此重視例外狀態，是因爲在例外狀態中才是具有揭露事物核心意義的時刻。

由於例外狀態才是政治性概念存在的場域，「然而，我們可以說正是這種緊急狀況，才含有一種特別關鍵的、具有揭露事物核心的意義。因爲只有在眞實的戰鬥中，才能顯現出敵友的政治性劃分所具有的最後結果。從這種最極端的可能性，人的生命才獲得其特殊的政治性張力」。[111]這也突顯出國家宣戰權，根據自身在極端衝突中決斷何者爲敵，並與其在現實上——而非觀念上——進行鬥爭，其要求民族成員隨時犧牲與殺戮。此點與宗教共同體相異，教會要求成員爲信仰而死或神聖犧牲，只是爲了自身靈魂的救贖，而非爲了宗教共同體作爲權力體存在於世；但國家卻是爲了自身之存在，要求成員犧牲自身以爲保存。

政治決斷如何被表現？憲法的制定。憲法制定是爲形塑自我生存形式的行動，是根本的政治決斷。「施密特援引Sieyes的制憲權學說，認爲制憲權主體，即人民作爲一個政治存在是先於憲法的。以法國大革命爲例，法國人民首先意識到自己作爲一個政治存在，並意識到自身的政治能力，爲自己制定了憲法，爲自己的存在類型與形式做出決斷，也就是以國民法治國爲原則的憲法。然而，法國人民作爲政治統一體的同一性，始終是這種決斷的基礎（Carl Schmitt, 2005b: 57-58）。」[112]在制憲的行動中，是人民意志的表現，是人民意志政治上決斷。「我群爲何？他者爲何？」的過程，而制憲意志又以人民作爲政治集合體存在爲前提。

相對於霍布斯，施密特也有著「保護與服從」的理論，也就是認爲國家存在是爲了提供成員日常生活的狀態，但不同的是施密特並未採取個人主義式的論證，國家、主權、主權者才是核心，總體國家（total state）是人在具體情境中與其他團體有鬥爭的眞實可能而形成，而非抽象化個人的締約。相對地，霍布斯在利維坦的創造中，區分出了內、外，而使得主權者的絕對決斷有了空間；主權者的意志僅及於個人的外在，透過法律予以規範，卻無法及於個人內心的政治信仰。國家的存在無需有共同的價值認同，故而個人主義的異質性作爲理論前設，這將爲必然面對的困境。而此乃爲二者理論之差別。

然而，在歷經約四百年的期間，從利維坦的發端到施密特的決斷論之間，正是其中歷經政治的愈趨世俗化，超驗性的特質於此被提倡，由於這二者間具有思想承繼的脈絡是無法被忽視的。當技術國家愈趨向於資本企業，理性化抹除了人的主體性，主權者的意志決斷被提出，再現了國家作爲政治實體的神聖氣質。

肆、民族國家

最後，必須提及者爲民族國家（nation），施密特也著重於民族的概念，曾提到國家就是指涉民族在封閉領域中經組織的政治狀態。然而，民族是什麼？

民族與種族是不同的概念。種族（ethnic）是血緣、生理性上的，故而共享相同血統者爲種族同源；但民族卻無需此客觀性質作爲基礎，形成民族的，是群體間具有共同的情感認同，而作爲「想像的共同體」，且民族即爲政治場域中劃分出友敵的類別。

民族主義，最初是以反法蘭西拿破崙帝國強制獨裁專制的國際主義發展而來。「所謂民族國家，就是其最高行政當局要以一定的方式依賴和代表本國居民的意志和看法。這必須是一個民族，而不僅僅是一大群人，這個民族在相當大的程度上，必須要有共同的感受和意願。他們必須意識到他們同屬一個社會，都是這個社會的成員，要以一定方式參與公共生活；政府是他們自己的政府，外人就是『外國的』。外人或外國人通常是（儘管不總是）講另一種語言，國家通常是（儘管不總是）由所有講同一種語言的人組成。一個國家還可以具有相同的血統或是種族起源（不管怎麼搞錯都行）的信念，或是具有共同的歷史（有時候是想像出來的）、共同的前途、共同的宗教信仰、共同的地理中心和共同的外部威脅的一種意識。國家的形式各式各樣，但是它們同樣感受到並想像自己是個社會，並且是永久的社會。在這裡，個人與他們的子女，以及子女的子女，都有著一種共同的命運。」[113]共同的命運源自於民族的必要條件——歷史敘事。作爲民族的整體，其中的成員具有相同的未來、現在與過去，即便此爲虛構而出。它呼籲不顧利害得失，對民族無條件地效忠，服從本身即爲價值，甚至這本爲目的。「民族成員身分被認爲是任何人都無法抗拒的宿命，是不可以隨意戴上或脫掉的素質。民族主義暗示，個別成員的身分是民族賜與的。」[114]國家代表民族，服從國家即爲服從民族命運，此爲民族主義的內在價值。不過必須要注意的是，國家與民族間雖有相輔相成之效，但不具有觀念上的必然聯繫。「國家往往利用民族的權威來強化它自己的紀律要求，民族則往往把自己建構成國家，以便利用國家的強制潛能來支持它自己的忠誠主張。然而，不是所有國家都是民族性的，而且不是所有民族都有自己的國家。」[115]只不過，二者還是有互相吸引的性質。民族利用國家創造現實；國家利用民族建構統合。例如，「國語」（民族語言）的創造，以及國家權力下的教育所產生的民族文化陶冶。實際上，民族是種可以選擇、改變、放棄的身分。

當代視民族國家爲「想像的共同體」，「民族不像國家，它不是一個『現實』。國家是『眞實的』……民族徹頭徹尾是一個『想像的共同體』（imagined commmunity），民族作爲一個實體，其存在完全繫於它的成員在心理上與感情上對集體的『認同』，而那個集體的大部分成員，一生一世也碰不到面。民族成爲心理上的現實，只因爲它被想像成如此」。[116]然而，「只要說人們所想像的東西也同樣被足夠多的人所想像，這些東西就會享有一種持久的、甚至具有壓迫性的現實性質，與『客觀』的世界不可分割」。[117]這是集體實在的觀念。[118]學者班納迪克安德森（Bennedict Anderson）提到民族是經過語言建構而出，原先說著「各式各樣」的「法語」、「英語」、「西語」而無法溝通的人們，在印刷媒介中產生互相理解，在這語言的「共時性」中認知到此語言場域中存在著數百萬人的同胞，於是語言創造了民族，民族也誕生於語言。「掌控語言既是殖民統治，也是民族主義的共同特徵。」[119]甚至，失去語言，民族也不復存在。

「依此觀點，報紙僅爲書的『外在形式』。在龐大尺度下賣出的書，只不過僅有一日的知名度。或許我們能說：一日暢銷?報紙印刷在次日的廢棄……創造了超凡大量儀式：對報紙作爲虛構近乎全同時性的消費（想像）。……此龐大儀式的重要性——黑格爾觀察到報紙對現代人有如晨禱的替代——是悖論性的。它在隱私中被完成，在腦顱完成。但每個聖徒皆相當清楚知道所進行的儀式正同時被數千（或百萬）其他自信存在，但對其身分卻最淺薄概念的他人給複行。更且，此儀式在行事曆中是每日、每半日不停地被重複。有什麼比此世俗（secular）、歷史性計時的（historically clocked）想像共同體的清晰型態能被想像呢？」[120]

啓蒙與革命的時代，神諭、階級、君王的合法性都在傾頹，宗教將宿命轉爲生命的連續性，並將不朽與生死者間的關聯由民族取而代之。宗教的退位產生了價值眞空，此時民族進駐，因人世苦難並不隨宗教一同消逝，命運成爲不可理喻、救贖不再可能時，宿命被世俗地轉化爲連續的，生命的偶然性被創造出意義，故而民族出現在遙遠過往，且必將延展到未來，偶然的運氣成爲必然的命運。且其無生辰，無法以編年的方式順時而下，卻需逆溯的方式來爲民族創造歷史，因此考古學所到之處，就是民族之源。

而這也是泰勒（Charles Taylor）所論及有關世俗時，討論到的不同時間範疇。「『世俗』的原本意義，乃是『與當下有關』（of the age）。也就是說，與凡俗的時間（profane time）有關。它比較接近前文所提及的在現世／精神（temporal/spiritual）對反中的『現世』。……從某種角度看來，現代的世俗化可以看作是對更高時間的拒斥，從而認爲時間是純然世俗的。現在的事件只存在於這個時間向度，而在這個時間向度裡，它們與其他類似的事件有著或大或小的時間距離，也有著因果上的關係。現代的同時性（simultaneity）概念出現了，在這樣的概念裡，在因果或意義上毫不相關的事件被連結在一起，原因僅僅在於它們是在這種單一的凡俗時間列的相同時點上發生的。現代文學、新聞媒體，以及社會科學都使得我們習於以垂直的時間縱面來思考社會，將各種相關與不相關的事件聚合在一起。」[121]這種同時性（即共時性）創生出一個後設論題空間（metatopicalspace），於此社會成員交換觀念，並形成共同態度進而產生後設論題的能動性。尤其重要的是，這是處於

「凡俗時間」之中的。

歷史的建構是民族建構的重要環節，共享的歷史敘事是民族存在的重要條件。例如，英王約翰簽署《大憲章》的男爵並不說英語，但是這在「英國史」中——這種民族主義的客觀現代性與民族主義者主觀的古老性、民族歸屬的形式普遍性與具體的特殊性、民族主義的政治力量與其哲學的貧困——是民族主義的弔詭現象。亦即「研究民族主義的學者大率皆承認，民族主義有一特殊性格：一方面它的訴求往往是最爲遠古的族群屬性，如血統、宗教或語言；但另一方面民族主義之興起，卻又非常之『近代』，幾乎所有的民族主義都是隨著現代化過程而發生的」。[122]

民族必須具有的共同點，例如血統、語言或共同文化，都是文化建構而出，這來自於浪漫主義與歷史主義的思想。而民族是民族主義的產物，邏輯上具有先後之別，尤其是基於現實政治下需有「人民」的集聚來因應其他的政治體，且此係政治菁英以既有的傳統、文化、符號或語言召喚人民的出現，以取得統治或反對的正當性，由此所建立而出的想像社群即爲——民族。[123]

康德也如此敘述：「構成一個民族的人，可以類比於一個共同祖先之所生（congeniti〔同根生〕），而被設想爲土生者（儘管他們並非土生者）；但他們仍可以在智性的與法律的意義下被設想爲由一個共同的母親（共和國）所生，彷彿構成一個家族（gens, nation），而其成員（國民）都有共同的出身，並且將他們周遭想要在自然狀態中生活的人視爲低賤而羞與爲伍——儘管這些人（野蠻人）在這方面，反而由於他們所選擇之無法紀的自由而覺得自己更高貴，而他們也構成部落，但卻非國家。」[124]這表現出民族的建構性質，以及我群與他者的區分；並且，國家與非國家的差異。

除了前述的英國之外，中國亦如是。「非歷史的歷史主義是所有民族主義的特色。」[125]所謂的「China」是一連貫、集權的官僚專制體制，經過元朝（蒙古人）的整併，到明朝、清朝才設計而出。因應著民族國家的浪潮，China成爲政府用來定性自身國家、文化、語言及人民的概念。在上溯的歷程中，也將會忽視特定民族建構中的不一致處（如元、清），然而共享的歷史敘事卻是民族建構所必須，或可稱爲起源迷思（myth of origin）——即使民族最初是文化創作，但在歷史發展中變成眞正自然的現象。尤其起源的不可知性，通常也如同中華文化掛鉤至黃帝的神話中。此種線性史觀是民族主義的特色，這是種實存的虛構，成員被共同過去綁縛，精神成員共享與獨占，團結內部同時區隔了我群與他群，且只能集體繼承卻無法取得——民族是宿命。

第六節　結語

古希臘時期的政治思想，對於世界是以目的論式的理解，政治與道德並非作爲不同的概念而存，至羅馬帝國及其後的千年基督宗教國家時期，這時尚未出現國家（State）的概念，是直到馬基維利提出的國家理性概念，將政治的概念剝除於道德倫理場域之外，所謂的德行反而可能有害於政治上的國家自我保存而爲惡害，而政治上的有效統治才是唯一眞理，如此的思想打開了國家世俗化的進程。

隨著布丹提出的主權觀念，其作爲絕對、不可分割、唯一且客觀的權能，國家的靈魂於焉現身，在霍布斯著作的《利維坦》出版的一六五一年，（近代）國家被以個人主義契約論創造而誕生，也就是主權國家：利維坦——俗世之神。

霍布斯所想像的自然狀態，是其過渡於政治社會的前設，此亦爲其數理式方法論的應用，而對於自然狀態的想像，因應於霍布斯對於寫作時期的英國三十年戰爭恐懼的感知。那是一個沒有任何文明、生命野蠻且短暫的萬人對萬人的戰爭（bellum omnium contra omnes）的時期，一個道德失序的狀態，欠缺客觀道德標準——自然法沒有裁決者，因而在自然平等的狀況下因著自然權——自我保存及其一切手段，毀滅成爲隨時可能的危險。爲自我保存與避免死亡之惡，遵循理性的結果是訂立契約將全數權力移轉，依照「保護與服從」的令式創造國家，而這是顚倒了古典政治哲學目的論對於至善的追求，人類共同體——國家的產生是爲了避免至惡。【126】

利維坦並非締約者，而是締約的結果，收攏了所有人的意志，其判斷凌駕於所有人的判斷，法律則是主權者的意志，自然狀態的紛亂也從此因偉大界定者的出現而取消，此即利維坦存在的理據——秩序。【127】而這樣的論證方式，是以純然政治的進路去證成權威，而非透過道德或知識，這是自我證成的。

利維坦的創造是模仿了上帝的造人命令，而國民也在國家的出現之後產生，公私領域被劃分開，在外部不違法——主權者意志——的情形下，個人便擁有自由，這也是當代消極自由（古典自由）的觀念，消極性也是霍布斯政治社會理論的特質，因此個人的內心是否服從留待個人內心良知，僅須無涉於公共——秩序，即非秩序所應關懷者，而這也維繫了契約論預設的個人主義異質性。

其後尚有如洛克所提出之社會契約理論，而其係以財產權爲基礎，其所關懷者乃係政府權力之分立，也區分出了社會契約與政府契約的類型；同時也提出了懲罰權的起源即爲對於罪犯懲罰的自然權，即因罪犯滅絕理性為向人類宣戰，故而人可將其當作動物一樣毀滅。

直到盧梭的社會契約理論，發生了重要的轉移：主權者的更易。盧梭對自然狀態的提倡是來自於對文明的批判，文明是墮落的，因其導致德行敗壞與不平等的濫觴。文明使得人遠離自身，也遠離最重要的「人的知識」，造成閒散的科學，科學再造成閒散，因無所為而不為善因此敗德，且在社會中的自重與虛榮也讓生活的境況愈趨惡劣。相對地，野蠻人固然無知未經啓蒙，但也因此無善無惡，於自然狀態並沒有支配，因此自由而安寧。

但為面對自然狀態的困難，盧梭的社會契約論提出了普遍意志與共同體的概念，相對於權力轉移予第三人，卻是以共同體作為權力的承載，取代所有人格並具統一性，而此時國家主權轉移到人民主權，當代民主的概念也於此可見。盧梭的理論是積極的，所有人奉獻自身權利全部予共同體，也就未向所有人屈從，且從此締約過程取得等價的讓予權利，也獲得更大的力量來完成自我保存，所有人也隸屬於整體而互不隸屬仍然平等。自然自由的放棄，換取了政治自由以及不可轉讓的主權，其間互為對價，道德、法律、平等取代了自然平等，而國家主權則為普遍意志的表現。如此的契約論的特點，在於經由「同意」（consent）而來的統治關係，是讓原先的道德義務（誠信）轉化成為政治義務（服從），守諾從道德原則昇華至政治上的統治正當性來源，這也對應到從自然狀態過渡到政治社會中的自然權利轉化成爲法律權利的過程。

普遍意志不同於總意志，即便是特殊意志的總和，仍是以私人利益爲依歸，然普遍意志則以公共利益爲目標，其之宣示即爲主權行爲、法律，且不受拘束，個人必須絕對服從，其無須對任何人保證，且契約之強制性在於若有人不服從，則強迫他自由。普遍意志永遠都是善的，人民也必須在場表達意志，無人可代表主權，因其不可分割也無法轉讓，也無法被代表。然而，民主取代君主以及二十世紀的國家理性化，主體的意志決斷性格也漸淡。

國家的理性化與祛魅是韋伯提出的重要分析，而其對國家的定義獨特地以從手段的面向來理解，即擁有正當武力壟斷的人類組織。其後的施密特所提出的主權者概念，即爲恢復十六世紀政治的神聖氣質的嘗試；例外狀態的決斷者，即爲主權者。政治性的概念是國家概念的前提，所謂的政治性概念係指在政治場域中的友敵劃分，也就是一種群體間的張力，而政治性的概念範疇獨立於道德、藝術、經濟、知識，任何群體間的對立在極端衝突中（由主體自行判定），若上升到否定「我群」存在格局時，他者即成爲敵人，而此敵人在概念本具有公敵的性質。

鬥爭——物理性消滅的眞實可能性也就彰顯了政治場域存在的現實，政治是純然描述性的事實概念，是否發生鬥爭須依照具體狀況是否發生衝突進而否定生存格局而定，但僅以其具有此緊張度——潛能，則政治領域就作爲其中一種向度存在社會之中。

主權者正是在極端狀態中判定何者爲敵的決斷者，此爲政治性的決斷，主權者判定例外狀態何時開啓，也在例外狀態中決定行動，且例外狀態的決定同時也代表了日常狀態的決定，蓋因例外乃是常態的前提，規範的存在是以例外中的意志決斷爲基礎。主權者的決斷性格具有優位性，故國家作爲政治團體即有相對於其他社會團體的優位性，多元社會團體的存在是以一元政治決斷爲前提。因此，不同於韋伯對國家的定義，施密特認爲國家的本質在於決斷——而非強制——的壟斷權。不過，政治中的一元決斷基礎，也必然導致國際秩序的多元主義。

憲法爲群體形塑自我存在的行動，是人民意志的根本政治判斷，制憲時刻顯現出我群爲何人以及他者爲何人，政治的行動劃分出了朋友與敵人，這也對應了民族的觀念，蓋因施密特的決斷是實質性的，不僅外在行動必須要符合主權者的意志，更要有共同的政治信仰，超驗性的復甦是祛魅的反動，主體性格再次被喚醒，政治實體的神聖性於是再現。如同哲學上的理性弒神也是主體在現世創造存在意義的弒父，自身也成爲存在價值的賦予者乃同爲存在主義的思想所映襯。

當代的國家係爲民族國家，不同於血緣性的種族，是以共同的想像與情感凝聚形成的集合成爲政治共同體。而民族形成重要的契機是報紙的共時性，使得個人能認識到有同樣使用著共同語言的他人同時存在，這裡的時態是「凡俗的」（profane），於此將事件予以串接，僅因其於此時態中共時發生，媒介有如文學或新聞媒體等，進而衍生出「後設論題空間」，以供社會成員交換觀念並形成共同態度；且宗教傾頹的價値眞空，生命的連續與生死連結由民族取代了宗教，於是民族成員具有相同的命運，穿透現在、過去與未來。而歷史敘事，以反歷史的方式被建構而出；相較於編年的方式，民族史是以逆溯的方式創建，有如英國或中國。

至此，應可確悉國家概念的系譜，可知所謂近代國家概念以主權爲靈魂。此時，刑罰也從單純的措施轉爲主權的統治行爲，而成爲刑罰權，故有正當化的需求。在政治上，必然必須對應主權國家存在的理由——秩序，但政治上的正當性卻非唯一的正當性需求。惟於此前，權力的概念需先被解析，以能更清楚地理解權力的面貌。

◆註解◆

【1】張旺山，〈論「近代國家」概念〉，收錄於：林從一編，《哲學分析與視域交融》，頁二一八（二〇一〇年）。

【2】參照Zygmunt Bauman，楚東平譯，《自由》，頁一一八（一九九二年）。

【3】John C. H. Wu, *Juridical Essays and studies*, XVI, p. 136 (1928).

【4】C. Taylor，李尚遠譯，《現代性中的社會想像》，頁三三（二〇〇八年）。

【5】吳庚，《韋伯的政治理論及其哲學基礎》，頁五六—五八（一九九三年）。

【6】許國賢，〈德性、干預與個人自由〉，《政治科學論叢》，一〇期，頁一—二一（二〇〇〇年）。

【7】錢永祥，〈個人抑共同體？——關於西方憲政思想的一些想法〉，《台灣社會研究季刊》，二卷二期，頁九七（一九八九年）。

【8】蔡英文，《從王權、專制到民主》，頁一三六—一三七（二〇一五年）。然而在民主革命中，「查理一世與路易十六之頭顱被砍斷，弒君的舉動等同是殺了君王的肉身與受『恩賜』的不朽之體；既是如此，本為君王之身所體現的政治社會的同一性，因為君王之頭顱被砍斷，整個社會也就缺乏了得以凝聚的統一體。以Lefort的說法，這個現代社會缺少了一個身體」。

【9】張旺山，〈國家理性〉，收錄於：吳庚教授七秩華誕祝壽論文集編輯委員會編，《政治思潮與國家法學——吳庚教授七秩華誕祝壽論文集》，頁一四一（二〇一〇年）。

【10】林淑芬，〈傅柯論權力與主體〉，《人文及社會科學集刊》，十六卷一期，頁一三二（二〇〇四年）。

【11】Niccolò Machiavelli，閻克文譯，《君主論》，頁八三—八六（一九九八年）。

【12】蕭高彥，〈西塞羅與馬基維利論政治道德〉，《政治科學論叢》，十六期，頁一七—一八（二〇〇二年）。

【13】同前註，頁一七—一八。

【14】同註【12】，頁一三。

【15】蔡英文，〈現代政治之基礎及其正當性之理據：社會契約論蘊含的民主與自由主義的緊張〉，收錄於：蔡英文、張福建主編，《現代性的政治反思》，頁一九（二〇〇七年）。

【16】Jean Bodin, *Six Books of the Commonwealth*, p. 65 (M. J. Tooley trans., Seven Treasures Publications, 2009) (1576).

【17】John Morrow，李培元譯，《政治思想史》，頁二九五（二〇〇四年）。

【18】see Keally Mcbride, *Punishment and Political Order*, p. 64 (2007).

【19】同註【17】，頁三三五。

【20】同註【8】，頁九九—一〇六。

【21】學者亦認為，自然狀態是一種思想實驗。同註【1】，頁二三六—二三七。

【22】同註【17】，頁三三八。

【23】Thomas Hobbes, *Leviathan*, pp. 185-186 (1985).

【24】許國賢，〈恐懼感與政治〉，《人文及社會科學集刊》，十二卷一期，頁八〇—八一（二〇〇〇年）。

【25】蕭高彥，〈霍布斯早期的民主理論〉，收錄於：吳庚教授七秩華誕祝壽論文集編輯委員會編，《政治思潮與國家法學——吳庚教授七秩華誕祝壽論文集》，頁一〇五（二〇一〇年）。

【26】參考錢永祥，〈偉大的界定者：霍布斯絕對主權論的一個新解釋〉，《人文及社會科學集刊》，五卷一期，頁八八—八九（一九九二年）。

【27】同註【15】，頁二六。

【28】周家瑜，〈為何不需要一個世界政府？——霍布斯論國際關係與自然狀態的（不）完美類比〉，《人文及社會科學集刊》，二十七卷三期，頁四五六（二〇一五年）。

【29】同註【26】，頁九五—一〇五。

【30】同註【23】，頁三五四。

【31】蕭高彥，〈死刑存廢：政治思想與哲學的省思〉，《思想》，十七期，頁一三一（二〇一一年）。

【32】同註【17】，頁三〇〇—三〇五。

【33】李章均，〈利維坦的兩種面貌：施密特對霍布斯國家學說的詮釋與改造〉，國立中山大學碩士論文，頁一三—一八（二〇〇九年）。

【34】參照Claude Lévi-Strauss，楊德睿譯，《神話與意義》，頁三一—三二（二〇一〇年）。李維史陀在這裡是在闡述自己的研究經歷，提出他對於神話的研究是在探究無秩序背後的秩序，以及在稍後說到：「如果我們考察一下人類所有的、在世界上任何地方曾留下紀錄的知識活動，就會發現其共通點，總是離不開引介某種形式的秩序。假若這個事實表明了人類心靈之中存有著對於秩序的基本需求，而且，既然人類心靈是宇宙的一部分，那麼，這種需求的存在就可能是因為這個宇宙之中存在著某種秩序，而且這個宇宙並不是一團渾沌。」本文則是將這個問句轉化成判斷，且也不打算涉及宇宙論的部分。

【35】同註【23】，頁二二七—二二八。

【36】同註【18】，頁六〇—六一。

【37】Carl Schmitt，姚朝森譯，《政治性的概念》，頁五一（二〇〇五年）。

【38】同註【26】，頁一一二。

【39】同註【26】，頁一一三—一一四。

【40】曾慶豹，〈利維坦與政治神學：一個現代性的批判〉，《政治與社會哲學評論》，五期，頁二四一—二四二（二〇〇三年）。

【41】同註【23】，頁八一—八二。

【42】另外，有論者也提出以純粹物理的方式使民主多數決成為政治有效統治的保證，「如果要開始形成政治共同體，一個雜眾的每個個人都必須和其他人就任何可能被提出的議題形成如下之同意：多數人的意欲應當被看成是所有人的意志；因為若非如此，那一個雜眾便永遠不會有任何意志，因為人的態度和慾望彼此間之差異非常之大。如果有人拒絕同意這一點，那其他人仍會形成一個不包括他在內的政治共同體。那就是為什麼政治共同體保留了其對付異議者的原始權利，也就是戰爭權利，如同對付敵人一般」。同註【24】，頁二一〇—二一一。

【43】江宜樺，〈西方「政治」概念之分析〉，《政治與社會哲學評論》，十二期，頁四七—四八（二〇〇五

年）。

【44】Kenneth Minogue，龔人譯，《政治學》，頁五三（二〇一六年）。

【45】陳瑞宗，〈論利維坦的命令：「我們要造人」〉，《政治科學論叢》，三〇期，頁九〇—九一（二〇〇六年）。

【46】同註【45】，頁八二。

【47】同註【45】，頁八五。

【48】「都鐸伊莉沙白時的英國文藝復興把這樣的思潮帶入英國，使得在斯圖亞特初期成長的霍布斯得以在古典與文藝復興的教育中啓蒙，也很自然地對才萌芽『個人主義』有所沾染與回思。」陳思賢，〈『個人自由』或『公共權威』？——簡論區克夏詮霍布斯〉，《政治科學論叢》，五期，頁八九（一九九四年）；同註【45】，頁八二。

【49】同註【45】，頁七六。

【50】同註【26】，頁一一〇。

【51】同註【26】，頁一〇六。另外，值得提起的是霍布斯曾經在一六四二年的《論公民》提出過基源民主觀。「霍布斯在一六四二年之《論公民》一書中陳述：任何種類的『國家』的創制在於人民的集會結社。因為『集會結社』這個事實，創制即是民主的作為，『創制者受到多數同意之決斷所約束。只要集會結社持續下去，或者，在某些確定的時刻，集會被重新召開，這正是民主（的作為）。一項集會結社，其意志係公民的意志，它具有「至高無上的權力」（sovereign power），這正是因為參與這項集會結社的成員都被認定擁有投票權，就此而言，這即是民主。』唯有人民自由地（或自願地）結社，並以此結社形塑某種程度（多數人）的集體決斷的意志力，這才能成為任何體制之正當性的基礎。從自願的結社到體制的構成必須經過人民集體之決斷、同意與集體意志的轉讓（或抉擇）。簡言之，即是經過契約的環節。但不論人民決斷與抉擇什麼樣的體制，其基礎乃在於民主。但是，這種基源民主的觀點在一六五一年的《利維坦》中卻被消解。」同註【7】，頁九九—一〇〇。

【52】同註【18】，頁六四。

【53】同註【8】，頁一一一。

【54】同註【8】，頁二五二—二五三。

【55】同註【8】，頁二七二。

【56】J. J. Rousseau，苑舉正譯，《德行墮落與不平等的起源》，頁二七（二〇一七年）。

【57】R. R. Palmer, Joel Colton, and Lloyd Kramer，孫福生、陳敦全、周鴻臨譯，《現代世界史前篇：從歐洲興起到一八七〇年》，頁二八九（二〇一五年）。

【58】參考陳建綱，〈效益主義的發軔：初探邊沁的政治思想〉，《人文及社會科學集刊》，二十九卷四期，頁五五三—五五四（二〇一七年）。

【59】Jon Locke，葉啓芳、瞿菊農譯，《政府論次講》，頁二（一九八六年）。

【60】然洛克也有提到：「誰都不能把多於自己所有的權利給予他人；凡事不能剝奪自己生命的人，就不能把支配自己生命的權力給予別人。」見同前註，頁一五—一六。另外，對於洛克所言在諸如殺害他人這種嚴重違反自然法，人人皆可殺之的情況下，論者提到：「洛克所要說明的是如同緊急避難或正當防衛的情境，人類去除危險源的自我防衛本能，在這些條件之下，奪去一個人的生命才是被允許（符合自然法）的。不過，以上都是在自然狀態的情況下根本的權利。一旦形成政治社會，這種對自然法之罪的制裁權必須受到限制。就此，洛克提出了刑罰之正當性，必須建立在抑止及賠償兩大基礎之上，而刑罰必須在以『剝奪』（forfeiture）侵害者本身之所有權，以填補被害者所受損害之限度內。」謝煜偉，〈重新檢視死刑的應報意義〉，《中研院法學期刊》，十五期，頁一六八（二〇一四年）。

【61】同註【1】，頁二四一。

【62】Anthony Arblaster，胡建平譯，《民主制》，頁一一九（一九九二年）。

【63】同註【56】，頁二四八—二五四。

【64】同註【56】，頁二三四—二三七。

【65】同註【56】，頁八一—八八。

【66】同註【56】，頁二一三—二一九。

【67】同註【56】，頁二四八—二五四。

【68】同註【56】，頁二六一。

【69】Albert Camus，嚴慧瑩譯，《反抗者》，頁一二九（二〇一四年）。

【70】「強力是一種物理的力量，我看不出強力的作用可以產生什麼道德。向強力屈服，只是一種必要的行為，而不是一種意志的行為；它最多也不過是一種明智的行為而已。……姑且所謂的權利……只要形成權利的是強力，結果就隨原因而改變；於是，凡是凌駕於前一種強力之上的強力，也就接替了它的權利。……然而這種隨強力的終止便告消滅的權利，又算是什麼一種權利呢？如果必須要用強力使人服從，人們就無須根據義務而服從了；因而，只要人們不再是被迫服從時，他們也就不再有服從的義務。……那麼，就讓我們承認：強力並不構成權利，而人們只是為合法的權力才有服從的義務。」J. J. Rousseau，何兆武譯，《社會契約論》，頁一二—一三（一九八七年）。

【71】同註【70】，頁二四—二六。

【72】同註【70】，頁三七—三八。

【73】同註【33】，頁六三—六七。

【74】另外，盧梭雖然推崇普遍意志，但也同時懷疑對普遍的惡判斷，人民整體雖想望幸福，但卻無法永遠都看清什麼是幸福，「『普遍意志』永遠是正確，但是那指導『普遍意志』的判斷卻永遠都是『不明智的』」。簡言之，盧梭賦予人民極大的權力，但卻也懷疑這個權力在運作上是否睿智」。同註【8】，頁一二二。另外，我們也可以注意到馬克思對於契約論的批判，「馬克思斷言，認為人類社會原始的存在狀況是個由分別的個人，各自擁有一丁點兒的私有財產，在某個日子裡群聚在一起，透過某種契約性的合議而形成一個共同體的說法，是個無稽之談」。Anthony Giddens，簡惠美譯，《資本主義與現代社會理論》，頁五六（二〇一五年）。

【75】同註【70】，頁三四。

【76】Immanuel Kant，李明輝譯，《道德底形上學》，頁一六三（二〇一五年）。

【77】同註【70】，頁一四七。

【78】同註【8】，頁一六—一七。

【79】同註【69】，頁一二九—一三一。

【80】同註【70】，頁一一二三。

【81】同註【31】，頁一一八。

【82】同註【15】，頁二四—二五。

【83】王振寰、錢永祥，〈邁向新國家？民粹威權主義的形成與民主問題〉，《台灣社會研究季刊》，二〇期，頁四四—四六（一九九五年）。

【84】Étienne de La Boétie，孫有蓉譯，《自願為奴》，頁五三—五五（二〇一六年）。

【85】同註【84】，頁五六—五七。

【86】蕭高彥，〈立法家、政治空間、與民族文化——盧梭的政治創造論〉，《政治科學論叢》，十四期，頁三二一、三五（二〇〇一年）。並且，立法家的重要性是因社會契約為對政治共同體的自我保存有所決定，而這就是立法家的志業，因此普遍意志永存於當下，立法家則需預見未來。「立法者的判斷不能只基於他所見的（whathesees），而應當依據自己所能預見的（whatheforesees）（SC.II.10: 2）。也唯有在偉大立法者此種貫穿過去、現在以及未來的實踐智慧之中，能夠創造出政治共同體以及公民政治活動，得以持續存在並繁榮滋長的條件。」

【87】同註【69】，頁一一一。

【88】Carl Schmitt, *Political Theology: Four Chapters on the Concept of Sovereignty* (George Schwab trans. University of Chicago Press, 2005) (1922).主權者的位格從霍布斯的利維坦「單個」性質，至盧梭所提出的人民普遍意志成為了「非單個」，也就是說在「量」上有所區別。也因此，與施密特所提出主權者的單一決斷性格也有所不同。

【89】Max Weber，顧忠華譯，《社會學的基本概念》，頁九四（二〇一六年）。

【90】Dennis H. Wrong，高湘澤、高全余譯，《權力：它的形式、基礎和作用》，頁六七（二〇〇三年）。

【91】同註【74】，頁二六一。

【92】M. Webber，李中文譯，《以政治為志業》，頁一六七—一六八（二〇一八年）。
【93】同前註，頁一七八。
【94】張旺山，〈韋伯的「國家」概念〉，收錄於：蔡英文、張福建主編，《現代性的政治反思》，頁一九（二〇〇七年）。
【95】同註【92】，頁一八四。
【96】同註【88】，頁三六。
【97】同註【37】，頁二二—二三。
【98】Chantal Mouffe，國立編譯館譯，《回歸政治》，頁三—八（二〇〇五年）。
【99】Zygmunt Bauman，朱道凱譯，《社會學動動腦》，頁四七—四八（二〇〇六年）。
【100】同前註，頁四七。
【101】同註【37】，頁二二—二三。
【102】同註【37】，頁二四—二六。
【103】同註【37】，頁二九—三〇。
【104】同註【37】，頁一三。
【105】F. A. Hayek，殷海光譯，《到奴役之路》，頁九三（二〇〇九年）。
【106】同註【88】，頁五。作者提到這個關於主權者的定義只能與邊際情況（borderline case）連結，而不能與通常情況（routine）連結。換言之，這個主權者的定義是從例外的狀況去辨識主權者的。頁六：而例外狀態（the exception）是無法被納入存在的法秩序的，至多只能被特定出係對於國家的存在之極度危險的情況。頁七：主權者決定是否有例外狀態，也決定應該做什麼去消除它。主權者雖存在於正常有效法律系統之外，然而同時也屬於它，他是必須決定憲法是否需要被完全中止的人物。頁一一：例外狀態的特徵主要是無限的權威（unlimited authority），亦即全部存在秩序的中止。於此，國家存續，法退讓。因為，例外狀態不同於無政府狀態及混亂，法秩序雖不是以平常的樣態存續，但仍然存續。
【107】同註【98】，頁三—八。

【108】張旺山，〈史密特的決斷論〉，《人文及社會科學集刊》，十五卷二期，頁二二一—二二二（二〇〇三年）。

【109】同註【88】，頁一二一。

【110】張旺山，〈國家的靈魂：論史密特的主權概念〉，《政治與社會哲學評論》，十二期，頁一二八（二〇〇五年）。

【111】同註【37】，頁三三一。

【112】同註【33】，頁五六—五七。

【113】同註【57】，頁五八三。

【114】同註【99】，頁一九三—一九四。

【115】同註【99】，頁一九四。

【116】同註【99】，頁一九四—一九五。

【117】Steve Bruce，李康譯，《社會學》，頁三八（二〇一六年）。該書作者說明：「人要是相信自己的房子正在著火，就會從房子裡跑出來。房子並未被燒毀，則證明他的看法有誤。但不管怎麼說，要理解此人為何撤離其房子，關鍵並不在於什麼『真實』，而在於它所堅持的看法。」並且「社會建構只有在它們為人所共享的意義上，才具有生命力。……它們可能只是虛假的構造，但如果每個人都相信它們，它們就不再是信仰了，而只是『事情是怎麼樣的』。但是，只有少數人所共享的一種世界觀可不會達到這樣穩定可靠的程度——它依然只是信仰而已。如果它僅僅由寥寥數人或僅由一個人所享有，那麼人們會把它看作瘋狂。」同註，頁三九。

【118】同註【89】，頁三四—三五。

【119】Arif Dirlik，馮奕達譯，《殖民之後？臺灣困境、「中國」霸權與全球化》，頁九六（二〇一八年）。

【120】Bennedict Anderson, *Imagined Communities: Reflections on the Origin and Spread of Nationalism*, 2nd ed., p. 35 (2006).

【121】同註【4】，，頁一五四—一五六。

【122】蕭高彥，〈共同體的理念：一個思想史之考察〉，《台灣政治學刊》，一期，頁二七七—二七九（一九九六年）。

【123】同註【83】，頁二三—二四。

【124】同註【76】，頁一九九。

【125】同註【119】，頁一三九。

【126】另可參照康德對於自然狀態的關照。「自然法之最高劃分不能劃分為自然法與社會法，而是必須劃分為自然法與公民法：其中，前者被稱為私法，後者被稱為公法。因為與自然狀態相對立的，並非社會狀態，而是公民狀態：因為在自然狀態中固然極可能有社會，但唯獨不會有公民社會（藉公共法律保障所有物的社會），故自然狀態中的法律稱為私法。」同註【76】，頁六二。

【127】羅洛梅對於秩序的看法是以「就其最好的意義及其本身的意義而言，秩序的意義應該是指，我們共同生活工作所依據的形式與習俗；理想的秩序是指，不使和平以及人身安全受到侵擾，然後可以為理性、情緒與精神目標的追尋，帶來心理上的安全感」。Rollo May，朱侃如譯，《權力與無知》，頁五七（二〇一六年）。

第三章　權力、自由、規訓

第一節　前言

經過前一章的整理，近代國家概念的核心即爲主權，作爲不可分割、不可轉讓、絕對、唯一、最高的權力，使得其成爲政治社會中所有權力的基源。然而，權力概念的延展不僅以政治哲學的觀點予以考察，作爲社會現象，也在本書中以社會學的方式予以探究。

這裡的社會學並不侷限於特定思想家的方法，例如，涂爾幹（Émile Durkheim）的實證型研究方法。「我這社會學方法，完全是個『客觀的』方法。所謂『客觀的』意義，就是說凡百社會現象是事物，要研究它，就要把它當作是個事物。」[1]；又或者，韋伯（Max Weber）使用理念型（ideotype）的方式，[2]反而是要採取一種觀點。「社會學最主要是一種思考人類世界的方式；原則上，人可以用不同的方式來思考同一個世界。」[3]甚至了解到並非社會現象皆來自於意志。「我們的世界大部分並非出於有意爲之，而是屬於預期之外的結果，這是社會學中一項至關重要的命題。」[4]也就是說，我們要去理解權力的意義，以及與權力有所關聯的各概念和其間關係。

例如，在中文裡發音相同的權力與權利，二者不僅概念不同，甚至是在政治社會中處於永恆拮抗關係的概念。權力（power）本身是支配性的，不論是能力性的概念或者是關係性的概念（施展於特定對象），約略可理解成：「權力所指的是一種支配，而支配可以被實踐於其他對象，又或者是作爲潛力存於主體之中。」相對地，權利（right）本身具有正當的涵義，或如彌爾（James Stuart Mill）所說：「當我們說有什麼東西是屬於某個人的權利時，我們的意思是那人能有效地訴求社會透過法律的力量，或是透過教育和輿論的力量，來保障他擁有那個東西。如果無論依據什麼道理，我們都可以認爲他的訴求能充分要求社會確保他擁有那事物，我們就會說他擁有對那事物的權利。」[5]至少，是在特定規範系統之中具有此正當性，因此可約略理解爲「權利是一種鑲嵌在系統之中的東西，主體必須對於系統有所呼求，系統也會對此呼求有所回應，而此系統的產生更有賴於參與者在其中的共識」。換句話說，權力與權利處在零和關係中，然而語用上地不予區分，造成概念上的混淆，甚至倒是爲非。

於此，本書以下僅就權力概念予以分析，不同類型概念以及與其他概念（如武力、影響力）的區別，並分別從權力的不同面向觀察爲始；進而討論正當性和權威與權力的關聯；再而，探討自由的概念，作爲與權力相對之概念的研究，其中將論及自由的不同性質（積極、消極），及其與秩序的關係；最後，則爲刑罰與刑罰權的區辨，以及規訓（discipline）及其與法律的關係。

第二節　權力

壹、權力的概念：Power to & Power over

權力概念的內涵並非單一，而是有兩層意義，分別是能力性質（potency）的，例如其相反即爲無力（powerlessness），這裡所顧及的是能否做意欲之事。「權力是指能力，而非指該能力的行使。」[6]另一者則彰顯支配（domination）的行使面向。「支配的權力，就是限制他人選擇的能力，藉由阻止他們依其自身的天性與判斷的指令過生活，從而迫使他們服從或取得他們的順從。」[7]而前者一般稱作「有……的權力」（power to），作爲能帶出某種後果的力量（outcome power），在邏輯與實質上都比另一者「凌駕於……的權力」（power over）更爲基本。

如此的區分可見於雷蒙・阿宏（Raymond Aron）：「在英語和德語中，『權力』這個概念（在英語和德語中分別是『power』和『Macht』），既表示從事某種事情的能力，又表示這種能力的實際運用；而在法語中，則分別用兩個不同的語詞來表示它們，『puissance』表示潛能和能力，『pouvoir』表示發揮這種潛能或能力的行爲。雖然在雷蒙・阿宏看來，通行的對這兩個詞的用法趨於忽略它們之間的區別，並且產生出一些新的、意義不大的區別，他還是主張應把『puissance』看作較一般性的概念，而把『pouvoir』看作是這種一般概念的一種特殊形式。」[8]

或者心理學家羅洛梅（Rollo May）如此定性能力性概念的權力：「權力是一切生物的根本……權力這個字的字元是拉丁字posse，意思是『能夠……』（to be able）。從嬰兒呱呱落地開始，我們便可以看到權力浮現的種種情狀——嬰兒舞動小手哭著嗷嗷待哺。」[9]但同時也認爲，純粹個人性質的權力稱爲「力量」（strength），而「權力總是在人際間展現的……」[10]，亦即「權力是造成或防止改變的能力。它有兩個層面的意義：其一，它是潛能或潛藏的力量。這是尚未十足開發的權力，是可以造成未來改變的能力，我們稱這種未來改變爲可能性，其字根和權力的字根同源，也就是『能夠……』（posse）。另一個層面是，成爲事實的權力。」[11]而其對權力的分析較爲著重於心理的面向，故而劃分爲五個層次：從存在的權力（power to be）如嬰兒的哭泣與揮臂，因活著而來而無善無惡——先於善惡；進而是自我肯定；再來是反抗阻礙自我肯定的自我堅持；然後是進逼到他人的領域中的侵略性；最後是以上無效時演變成的暴力。[12]而暴力在較爲激進（radical）的觀點中，則被認爲是權力關係的基礎。「所有權力關係的基礎一直是（被訓練出來的或是被威脅行使的）暴力，那種情況在種族、階級和兩性之間並無不同。……」[13]

心理學家佛洛姆（Erich Fromm）則認爲，二者並不相同，反而互斥。也就是說，在性與人類潛力的所有領域中，無能導致個人產生想支配他人的施虐傾向。在我們說到某人是有能力的（potent）之時，係指能去理解到自身基於自由與整全性的潛力，他無需去支配也缺少對權力的欲望（lust）。在支配意義上的權力，是力量的反常（perversion of potency），就像性虐待狂是性愛的反常一樣（just as sexual sadism is the perversion of sexual love）。[14]或如潘蜜拉・潘莎蒂（Pamela Pansardi）認爲，二者指涉的社會事實都相同，除非我們處在社會眞空（social vacuum）中，舉例來說，當某個主體宣稱有權力購車，就代表他有敲定（finalize）這筆購物的權力，能提供特定數量的金錢使得賣家交付車輛，亦即行動者能夠買車若且唯若他能促使賣家賣給他。在「有……的權力」的敘述中，權力客體不過是內隱的而已。[15][16]

哲學家斯賓諾莎（Baruch Spinoza）在《政治論》（*Tractatus Politicus*）以拉丁文區分「potentia」（能力）與「potestas」（權力），前者是指事物（包括人）天生具有的生存與行動能力；後者則是與他人關聯時的權力。「當一個人受制於他人的權力時，他就是受制於他人的權利，或是依附於他人；唯有當他可以屏除所有力量，可以對施諸他的傷害進行報復，更廣泛地說，唯有當他可以依循天性與判斷的指令而生活，他才眞的是擁有自己的權利，或眞的是自由的。」[17]而這也將權力與權利（自由）間的拮抗關係清楚呈現；同時，這也表現出權力的非對稱性。

於是，我們可以約略區分出權力的兩個概念，分別是能力性的「有……的權力」（power to）與關係性的「凌駕於……的權力」（power over），而主體既是在社會中的存在，權力概念本即無法脫離於脈絡而被理解。因此，即便是在描述主體所擁有的能力，也必然是指涉其在特定社會中具有能使其他主體爲特定表現的潛能，而此潛能之實現即爲關係鏈結之成形。

據此，丹尼斯朗（Dennis H. Wrong）將權力與意志加以連結，認爲權力的定義包括了「意圖性、有效性、非對稱性」，「一部分人在另一部分人身上施加有意圖、有效應的影響的行爲」[18]、「權力就是一部分人在另一部分人身上產生預期的和預料的效果的那種能力」[19]，又或者韋伯也認爲，「『權力』意指行動者在一個社會關係中，可以排除抗拒以貫徹其意志的機會，而不論這種機會的基礎是什麼」。[20]然而，若就此理解權力，除有過度狹隘之虞[21]，甚至也忽略結構性的權力在社會中的作用。只不過權力的意圖性值得被特定注視的理由，正在此將可區別於社會控制——社會性相互作用所產生的影響並避免其混同，並使得「權力」的概念失去意義，故而丹尼斯朗區分出了兩者：社會控制是把在社會生活中普遍存在的由集團對社會化的個人行使的控制；權力係來自某一特定的主體，旨在影響他人的行爲的直接且有意圖的努力。[22]因此，相較於結構性權力，於此的權力研究可先暫時歸類於意志性權力（主體性質）的範圍中。然而我們必須注意到，無論何者，都會是政治研究中不可或缺的。「政治即是追求權力的分享或追求對權力分配的影響。」[23]「無論在什麼地方，只要人們追求集體目標，權力關係就是必不可少的。」[24]韋伯如是說。

社會學家涂爾幹，簡要卻捕捉到了權力的樣貌，其對於權力概念的理解而言是妥適的。「一種壓迫在反抗時才發生，就是在我們未與他反抗時，已經不知不覺地存在了。……和和氣氣地順受一種壓力，自然不覺得壓力之壓迫我，然而那種壓迫力，也總是存在的。如人在空氣中，不覺得空氣是重的，而那空氣的重量，總是依然存在的。」[25]

貳、武力

與權力（power）有關的概念有影響力（influence）、武力（force）、暴力（violence）、權威（authority）、能力（ability）、潛力（potency），於此可做基本之識別與區辨。

在權力的概念中已有說明其一內涵爲主體所具有的潛能（potency），而能力（ability）亦是類同的觀念，[26]然而，影響力則是權力的上位概念。「人們選擇價值來指引和指導他們的行動（即根據價值重要性之升降來調整目的），而價值會在社會互動過程中和衝擊下做出改變。這種衝擊，就是我們常說的影響力（influence）。影響力不同於權力，影響力直接影響價值：它的威力展現在改變各種目的的相對重要性上，使某些目的好像比其他目的更吸引人，因此更值得追求。」[27]由此可知，影響力將會疊同於非意圖性的權力，故此前有學者區辨社會控制於權力之外。[28]

根據丹尼斯朗所劃分權力的系統，是以影響力爲最上位之概念，而當影響加上意圖時即爲權力，其中一種形式即爲武力（force），而這區分爲肉體與心理的層面，在肉體層面上可再依暴力與否進行區分，「武力必然包含不把人當人看待而把人僅僅當物看待……武力的終極形式是暴力，即爲使他人遭受痛苦、傷害或死亡而加在他人身上的直接的人身攻擊」。[29]而權威亦係權力之一形式，然其具有正當性之特質，留待下文再予詳述。

武力的作用方式是否定性的，也就是經常用在「禁止」，使特定行爲不被實行，而非使特定行爲被實現，並在使用的過程中，同時建立權力者的形象與行爲結果間的因果關係。亦即，除直接之作用外，武力也將使行動主體因預期而改變行動趨向，此乃「威懾」，其主要作用的方式是在建立「信用」，「武力主要不是被用來對他的犧牲品產生直接的效果，而是被用來在行使權力的人與權力對象或目擊者之間建立並保持一種未來的、強制性的權威關係。但是，只要權力對象相信強暴者具有使用武力的能力和意圖，那麼，即使強暴者事實上並不具備使用武力的能力或並沒有訴諸武力的意圖，強暴者也可以成功地建立起一種強制性的權威關係」。[30]武力得以自身作爲基礎，使實施不再具有必要性。其間的運作關係在於，「武力被用於創造一種可靠的武力威懾，隨後，如果這種威懾的可靠性受到權力對象的挑戰或面臨受挑戰的危險，就重新訴諸於武力」。[31]

武力威懾可以極權體制下進行自我審查的國民爲例，透過對於異議者的抓捕使得統治範圍內的主體認知到在特定行爲的作爲（或不作爲）下將招致何等後果，進而將此等「價值觀」予以內化——「暴力一旦納入了組織，並且制度化了，就可以衍生出一種型態，並產生出一種服從的心理習慣。到了這一個地步，服從者所感受到的並非直接的暴力，而是建構暴力的那些說詞和制度。久而久之，暴力不直接作用於他，而他因未曾直接感受暴力之作用而視建構暴力的制度對他的各種壓力爲當然。這就是暴力之『內化』。」[32]——進而自我審查，[33]將是相較於透過反覆武力禁制特定行爲（或不行爲）更爲龐大的權力，「當約束不在於身體的外在方面，而是付諸思想的內在方面時，才是其效力最大的地方」。[34]於此連結關係趨弱，再度出現統治者所不欲其出現的現象時，透過武力的施展再度強化因果連結。換言之，武力即是爲了威懾而存在。而在這種情況下，我們也可以辨析出權力的另一種態別——被動式的權力。「我們可以說，人類權力基本上是由選擇如此做（儘管選擇可能是高度受限的，而且要採取不同的選擇是不可能的）的能動者所啓動的能力，但同時也包含能動者無論是否願意都擁有的被動權力。」[35]

參、權力的三個面向

在權力的不同面向爭議中，必須先提出討論的基礎，也就是權力是個本質上可爭議的概念（an essentially contestable concept），但具有共同核心意義，僅係用法具有爭議性並在爭論中，該核心意義即爲「當A以一種違反B之利益的方式而影響B時，A對B行使了權力」。而爭論處在於「利益」與「不利影響」。於此必須注意者爲，不同面向的爭議是存在於「行爲性概念」的範疇，以此相對於「結構性權力」，前者強調權力與力量之間的關係，權力係權力主體用來改變權力客體之行爲的力量，權力大小可以運用權力客體行爲改變來測量；後者重視權力與能力之關係，因此權力既是力量亦是能力。也就是指某一對象達成某種結果的能力，這種權力在個人層次上存在於個體結構中，在社會層次上則存在於社會結構——履行明確的社會實踐中諸行動者之間相當持久的社會關係，即存於社會關係中行動者的「角色」中。[36]而在以下權力不同的面向探討中，將會以決策情境（decision-making situation）的例子來說明不同面向權力的作用方式差異。

單面權力觀以羅伯・達爾（Robert Dahl）為代表，以「關係」存在為前提——即須有「主體—客體」關係的認知前設。權力被定義為「在A能夠促使B去做一件原本不願做之事的範圍內，A對B行使了權力」。（A has power over B to the extent that he can get B to do something that B would not otherwise do.）即主體間的行動不止相關，更是肇因（cause）。以韋伯的概念中「可能性」（probability）為基礎，即「對社會學的知識而言，即使有著明確意義妥當性的行動，還仍須證明此一有意義之過程會以可給定的頻率或近似的方式發生——這種機會（chance）的存在，才得以讓我們做出正確的因果性陳述。為了達到這個目的，往往必須應用平均或『純粹』的類型來加以探討」。[37]即可理解為權力的「量」（amount）為造成特定行動的可能性，故有「權力的可比較性」（power comparability）。以決策情境的例子來說，也就是在其中使他人改變決定的現象，情境中的政策偏好（policy preference）是利益的表現，通過與否則是不利影響的闡釋。

雙面權力觀以巴克拉克與巴拉茲（Bachrach and Barartz）為代表，其認為單面權力觀僅看到權力的外顯部分，但是隱蔽的非決策制定情境（nondecision-making）下的權力卻被忽略，即非決策制定或制定「非決策」。例如，操縱社群主流價值、信念或程序，讓決策範圍限縮在無害於決策者的議題上，而無損於既得利益，使得挑戰意見無法進入議程。利益的概念在此被理解爲決策制定情境中的政策偏好與非決策制定情境中權力客體的苦楚，而不利影響的概念則是以議案是否通過以及議程設定與否判定。

三面權力觀以史蒂芬・路克斯（Steven Lukes）爲代表，其認爲即便社群成員不感到苦楚，除了可能是所有人有眞正共識（genuine consensus），也可能是有虛假共識（false consensus）的情況，尤其後者是在權力者形塑社群成員的意識型態，使其等偏好接受權力者的偏好，「最高招、最深藏不露的權力行使方式，是藉由形塑人們的想法、認知與偏好（不論是因爲他們看不到或想不出其他的選擇，或是因爲他們認爲這是天生如此而不可改變的，抑或是因爲他們認爲這是上天注定而且是有益的），使他們接受自己在既定秩序下所扮演的角色，以避免人們產生不滿」。[38]因此，利益的概念必須要以政策偏好、苦楚以及眞正利益來理解，也就是若權力客體了解本身的眞正利益，則潛藏衝突（latent conflict）會浮現成爲可觀察到的衝突；不利影響則以議案的通過與否、是否制定非決策、是否促成虛假共識來理解。[39]關於三面權力觀，以如下來定義爲適切：「透過形塑人們的想法、認知與偏好，以使他們接受自己在既有秩序中的角色，從而盡可能地防止他們產生任何不滿的權力。」[40]

肆、權威

在前述提及影響力作爲最上位概念的階層排序中，依序而下者爲權力（意圖性加上影響力），而權力具有正當性之行使者，即爲權威（authority）。

「什麼讓統治正當？」（What makes a government legitimate?）在彼得・史提爾曼（Peter Stillman）一九七四年的文章〈正當性的概念〉（The Concept of Legitimacy）[41]開頭提出了這個問題。根據卡爾・弗雷德里奇（Carl Friedrich），正當性是有關於統治地位（包括政府型態以及行使政治權力的個人），是否被大多數服從者（代表多數的感受是決定性因素）相信（對於服從者意見與感受的關注），奠基在好的依據（統治地位存在的正當化理由且因與大多數人的信念相容而是好的）上的事實問題，而正當性的來源未必是民主的，也可能來自於傳統、命令或神聖的家系（日本），或是神權。

彼得・史提爾曼則認爲，正當性是統治措施（包括法令及任何對社會有影響的統治行動的措施以及措施結果）結果與相關系統的價值模式（社會在資源有限的世界中對於重視的事物之順序排列）間的相容性。相容性確保社會存續，避免價值衝突及自我毀滅，然相容性並不積極要求該結果與價值模式完全相容，卻可容許在一定範圍內的偏離。而相關系統所指涉者爲得以感受到統治措施結果的系統，包括國際系統、社會、社會中的團體及個人。又或者將正當性理解爲「所謂的『正當性』，乃指對的、適當的、道德上善的一種信念」。[42]權威的行使也就代表著接受權力的對象將認爲權力的施展是正確的。換句話說，正當性也就代表著權力的行使，是否在特定的規範作爲標準下被判定爲符合標準。[43]

權威的作用因其概念上預設了正當性，也就代表了權力對象對於權力的行使從不過問。命令並非因爲內容而被服從，而是因爲命令者的權能，此爲權威影響他人價值的特性。「如果只要某人或組織推崇某個價值，其他人就認爲那是接受和遵守該價值的充分理由，我們就可以說前者對後者具有權威性。……無論用什麼方法來合理化這種服從性，眞正的理由是，信徒對於來自那位導師的教誨必屬明智的信賴。」[44]換言之，在正當性作爲符合規範的措施下，也就代表著在該規範作爲依據的情形下，權力對象也具有服從的義務。「正當的權威以共同的規範爲前提。這些規範並不規定由權威發布的命令的內容，相反它們是在不考慮內容的情況下，規定了在一定的範圍內應有的服從。」[45]

統治的經濟考量使得權力的行使必須尋覓正當性外衣，而韋伯區分出三種正當性支配的形式。[46]不過，所有類型支配——所有服從意願——對應的都是一種信仰，分別爲：法制型、傳統型與卡理斯瑪型。[47]

一、法制型支配：建立在理性的基礎上，服從的是依法制定之客觀的、非個人的秩序，以及據此而占據某職位者的命令。「合理式統治又稱爲合法式統治（legale herrschaft），其正當性是基於對合理所建立之秩序的信仰，同時也是對行使權威者具有合法性（legalitaet）的信仰。在這種統治型態之下的個人，其服從權威則表現於對合法所科予之義務的履行。我們在此應附帶強調，所謂合理或合法等用語，依照韋伯的一貫立場，是價值自由的（wertfrei），不含任何好惡或優劣的價值判斷。合理式統治與其他兩種統治型態，皆不相同。合理式統治與人的因素不發生關聯，換言之，人們服從的對象乃是非人身的權威（sachliche unpersoenlisch herrschsft）。從權威的掌握者而言，其行使權力，與個人天賦、血緣及財產關係無涉，而是以形式上的合法性爲依據。服從對象可以稱之爲形式上的『法』（recht），這個法表現於成員的一致合意（vereinigung），或者像國家的成文憲法。」[48]

二、傳統型支配：建立在傳統的基礎上，確信悠久傳統之神聖性，傳統同時是支配的來源，但也限制在傳統的範圍內。亦即，服從者僅在傳統的範圍內服從。不過，傳統權威的特性即是無須證成。「慣性行動或傳統行動的好處，恰恰是不需要理由。只要是尚未被迫正當化自己的行動，便是傳統行動；傳統行動不需要正當性，亦不必假設自己在替某個價值服務。它可以全憑習慣的力量，依循大致相同的模式，繼續不斷地重複自己。」【49】

三、卡理斯瑪型支配：建立在卡理斯瑪（Charisma）的基礎上，對個人（及他所定之規範）之超凡、神聖性、英雄性特質的信仰與效忠。卡理斯瑪型支配相對於官僚制（bureaucracy）——法制型支配此特別理性之純粹執行方式而言，是特別非理性的。卡理斯瑪本即不具穩定性，將隨魔力的多寡而消長。其僅能存在於初始階段，無法長久穩定，終究會被傳統、法制或二者之間所轉化，這種轉化在領袖死亡及繼承的問題發生時就會突顯出來。而此問題可透過以下方式解決：尋找新卡理斯瑪領袖，選擇標準爲檢視人格特質是否符合原先的超凡特質，不過其正當性將受到某種標誌限制，而標誌將成爲規則，因此形成傳統而開展出傳統化的過程；以神意選擇新領袖，正當性來自選擇技巧的正當性，這是法制化的形式；由原領袖指定繼承人，並由服從者承認；由具卡理斯瑪特質的幹部推舉繼承者，並得共同體承認；血緣繼承（世襲性卡理斯瑪），正當性將會來自繼承所得職位，可能導致傳統化或法制化；卡理斯瑪透過儀式傳遞或創造，這代表卡理斯瑪獨立於個人成爲客觀的實體。

第三節　自由

壹、自由的意義

「自由這東西，有它則有無盡的好處，失去它則痛苦接踵而至，就連所有隨它而至的好處，也因爲受到了奴役的玷污而變得乏善可陳。」[50]波埃西（Étienne de La Boétie）在《自願爲奴》中如是說。我們之所以追求自由，是來自於受壓抑的經驗，依照包曼（Bauman）所說，即爲我們不得不做不想做、不得做想做的事的那種感覺。[51]這近似於亞倫・德修維茲（Alan Dershowitz）在《對與錯》（*Rights From Wrongs*）提到我們的權利來自於受迫的經驗一般。因此，我們必須要先理解自由的觀念並非具有普世性格（universality），而是來自於西方近現代的觀念。「在中世紀，自由明顯地與權力鬥爭相聯繫。自由意味著免除較高權力的某些方面的控制；自由的身分證明贏得自由的人的力量，以及那些不得不放棄自由的人的軟弱。」例如，《大憲章》中最重要的是爲避免任意徵稅的威脅使得「自由民」（freeman）身分合法化，將君主戰時軟弱狀態透過法律固定。亦即，自由民除非經過同級貴族判決或法律不得監禁或剝奪財產。君主消除不確定性的同時，貴族也寫下國王違背權力限制則有權拿起武器反抗的約束，因此抵抗權使得貴族成爲不確定因素進而抑制國王的自由。「自由是少數有錢有勢的臣民從國王那裡贏來的一種特權；不久，『自由民』的名聲逐漸被用作具有高貴出身和教養的同義語。『自由』屬於那些國王對他們僅僅享有有限的管轄權的臣民。」[52]換言之，我們不該忽視自由與西方、現代、資本主義等特質間的聯繫，也僅在這樣的法律架構中，我們把「個人主體（權利、義務、責任）」給建構而出。「社會的這種關聯性並不局限於限制個人的追求和對個人的動機進行『文化制約』或『意識形態導向』。它與人做爲自由個體的存在本身有關。不僅自由個體的活動方式，而且做爲自由個體的男男女女的眞正身分都被確認是由這種社會構成的。……自由個體遠不是人類的普遍狀況，而是歷史和社會的創造物。……從社會學角度來說，……即自由本身是一種社會事實，是在社會中產生並由社會賦予其在特定時空中才具有的獨特意義。」[53]

前述提及權力與權利之間的永恆拮抗關係，這是政治社會的語境才能存在的命題，也就是預設兩個以上的主體，而這也對應了權力的關係概念（power over），而在政治社會中權利的同義詞即爲自由。換句話說，當我們說一人行使權力於他人時，即代表該他人之自由受限。在群體的政治生活中，每個人的自由是零和的關係，一人的自由舒張（權力）即爲他人的自由收縮（權利）。「……所謂權利，即意指得以在不受他人干預的情況下決定自我狀態，而不受他人干預，當然也屬於自由的原始意涵。」[54]

所以，我們甚至可以說自由同時也是權力。「擁有權力的意思是，能夠更自由地行動；沒有權力或權力比別人小的意思是，你的選擇自由被其他人的決策侷限了。」[55]或說：「因而進行統治的人是自由的；自由的人進行統治。被統治的人是不自由的；不自由的人被統治。」[56]以及「有權力，即等於有能力利用他人的行動，作爲達到自己目的的手段；更廣泛來說，有權力，即等於有能力減少他人的自由對於自己選擇目的和計算手段所造成的限制。貶低他人的自由，即等於增強自己的自由……。」[57]然而，我們必須注意的是於此並非將權力、權利與自由之三個概念混同，其間具有的相等性必須在特定條件與脈絡下才能成立。亦即，必須在不同主體置放權力與自由的概念，方能理解其間所具有的相等與對峙性質（在A對B行使權力的狀況中：A的權力、權利、自由、施展、行使、擴張；同時B的自由受限）。在這樣的零和關係中，自由會產生分化，並且作爲一種特權（privilege）形成「差異」。「有無自由反映、標明及奠定了尊卑、善惡、受人羨慕及令人厭惡之間的對照。」[58]換句話說：「自由的有效性要求另一些人處於不自由中；要自由也就意味著允許能夠使其他人不自由。」[59]

貳、消極自由與積極自由

在政治社會中的我們，所談論的「自由」從來並非無極限的。在那樣完全意義（genuine sense）下的自由，是存在於自然狀態中，包括殺害他人以爲自我保存的自由。然而，自然狀態是一個不存在規範、秩序甚至語言的野蠻境況。「『徹底自由』（complete freedom）只能被想像爲（然而不可能付諸實踐）絕對的孤獨：完全割絕與其他人的任何聯繫。」[60]相對地，政治社會中的自由意義是不完全的。也就是具有內在限制，而這限制來自於必須與屬於同一社群成員的他人自由進行折衝。因此，在政治社會狀態中的「徹底自由」至多是一種「獨處」（privacy），「獨處是一種拒絕其他人（可以是個人，或者是某種超個人的權威機構）在特定的時間或特定的活動中，侵入特定場所的權力。」[61]而此種自由作爲被刑罰剝奪的對象，將在後續文中之規訓部分，予以詳述。簡言之，邊沁（Jeremy Bentham）的圓形監獄及以此技術爲延伸的當代機構（監獄、軍隊、醫院、學校）都是在剝奪獨處——政治社會中徹底自由（雖不完整）的處所。

對於自由的概念，我們可以從昆丁・史金納（Quentin Skinner）以系譜學方式進行的考察切入：霍布斯在《利維坦》（*Leviathan*）所提出的自由概念是「自由主義下的個人自由概念」（the liberal concept of individual freedom）。「若個人在國家裡要以公民的身分享有自由，就必須有權力透過行動追尋某一特定目標（或至少爲其替代方案），並在行使此權力時免於他人或外力的干涉。」此乃「消極自由」的觀念。自由的存在與否以某些事物——干涉——之不存（absence）爲判準——「行動上不受外力干擾」（absence of external impediment of motion），而這外力指的是物理性質（肉體）。意志受迫並非霍布斯所認定的（消極）自由受限的範圍，例如服從法律但行動上仍是自由，且有選擇不服從的自由。因此，僅在行使權力時受到外力干涉，才能說是被剝奪權力而不自由。缺乏自由是權力的剝奪（disempowered），而非權力的缺乏（lack of power）。

其後，洛克（John Locke）在《政府二論》（*Second Treatise of Government*）反駁霍布斯同時擴張自由的概念，其認爲自由包括意志不受迫——沒有選擇自由，行動也不自由。不自由的意義即爲「不自由意味著受到實質外力干預，令人無法在能力所及範圍內行動，或是意志受外力強制，因此將你的意志『屈從於他人之所欲』」。[62]其中，「強制」（coercion）的概念到邊沁的《論一般法律》所提出影響他人意志包括「允諾」

（promise）與「威脅」（threaten），然僅後者爲強制，亦即「至少要受到可信、後果嚴重且迫在眉睫的威脅，並因此排除了替代選項的可能性，才能主張行動自由受到了壓迫與干預。」[63]

而後，彌爾在《論自由》（*On Liberty*）提出的自由觀念則更涵蓋自我剝奪的情形；即未必是外在力量（他人、團體、自然）的干涉，奪取自由的可能是自己，而我們的自由在於以自己的方式追求善。「唯一名副其實的自由，是以我們自己的方式追求我們自身之善的自由，只要我們沒有企圖剝奪別人的這種自由，也不去阻止他們追求自由的努力。在無論身體、思想還是精神的健康上每個人都是他自己最好的監護人。對比被強迫按照他人以爲善的方式生活，人們彼此容忍在自己認爲善的方式下生活，人類將獲得更大的益處。」[64]妨害自身自由的情形包括了：激情（passion）、虛矯（inauthenticity）、虛假意識（false consciousness）。激情係指意志或與靈魂中的熱情聯合，基此而生的行動僅表現出放縱而非自由。但若意志跟隨理性的導引，則在行動中將體現出純然的自由；虛矯所指的是社會的傳統與規範的內化使得人民的順服，進而無視自身的眞實願望，自以爲自由的人卻在行事上將風俗習慣置於個人偏好之前，最後完全順服，意志也徹底受制於風俗（此爲彌爾對於當時英國人的評論）；虛假意識則以馬克思爲代表，其認爲社會存在決定了意識（物質決定觀念），要是社會的行動自由是由布爾喬亞、消費主義角度定義的，而意識又爲社會所決定，那麼支持消費主義這些掩蓋眞實利益的虛假事物時，就會使自己進入奴役，據此也可對應及前述權力的第三面向。也正是在這種情況中，權力的施展可能是符合權力對象的表面偏好，卻違反其實質利益。【65】

昆丁・史金納所提出的另一種對自由的理解則以「支配（關係）」作爲判定標準，此爲新羅馬理論（neo-Roman theory），依此則能分辨出人與奴隸。換言之，奴隸不必然會在實現目標時受到干涉，也可能未被干涉，然而其等之不自由在於依賴主人的專斷意志（arbitrary will）之上。「自由並非『沒有干涉』，而是『沒有依賴關係』。畢竟，只要臣服於他人的專斷意志與權力之下，就可能遭到有違你利益的干涉，這麼一來你便會失去自由人的地位、淪爲奴隸。換言之，只要你爲他人所支配，就會失去自由。」【66】例如，受殖民（美國獨立革命）、無獨立收入的女子、雇主的支配、國家權力（尤其是緊急命令行政權）、國際企業（企業毋須採取措施即可達到限制各國決策空間之可能）等，這些都是依賴關係—支配狀態的類型。然此等亦僅爲例示，而非列舉。此種自由的觀念係屬消極自由之支脈，但就「外部事物」的認定以依賴—支配關係取代原先的外力，故而自由的定義將會是：「依賴關係之不存」。蓋因依賴狀態處於他人之支配，而將失去自主之能動性，同失人的主體性格，等同奴隸狀態而不自由。甚而，意識到自身之奴役狀態更會自我監控（self-censorship），進而自我拘束自身之行動自由。

然而，無庸置疑的是特定歷史文化產物的自由觀念，隨著西方現代化與全球化的進程產生的民主擴散，而使得這樣的政治哲學觀念具有準普世性。於此前設認知中，我們也能把如此建構出的主體作爲理解「人」概念的途徑，而自由即爲其最重要之標誌。「最具壓迫性的政制也許會對我們實施非常嚴格的約束，使我們只能在遵從和死亡之間做出選擇，但我們依然可以選擇後者。這便使我們完全不同於自然科學的研究對象。」[67]

參、秩序與自由

在對自由的概念進行說明之後，必須說明的是在政治社會中與自由相對立之概念——「秩序」。然尚非因權力在特定脈絡下與自由同屬對立，而即將權力與秩序等同，此抑非微觀與宏觀可劃分，於權力的討論中，小至個人，大至整體社會，亦將因觀點的巨微而同屬成立。故就秩序與自由的相對概念應以「狀態」予以理解較妥適，無論是個人的心理又或者是整體社會的條件，而在如此限定下的自由即與不確定性——混亂——類同。

「秩序的觀念，代表事件發生的固定次序，代表搭配良好的零部件的和諧組合，代表事情安排一如預期，這個觀念並非誕生於現代時期。不過，對秩序的關切，急著做點什麼來維持秩序的迫切感，擔心如果什麼都不做，秩序就會化為混亂（chaos）的恐懼感，倒是現代才有的。混亂一詞，則被想像為對事情的控制失靈，事態發展不同於預期和試圖達到的秩序，因此混亂不被認為是另一種秩序，反而被視為毫無秩序可言。混亂之所以是無秩序，因為觀察者無力控制事件的發展，無法從環境中取得渴望的反應，不能防止或消除計劃外和不樂見的事情發生。簡言之，混亂代表不確定性。」[68]自單元至多元的社會中，將因主體性的愈趨勃發而使得個體行動、個體群聚的行動、社會整體的行動，更加不可預測。故其所產生的不確定性，將會形成相對於秩序的混亂。

然而，我們必須了解到統治機構對於秩序的建構永遠無法完成。「秩序建構工作，最多只能做到『相對自主的局部整合』（relatively autonomous subtotalities）……向心力壓倒離心力的優勢，永遠是相對的、接近完成的。這意味了秩序之打敗混亂，永遠不是完全或最後的勝利。奮鬥永無止境，因為它的公開目標永不能達成。」[69]縱使在極權主義的國家，仍然必須在不時地反抗中去重新肅清，遑論在正常民主自由國家中在憲法所保障的基本自由下，所產生的各種「失序」。此二者之間的差異，僅係在框架的緊縮與寬鬆之別而已。

現代國家的創造，也正是在霍布斯所想像出的自然狀態中的混亂之對立面所形塑而出。失序的對立面即爲秩序，據此形構出對於自由的限制，以確保秩序的存在，進而達到安全。不過，關於自由與安全的關係，在佛洛姆對於納粹支持群眾的社會心理學著作《逃避自由》，即分析了在當代的啓蒙個人主義式自由的理解下，加上祛魅（disenchantment）使得價値產生眞空、個人成爲自我生命的主宰，雖有完全的自由，卻須承擔完全的責任。因此，個人嘗試去成爲自身之外更強大的整體之部分，而不再作爲個體。那可以是個人、機構、神、國家、良心或是心理強制，透過成爲那無可動搖的強大、永恆以及迷人的整體的部分，個人可以參與在那力量與榮耀之中。其分析爲受虐性格者的此干人等，放棄了自己也放棄了所有有關的力量與自尊，失去了作爲一個人的整體，也放棄了自由，但人也會因此而得到了新的安全以及新的自尊，也得到對於不確定的安全感——透過融入整體而將命運的最終決定權——責任交付予自身之外，解放自身於不確定感之中。賀佛爾（Eric Hoffer）在《狂熱份子》（*The True Beliver*）中形容此等人所追求的自由，即爲「免於自由的自由」。於是我們可以知道，自由並非人人所趨，有些人選擇逃避自由，於自由的時代中追尋安全與秩序。雖說相距三百年，然而歷史也總是在這擺盪之間前進。也就是，自現代國家的誕生（秩序）到對王權的反抗（自由），再到現代自由的逃避（秩序），而我們所處的正是前往下一個自由的當下。

第四節　規訓與懲罰

壹、懲罰的轉向

至此，已說明了主權作為近現代國家的靈魂，而得知在此統治機構下的權力是作為該疆域中最高且絕對之權力而存在。並且，也說明了在社會中所存在的權力樣貌，包括權力的能力概念與關係概念，以及在不同面向下的權力分析，與權力和正當性的連接間產生權威，權力與自由作為永恆拮抗是在如何的脈絡下成立。然而，就本書所探究的主旨而言，刑罰權仍應置放於「主權」的權力根源以為理解，這也正是刑罰與刑罰權的差異所在。貝加利亞即如此理解：「得強制個人將其應分攤部分的自由捐輸出來的，只有一件事，此即捐輸之必要性。而每個人都是想盡可能只將少部分的應分攤部分寄託予公家。換言之，人們只願捐輸出為了令其他的人同意，其能任意地處置所剩下的部分所必須要交出之最少限度的自由。這個少部分之自由的應分攤部分之總和，即為刑罰權的基礎。脫逸於這個基礎之刑罰權行使，全都是刑罰權的濫用，是不正常的事。」[70]（但我們必須注意，就個人在訂定社會契約所讓渡的自由而言，相較於霍布斯或盧梭所認為的全部讓渡，貝加利亞認為只讓渡「必要的」部分而已。）亦即，此前的刑罰僅作爲單純的措施而存在，然而在主權國家出現的近現代則必須被置放在「刑罰權的刑罰」概念中予以理解，而也必須將此等措施作爲國境內絕對、唯一的最高權力施展的行動。

「一七五七年三月二日，達米安（Damiens）因謀刺國王被判處『在巴黎教堂大門前公開認罪』，他將『乘坐囚車，身穿襯衫，手持兩磅重的蠟炬』，『被送到格列夫廣場（the place de Gre’ve）。那裡將架起刑臺，用燒紅的鐵鉗撕開他的胸膛和四肢的肉，用硫黃燒焦他持著弒君凶器的右手，將融化的鉛、沸滾的松香、蠟和硫黃澆入撕裂的傷口，然後用四馬分肢，再焚屍揚灰。』……這道刑罰花了很長時間，因爲役馬不習慣硬拽，於是改用六匹馬來代替四匹馬。但是仍然不行，於是鞭打馬，以便拉斷他的大腿、撕裂筋肉、扯斷關節……。」【71】

此爲，傅柯（Michel Foucault）在《規訓與懲罰》（*Discipline and Punish*）中經常被引用的段落，說明的是人犯如何在十八世紀的肉刑中的殘忍景象。然而，近現代以前的刑事程序中是種鬥爭，所以會出現罪犯與統治者間的體力抗爭，除了在執行刑罰的當刻之外，也存在於拷問的過程，蓋因「在拷問中，痛苦、抗爭和眞理是聯繫在一起的。」【72】刑求不僅是調查證據的方式，也是戰鬥，甚至也是種刑罰的執行。在其中的勝利將會產生眞理，犯罪也並非全有全無，卻是部分與部分的疊加而形成，部分的證據並非無法證明犯罪，僅係無法證明「全部」的犯罪；但一定程度的證明，將使罪犯於一定程度需接受刑罰的執行。當我們認爲死刑甚至斷頭臺殘忍的時候，實際上我們是以後見之明來審度前先之情。法國在一七九一年修正法律，將所有死刑的判決皆以斷頭處刑時，這代表的是「法律面前人人平等」觀念的實踐，原先僅適用於貴族的斬首擴及適用於所有人，並且死刑不再具有延遲性使得法律（、執法者）與罪犯的肉體的接觸只剩下一瞬間，且只針對罪犯個人，不再存在體力的鬥爭，刑吏僅需如同技術員一般履行職務即可。

在這個時期刑罰產生了轉向，對象從肉體轉至精神，「誠然，判決所確定的『罪行』或『過失』必須是法典所規定的司法對象，但是判決也針對情慾、本能、反常狀態、疾病、行爲失調、環境或遺傳的後果。侵犯行爲受到懲罰，同時也藉此懲罰侵略性格。強姦行爲受到懲罰，同時性心理反常也受到懲罰。謀殺與衝動和慾望一起受到懲罰。」[73]刑罰的效力，不再來自可見的肉體摧毀，其是刑罰的必然後果，故而司法不再與暴力掛鉤，刑罰成爲補充性質，判決本身成爲價值的否定判斷，因此刑罰開始收束。「懲罰從一種製造無法忍受的感覺的技術，變爲一種暫時剝奪權利的學問。」[74]例如，監獄對於自由的剝奪，罰款對於財產的限制，就連當代的死刑都是在技術人員（獄卒、醫生、牧師）照護死刑犯的情形中，注射鎮靜劑使其無所感，在剝奪權利的同時不造成任何苦痛。

貳、權力與知識

人身不再是與國王相對的肉體，而是受規訓的個人。過往的違法，是對於君主的冒犯，蓋因法律是君主的意志，也因此犯法的同時也侵犯了君主；所以，刑罰是對於該冒犯者的回應，而非仲裁二人間或使得權利得以維護的機制。因此，公開的處決是爲透過壯觀展現君權回復的儀式，並非取得任何平衡，而是將忤逆者與君主間的實力差距予以展現，於是所謂的適當刑罰即成爲失衡與過度的刑罰。「公開處決並不重建正義，而是重振權力。」【75】

在刑罰的轉向中，人體成爲媒介，對人身的政治控制與其經濟使用緊密相關。亦即，人身是作爲生產力而被賦予權力與支配關係，但僅在被納入依附體制中才可能成爲勞動力（需求在其中也是被培養、估算、使用的工具），在人身同時具備生產與依附兩種性質時，才能成爲有用力量。換句話說，監禁與強制工作的目的在於剝奪自由，而在此過程中所形成的，即爲「人身的知識」。「可能有一種關於人身的『知識』，但並不完全是關於人體功能的科學，可能有一種對於人體的力的駕馭；但又不僅是對這些力的征服。」【76】

「權力產生知識……權力與知識是直接相互指涉的；不相應地建構一種知識領域就不可能有權力關係，不預設和建構權力關係也就不會有任何知識。」[77]這也是政治體（body politic）的概念，在對人體的政治控制中，將人體轉爲知識對象加以控制與征服。人體也在此個別化與對象化的知識攫取——權力供養——的過程中，被建構而成爲法律主體。「在監獄中，囚犯的身體一方面被改造成爲馴化的身體（docile bodies），另一方面則成爲符合資本主義生產及資本累積之『有用的』，即具有生產能力的身體（Foucault, 1991a）。……人在被對象化的過程，也同時被建構成主體。」[78]個人不僅作爲社會的原子式個體而存在，也是規訓技術所製作出的實體。權力不僅消極排除，也能夠積極生產。「它生產現實，生產對象的領域和眞理的儀式。個人及從他身上獲得的知識都屬於這種生產。」[79]而監獄正是現代國家攫取人體知識——對象化肉體——建構人的主體的處所。刑事司法人道化的同時，規訓機制也征服了法律制度。

參、監獄的紀律

所謂紀律，對應到的語詞是「discipline」，此即傅柯著作中譯爲「規訓」的語詞。根據韋伯「『紀律』是經由反覆練習的態度，使一群特定的人對於命令有著即刻執行、自動與依循固定模式服從的機會。」[80]而傅柯對於紀律的分析，則是定性其乃係爲增加肉體之「柔順性」的設計。並且，同時使人體的力量獲得增強（經濟觀點：功利）；但同時也減弱之（政治觀點：服從）。

柔順性設計從機制（運動、姿勢、態度、速度）掌握身體，是微分權力（imfinite-simal power），盡可能嚴格劃分時空間與活動編碼進行，所控制對象並非行爲的能指或人體語言，而是機制、效能；被強制的不是符號，卻是力量，眞正重要的儀式是操練。且需有模式（modality）不間斷地強制，過程（而非結果）是關鍵，征服肉體的同時給予其柔順——功利關係。「動作的連接也預先規定好了。時間滲透進肉體之中，各種精心的權力控制也隨之滲透進去。」[81]

如此編排的權力行使讓時間也得以被控制，這個過程將會是把肉體的訓練進行重複且有差異等級地逐漸上升至極限。操練起於宗教，神祕主義或禁慾主義中是爲了拯救而安排來世時間的方式；在現代則是更經濟有效率地利用時間、積累時間，並以此中介行使統治權力。「它不是以某種超度爲終點，而是追求永無止境的征服。」[82]在此規訓的過程中，將會使得肉體被創造出四個特性，分別是一、單元性：由空間分配方法所造成；二、有機性：通過對活動的編碼；三、創生性：通過時間的積累；四、組合性：通過力量的組合。

並且，使用四種技術制定圖表，規定活動，實施操練，爲組合力量而安排戰術。

監獄正是施展前述實施紀律最爲完整的處所。相較於學校、工廠、軍隊，監獄紀律對於每個人的肉體、能力、日常、道德、精神完全負責，且也無外在形象之憂，故其間斷性將是永續。參照前述權力與知識的循環關係，監獄爲建立知識的場所，不僅施展權力調節教養，也將過程中的所得轉爲教養的知識。「這種知識將能把罪犯導致的刑罰變成對犯人的改造，使犯人有益於社會。監獄的自主權和它所創造的知識使得人有可能增加刑罰的效用。……法律的懲罰針對著一種行爲，而懲罰技術則針對一種生活。因此，用一種知識形式重構一種生活的所有悲慘的細節，用一種強制活動塡補那種知識的空隙並對它施加影響，就屬於懲罰技術的任務了。這是一種傳記知識和矯正個人生活的技術。」【83】

這是在面對痲瘋病與瘟疫的不同態度，所衍生不同的政治策略，創生了現代的監獄。前者是爲創造出純潔的共同體；後者則是規訓社會。對於痲瘋病的對應措施採取標記、隔離並且放逐的方式，然而對於瘟疫則是採取個人化的分析、網絡化、監視、控制，並持續以死亡作爲威脅應對。這種對於例外情境的規訓被常態化爲監視，原先被用於消除危險、避免暴民聚眾的措施，成爲當代的積極技術以強化每個人的（利用）價值。例如，軍紀並非僅爲防止強盜，而是成爲使得軍隊得以存在的技術。「它使得軍隊不是一群烏合之眾，而是一個統一體，並因此而增強戰鬥力。」[84]

邊沁的全景敞視監獄（panopticon）應屬當代規訓監獄的「理想型」，而該構想係仿效凡爾賽動物園，只不過人取代了動物，權力機制取代了國王。在這裡運作的權力類型，不同於國王的無上權威，卻是細緻化地分析、記錄、區分、比較、序列、組合，已獲得獨立的單位並「創造」個人，權力並非源自終極，而是在結構之中作用。「用一種祕密地把自己的對象具體化的權力，取代那種表現在權力行使者的顯赫之中的權力；形成一套關於這些個人的知識體系，而不是調動展示君權的炫耀符號。」[85]懲罰之具有普遍性不在法律意識的普遍，而是規訓技術的擴展使得權力網絡得以張開。

全景敞視監獄的特點在於監察員的中心位置，以及見人而不爲人所見（seeing without being seen）的設計，換句話說，此即知識的非對稱性。監察員對於犯人知悉一切，然而犯人卻對監察員一無所知。在這樣的關係中，犯人的自由於此被剝奪殆盡，而監察員卻是自由的。「這裡監管員的自由體現爲他們的行爲獨立於犯人所做的、所欲的一切之外，他們有能力將犯人作爲他們自己意志的客體來處置——他們能夠影響和改變犯人的行爲，並以自己的意志代替犯人的意志作爲他們行爲的觸發因素和決定因素。」[86]這是在沒有道德、宗教、理想勸說，僅有外在行爲控制的條件下完成，因此，我們也無法期待權力對象更具有德行，卻只能發現經過操練後的成員行為更符合某種模式而已。囚犯是被客體化的，其等對於命令內容的感覺、是否認為正當甚至是否內化都無關緊要，監察員的意志取代了囚犯的意志。

肆、規訓：反法律

我們認為法律是平等的，從斷頭臺的平等即揭示了規範的特性。然而，紀律卻帶來無可抗的不對稱性、排斥相互性作用，因此，規訓是為反法律（counter-law）。不同於契約義務的強制性，是一群受到他群不可逆的支配，該他群永遠有過剩的權力，在相同的規範前不同的群體所位處的不平等，彰顯出規訓的反平等性。然而，平等的法律體系卻是由紀律（規訓）的不平等與不對稱性權力予以維持。當代民主形式上實現人民主權，但卻是紀律作為基礎提供了權力。

個人被納入整體進行比較，再依標準區分，根據價值排列能力，形成統一壓力，最後排斥的界線被畫出。我們可以發現在一個規訓社會中，兒童相較於成人、病人相較於一般人、罪犯瘋子相較於正常人，是更為「個人的」。換句話說，一個「社會化」的過程，透過工作、學校、軍紀、獄典，使得順從與尊重權威被置入個人，透過技術性的操演使得動作被編碼，尤其在當代資本主義社會中的工作占據一人每日絕大多數時間。換句話說，柔順肉體是在這個期間被打造而出；教育亦且同理。「教育的目的，是在把個人陶養成爲社會的分子。」[87]社會化的過程，即在去個人化的同時建構主體。尤其隨著警察的出現，在整個社會中由警員所填補的權力縫隙，使得監督無所不在，而這是整個結構對於社會整體的規訓。

常態所認知的刑法典係作爲行爲規範以禁制特定的行爲，但是懲罰作爲規訓技術從未是爲消滅違法行爲而存。「監獄及其一般的懲罰並不旨在消滅違法行爲，而是旨在區分它們，分配它們，利用它們。與其說它們使易於違法的人變得柔順，不如說它們傾向於把對法律的僭越吸收進一種一般的征服策略中。因此刑罰就將顯得是一種操縱非法活動、規定寬容界限、有所放任又有所苛待、有所排斥又有所利用的方式。」[88]這也對應到涂爾幹對於犯罪的理解，從野蠻到文明的過程中犯罪是增加的現象，因此其非偶然卻是自然的規則現象，畢竟犯罪是來自於公意的定性，群體中必然有人背離，甚至犯罪是無可避免的、必須的。「若社會上沒有了犯罪，就同牆沒有毀壞，沒有新修的希望一樣，那社會也就沒有進化了。因爲若沒有犯罪，則一時的公論，我們總以爲是絕對的，是天經地義的，然而也從沒有件事是絕對的好，或是無標準的好。」[89]這是類似社會演化的觀點，然而從懲罰的規訓性質可以知道，對於犯罪這種規則現象我們並不是採取革除，而是以收編的方式來應對，而這正是懲罰作爲規訓技術的意義所在。

第五節　結語

在本章對於權力的分析中，我們可以知道權力可分爲能力性質的「有……的權力」（power to），以及關係性質的「凌駕於……的權力」（power over），而前者比後者更爲基本。同時，主體是社會中的存在而無法脫離脈絡理解，故而即便是能力性質的權力，也將是指涉主體在特定社會中具有能使其他主體爲特定表現的潛能，潛能之實現即爲關係鏈結之成形，而爲免混淆於社會控制，權力的概念必然帶有意圖的性質。

與權力（power）有關的概念有影響力（influence）、武力（force）、暴力（violence）、權威（authority）、能力（ability）、潛力（potency）。潛力與能力是類同的概念，是屬於權力的次類別；影響力是權力的上位概念，其亦將重疊於非意圖性的權力——社會控制——結構性權力；而武力則爲權力之其中一種形式，其可分爲肉體與心理兩個層面，肉體層面可再區分爲暴力與非暴力，暴力則爲武力的終極形式。武力是否定性的權力行使——以「禁止」的方式，並在行使過程建立權力者與行爲結果間的因果關係，進而使得行動主體因預期而改變行動形成威懾，作用方式是透過「信用」使得自身的行使不再具有必要性，僅在此信用受到挑戰時再重新訴諸武力。換句話說，武力是爲了威懾而存在，而這也是被動式的權力。

權力的不同面向，須從共同核心意義「當A以一種違反B之利益的方式而影響B時，A對B行使了權力。」開始，作爲本質上可爭議的概念（an essentially contestable concept），爭論處在「利益」與「不利影響」。在決策情境中，單面權力觀以羅伯・達爾爲代表，「關係（主體—客體）」存在作爲前提，權力定義爲：「在A能夠促使B去做一件原本不願做之事的範圍內，A對B行使了權力。」也就是，在決策情境中使他人改變決定的現象。而政策偏好（policy preference）是利益的表現，決策通過與否則是不利影響的闡釋；雙面權力觀以巴克拉克與巴拉茲爲代表，認爲單面權力觀僅見及權力的外顯，然而隱蔽的非決策制定情境（nondecision-making）權力卻被忽略，即非決策制定或制定「非決策」。例如，操縱社群主流價值、信念或程序，讓決策範圍限縮在無害於決策者的議題上，而無損於既得利益，使得挑戰意見無法進入議程，利益的概念在此被理解爲決策制定情境中的政策偏好與非決策制定情境中權力客體的苦楚，不利影響則是以議案是否通過以及議程設定與否判定；三面權力觀以史蒂芬・路克斯爲代表，認爲社群成員不感到痛苦也可能是虛假共識（false consensus）所致，權力者形塑社群的意識型態使其等偏好接受權力者的偏好，利益的概念必須要以政策偏好、苦楚，以及眞正利益來理解。也就是若權力客體了解本身的眞正利益，則潛藏衝突（latent conflict）會浮現成爲可觀察到的衝突；不利影響則以議案的通過與否、是否制定非決策、是否促成虛假共識來理解，權力的定義則爲：「透過形塑人們的想法、認知與偏好，以使他們接受自己在既有秩序中的角色，從而盡可能地防止他們產生任何不滿的權力。」

權威即爲具有正當性之權力行使，正當性（legitimacy）代表的是權力的行使，是否在特定的規範作爲標準下被判定爲符合標準。權威概念中的正當性，使得命令並非因其內容而被服從；而是命令者的權能，在權力者具有正當性的前提下，權力對象也將因此負有服從的義務。韋伯所區分出的三種正當性支配，分別是一、法制型：建立在理性的基礎上，服從的是依法制定之客觀的、非個人的秩序，以及據此而占據某職位者的命令；二、傳統型：建立在傳統的基礎上，無須證成，確信悠久傳統之神聖性，傳統同時是支配的來源，但也限制在傳統的範圍內；三、卡理斯瑪型：建立在卡理斯瑪（Charisma）的基礎上，對個人（及他所定之規範）之超凡、神聖性、英雄性特質的信仰與效忠，是特別非理性型之權威，然因不穩定故將必轉化爲傳統或法制型權威。

自由的追求是來自於受壓抑的經驗，且其是在西方近現代文化歷史下的產物，《大憲章》中避免任意徵稅的威脅使得「自由民」（freeman）身分合法化，除非經過同級貴族判決或法律，不得監禁或剝奪其財產，將君主戰時軟弱狀態固定。自由意味著免除較高權力的限制，且是力量的證明。自由與西方、現代、資本主義的聯繫，在這樣的框架中「個人主體（權利、義務、責任）」被建構而出，也是在如此範圍內才得以被理解。在政治社會中的權力與權利處於永恆拮抗的關係，故而政治社會中權利的同義詞即爲自由。當我們說一人行使權力於他人時，即代表該他人之自由受限，在群體的政治生活中每個人的自由是零和關係，一人的自由舒張（權力）即爲他人的自由收縮（權利）。甚至自由同時也是權力，統治者是自由的、被統治者是不自由的，然而權力、權利與自由之三個概念並非等同，其間相等性須在特定條件與脈絡下才能成立。亦即，必須在不同主體置放權力與自由的概念方能理解其間所具有的相等與對峙性質（在A對B行使權力的狀況中：A的權力、權利、自由、施展、行使、擴張；同時B的自由受限）。

政治社會中「自由」從來不是無極限、完全意義（genuine sense）下的自由，是自然狀態中包括殺害他人為自我保存的自由，然自然狀態是不存在規範、秩序甚至語言的野蠻境況。政治社會中的自由意義是不完全的——具有內在限制，政治社會狀態中的徹底自由至多是一種獨處（privacy）而已。自由的概念根據昆丁・史金納系譜學式考察，霍布斯在《利維坦》提出「若個人在國家裡要以公民的身分享有自由，就必須有權力透過行動追尋某一特定目標（或至少為其替代方案），並在行使此權力時免於他人或外力的干涉。」此為「消極自由」：自由的存在與否以某些事物——干涉——之不存（absence）為判準——「行動上不受外力干擾」（absence of external impediment of motion），而這外力指的是物理性質（肉體）。洛克在《政府二論》反駁霍布斯同時提出自由包括了意志受迫：若無選擇自由，行動也不自由。「不自由意味著受到實質外力干預，令人無法在能力所及範圍內行動，或是意志受外力強制，因此將你的意志『屈從於他人之所欲』。」而後，彌爾在《論自由》提出的自由觀更涵蓋自我剝奪自由的情形，這包括了激情（passion）：係指意志或與靈魂中的熱情聯合，基此而生的行動僅表現出放縱而非自由；虛矯（inauthenticity）：指的是社會的傳統與規範的內化使得人民的順服，進而無視自身的眞實願望；虛假意識（false consciousness）：以馬克思為代表，認為社會存在決定了意識（物質決定觀念），要是社會的行動自由是由布爾喬亞、消費主義角度定義的，而意識又爲社會所決定，那麼支持消費主義這些掩蓋眞實利益的虛假事物時，就會使自己進入奴役。昆丁・史金納另提出的對自由的理解是以「支配（關係）」作爲判準，此爲新羅馬理論（neo-Roman theory），如奴隸未必在實現目標時受到干涉，也可能未被干涉。然而，其等之不自由在於依賴主人的專斷意志（arbitrary will）上，「自由並非『沒有干涉』，而是『沒有依賴關係』」；作爲消極自由的支脈，自由的定義是爲：「依賴關係之不存」。

秩序與自由的相對是在「狀態」的觀點下才產生，基此自由即與不確定性——混亂——類同，此乃相較於秩序所代表的事件固定發生次序的概念，然對於秩序的追求卻是無法盡途的過程，政治體制都將必須一再地去泯除失序的現象，差異僅在於框架的鬆緊不同。秩序與失序的對立，也可見於霍布斯對於現代國家創造中對於自然狀態的想像。而自由與安全的關係在佛洛姆《逃避自由》的分析，在個人主義的原子式個人與祛魅（disenchantment）後的價值眞空，個人雖有完全自由卻須擔負完全責任，故而去成爲自身之外更強大的整體的部分而不再作爲個體，失去自由的同時也得到安全感，將自身的命運決定權——責任——交付予自身之外，解放自身於不確定的失序中。賀佛爾在《狂熱份子》中，形容此等人所追求的自由是「免於自由的自由」。

就本書所探究的主旨而言，刑罰權仍應置放於「主權」的權力根源以爲理解，而這也正是刑罰與刑罰權的差異所在。此前的刑罰僅作爲單純的措施而存在，然而在主權國家出現的近現代則必須被置放在「刑罰權的刑罰」概念中予以理解，而也必須將此等措施作爲國境內絕對、唯一的最高權力施展的行動。在權力的討論中，我們無法忽視的是傅柯在《規訓與懲罰》中的分析，懲罰與拷問都是罪犯與統治者間的體力鬥爭，這過程是與眞理聯繫在一起的儀式。斷頭臺的出現是一七九一年法國修正法律所致，規定所有死刑皆以斷頭處刑，當我們認爲這是殘忍的時候，這卻代表的是法律平等的觀念實現。原先僅適用於貴族的斬首擴及適用於所有人，且死刑不再具有延遲性、接觸僅剩瞬間再無體力鬥爭。刑罰此時從肉體轉向精神，「懲罰從一種製造無法忍受的感覺的技術，變爲一種暫時剝奪權利的學問。」

「公開處決並不重建正義，而是重振權力。」過往的違法是對君主的冒犯，因此透過壯觀執行刑罰以回復君權，因此愈是失衡愈是適當。而在轉向之後人體成爲媒介，對人身的政治控制與其經濟使用緊密相關，監禁與強制工作的目的在於剝奪自由，而在此過程中所形成的即爲「人身的知識」。權力與知識的關係是循環性的，在對人體的政治控制中，將人體轉爲知識對象以控制與征服之，而人體也在此個別化與對象化的知識攫取——權力供養——的過程中被建構而成爲法律主體，囚犯肉體在成爲被馴化身體的同時也成爲資本主義中有生產力的身體，個人同時作爲原子式個體以及規訓技術製作出的實體而存在。監獄即爲國家攫取人體知識——對象化肉體——建構人的主體的處所。

紀律是透過反覆操演使特定人對命令依循模式服從的現象，亦即，增加肉體的柔順性同時使得力量增強。柔順性設計掌握身體，嚴格劃分時空間與透過編碼活動，在不間斷的強制模式（modality）中征服肉體，同時也掌握了時間，並逐漸上升層級到極限。監獄是相較於學校、工廠、軍隊等處紀律最完整的處所，對於個人的肉體、能力、日常、道德、精神完全負責，對於囚犯規訓的同時回饋予權力技術，而使得犯人獲得改造有益於社會。「這是一種傳記知識和矯正個人生活的技術。」

這是面對瘟疫的政治策略所創生，在採取個人化的分析、網絡化、監視、控制，並持續以死亡作爲威脅應對的例外境況中被常態化爲當代的監視技術，而監獄則以邊沁的全景敞視監獄（panopticon）爲「理想型」，其特點在於監察員的中心位置，以及見人而不爲人所見（seeing without being seen）的設計，即知識的非對稱性：監察員對於犯人知悉一切，然而犯人卻對監察員一無所知。在這樣的關係中，犯人的自由被剝奪殆盡，監察員卻是自由的，且是在沒有道德、宗教、理想勸說，僅有外在行爲控制的條件下完成，因此我們也無法期待權力對象更具有德行，卻只能發現經過操練後的成員行爲更符合某種模式而已。囚犯是被客體化的，其等對於命令內容的感覺、是否認爲正當甚至是否內化都無關緊要，監察員的意志取代了囚犯的意志。

法律具有平等性，紀律卻相反的具有不對稱性；規訓是爲反法律（counter-law）的，不同於契約義務的強制，是一群受到他群不可逆的支配，該他群永遠有過剩的權力，在相同的規範前不同的群體所位處的不平等，但規範體系卻是由規訓權力技術予以維持。社會化的過程，即係透過不同場所使得肉體更爲順從，透過技術性操演使得動作被編碼，尤其是當代資本主義社會中的工作占據個人絕大多數時間，柔順肉體因此被打造而出，亦即，社會化的過程即在去個人化的同時建構主體。刑法與刑罰從未爲消滅違法而存，卻是在區分、分配、利用，將違法者予以征服，此亦對應及涂爾幹對於犯罪的理解作爲規則現象的觀念，甚至促使社會進化。基此可知，對於犯罪這種規則現象，我們並不是採取革除，而是收編的方式來應對，而這正是懲罰作爲規訓技術的意義所在。

◆註解◆

【1】Émile Durkheim，許德珩譯，《社會學方法論》，頁一五六（一九九九年）。

【2】Steve Bruce，李康譯，《社會學》，頁四一（二〇一六年）。

【3】Zygmunt Bauman，朱道凱譯，《社會學動動腦》，頁一〇（二〇〇六年）。

【4】同註【2】，頁一一三。「它的重要性不僅體現在有助於理解事情的發展為什麼背離了計畫，而且體現在有助於理解事情為何如其所是。」

【5】J. S. Mill，邱振訓譯，《效益主義》，頁一四八—一五〇（二〇一七年）。

【6】Steven Lukes，林葦芸譯，《權力——基進觀點》，頁三七（二〇一五年）。

【7】同前註，頁一三一。

【8】Dennis H. Wrong，高湘澤、高全余譯，《權力：它的形式、基礎和作用》，頁一二—一三（二〇〇三年）。

【9】Rollo May，朱侃如譯，《權力與無知》，頁三（二〇一六年）。

【10】同前註，頁一四。

【11】同註【9】，頁一一一。

【12】同註【9】，頁三〇—三三。

【13】Alice Schwarzer，羅麗君譯，《女性的屈辱與勳章：一個德國女性主義者的觀點》，頁一一四（一九九八年）。

【14】Erich Fromm, *Escape from Freedom*, pp. 287-288 (2013).

【15】see Pamela Pansardi, “Power to and power over: two distinct concepts of power?” *5 J. POWER.*, pp. 73, 81 (2012). 但作者有提到，雖然兩個概念在邏輯上並不完美相等，但是有極高度的對應性。另外，後文提到：「my power to buy a car entirely corresponds to my power over the car seller.」應能有較好地理解。

【16】另外，也有從個體與角色所擁有的權能進行區分者。「對於權力，羅馬人用兩個詞來表示一個重要的區

別：一個是potentia，意指有形的確確實實的權力；另一個詞是potestas，指的是一個職位中包含的合法權利和權力，還包括共享羅馬國家總權力的所有職位。」Kenneth Minogue，龔人譯，《政治學》，頁二八一二九（二〇一六年）。

【17】同註【6】，頁一一六—一一八。本書中的定義將「power to」定以：「有……的權力」；而「power over」定以：「凌駕於……的權力」。

【18】同註【8】，頁四—一四。

【19】同註【8】，頁三。

【20】Max Weber，顧忠華譯，《社會學的基本概念》，頁九一（二〇一六年）。

【21】如「我們永遠不該以狹義的方式來認知權力，認為它一定得伴隨著意圖、實際預知與積極行動（相對於未能採取行動）。有權者的權力在於，他們能夠（積極地或消極地）影響他人的（主觀與／或客觀）利益，並為此負責。……有權者包括導致他人無權力的人，以及可以降低或矯正他人的無權力的人。」「權力行使是個人化且有意的」假定，已經內建在我們的語言之中——但它本身卻提不出任何可讓我們接受這些假定的理由。因此，我提議廢止這些假定，使得權力行使者可以是個人，也可以是團體與制度等。而權力在行使時可以是有意識的，也可以是無意識的。」同註【6】，頁七五、一一〇。

【22】「那些既不是預期的，又不是預見到的結果，依我的定義，並不構成權力的行使；但當它們和預期的及預見到的結果相伴隨時，它們當然也就是對權力的行使所造成的結果了。」同註【8】，頁三八〇。

【23】吳庚，《韋伯的政治理論及其哲學基礎》，頁五六—五八（一九九三年）。

【24】同註【8】，頁三七五。

【25】同註【1】，頁七。

【26】論者更區分了能力（ability）與權力（power），前者代表個人基於內部資源（internal resources）行動的可能性；後者則是個人在他時機脈絡（opportunity context）下行動的可能性。兩者的關係是：能力再加上社會脈絡就會成為「有……的權力」。同註【15】，頁八二一。

【27】同註【3】，頁一三三—一三四。

[28] 同註[8]，頁三七五。

[29] 同註[8]，頁三九。但要注意的是，武力還有非暴力的形式，如作者所舉的「靜坐」的例子。

[30] 同註[8]，頁六四—六六。

[31] 同註[8]，頁一一九。

[32] 殷海光，《思想的顏色》，頁四五—四六（二〇〇六年）。

[33] 於此可參照佛洛姆對於內在權威的說明：「除了外在權威，也包括以良心、責任或超我等形式出現的內在權威。事實上，當代思潮從基督新教教義到康德哲學的發展，可以說是以內在權威取代了外在權威。隨著新興中產階級在政治上的獲勝，外在權威喪失了威望，而以人類自己的良心取代了外在權威原本的地位。……分析顯示，內在的良知跟外在權威一樣嚴厲地支配一切，而且它對個人行為具有的統治地位，甚至比任何外在權威都還要嚴苛，因為個人會覺得這些命令是他自己給的，怎能違背自己呢？」Erich Fromm，劉宗為譯，《逃避自由：透視現代人最深的孤獨與恐懼》，頁一九〇—一九一（二〇一六年）。

[34] 同註[2]，頁三一。

[35] 同註[6]，頁一一五。所謂的被動權力，作者所舉的例子為「某人說一種我認識的語言時，我並沒有不理解它的權力」。亦即，能動者接受改變而非做出改變，經歷結果而非造成結果。此乃作者在前文對洛克的權力定義延伸的貫徹，洛克將擁有權力定義為「有能力做出或接受任何改變」，而作者延伸為「能夠做出或接受任何改變，或是抗拒任何改變」。參見同註，頁一二一、一二四。

[36] 參照郭秋永，〈權力概念的解析〉，《人文及社會科學集刊》，十八卷二期，頁二四三—二四七（二〇〇六年）。

[37] 同註[20]，頁三一—三二。

[38] 同註[6]，頁五七。

[39] 學者提到我們無法假定人必然基於同意被統治，也有管理與控制他人同意的權力，此點相似。C. Wright Mills, "The structure of power in American society," *9 BRIT. J. SOC.*, p. 29 (1958).

【40】同註【6】，頁三三五。

【41】Peter G. Stillman, "The Concept of Legitimacy," *7 POL.*, p. 32 (1974).

【42】同註【36】，頁二二八—二二九。

【43】另外，學者也將合法性（legality）從正當性（legitimacy）中區分出來，「正當性是指對於統治權力的存在，經過形式上的認可，或事實上的承認。而合法性則指統治團體中，特定權力的運用，合於實證或倫理規範而已。」同註【23】，頁八〇。

【44】同註【3】，頁一三五—一三六。

【45】同註【8】，頁七四—七五。這裡要特別說明的是，原著作使用的是「legitimate」一詞，譯者翻成合法的，惟本文將其更改為正當一詞，因從政治學權力的角度討論的話，合法（實定法）與否應是權力的產物，若依此翻譯則將產生自己定義自己的無意義窘境。

【46】不過，我們必須理解到韋伯對於權威與支配的概念，並非作為相等意義在使用。支配指的是：「一群人會服從某些特定的（或所有的）命令的可能性。」故而，並不包括所有權力與影響力的型態。因此，支配與權威可能會基於不同的服從動機，或許是習慣性服從或是純粹的功利計算。參考Max Weber，康樂等譯，《支配的類型》，二版，頁一一二（二〇〇六年）。

【47】同前註，頁七一七八。

【48】同註【23】，頁六九。

【49】同註【3】，頁一三四。

【50】Étienne de La Boétie，孫有蓉譯，《自願為奴》，頁五五—五六（二〇一六年）。

【51】參考Zygmunt Bauman，楚東平譯，《自由》，頁六一（一九九二年）。

【52】同前註，頁四〇—四二。

【53】同註【51】，頁六—七、三五。

【54】周漾沂，〈刑罰的自我目的性——重新證立絕對刑罰理論〉，《政大法學評論》，一四七期，頁一四（二〇一六年）。

【55】同註【3】，頁一二九。

【56】同註【51】，頁二六。

【57】同註【3】，頁一三一—一三一。

【58】同註【51】，頁一一。

【59】同註【51】，頁五六—五七。

【60】同註【51】，頁六三—六五。

【61】同註【51】，頁六三—六五。

【62】Quentin Skinner，蕭高彥編，《政治價值的系譜》，頁四七—六四（二〇一四年）。

【63】同前註，頁四七—六四。

【64】J. S. Mill，孟凡禮譯，《論自由》，二版，頁三一—三三（二〇一五年）。其並提出自由的適當範圍包括：1.內在的意識領域的自由，即最廣義的良心、思想和情感自由，舉凡是實踐、思想、科學、道德、宗教等事務之意見和態度的絕對自由。而因為發表和出版與思想本身一樣重要，依據理由又大致相同，因此在內在自由的範圍內；2.品味和志趣自由，即自由根據自己特性規劃生活，做自己喜歡的事並願意承受所有後果，只要行為不傷及他人就不受人們干涉，即便他人看我們的行為是愚蠢、乖張或錯的；3.聯合的自由，即人可在不傷害他人的任何目的下自由聯合，但參加者必須是成年，且不受強迫和欺騙。若一個社會不尊重這些自由，無論什麼政體，都不是自由的。又或，這些自由不能絕對無條件地存在，社會也不算完全自由的。

【65】同註【62】，頁四七—六四。惟我們必須注意者的，這三者並非列舉，而是例示；同時，我們也必須要知道的是虛假意識的用語並非經馬克思所使用，雖為後世馬克思主義者所引用，然卻為恩格斯（Friedrich Engels）所首用。見David McLellan，施忠連譯，《意識形態》，頁二五（一九九一年）。

【66】同註【62】，頁六九—七七。

【67】同註【2】，頁一四。作者還提到：「水在被加熱的時候，不可能拒絕增加其蒸發度。在壓力保持不變的情況下，水不能連續四天在攝氏一百度上沸騰，然後在第五天拒絕照此辦理。但人就可以這樣。最卑賤的

小人物也會有反抗的時候。」

【68】同註【3】，頁二〇八—二〇九。

【69】同註【3】，頁二〇九—二一〇。

【70】Cesare Beccaria，李茂生譯，《犯罪與刑罰》，二版，頁二三—二五（二〇〇七年）。而讓渡的必要部分，不可能包括殺死自己的自由，因此其亦反對死刑，認其為暴虐而違反契約。然有論者提出有利質疑為：「假如他所設想的自然狀態是一種戰爭狀態的話，『最低限度』的自由讓渡如何可能保障每個人的生命、自由以及追求幸福（或財產）的自然權利？」蕭高彥，〈死刑存廢：政治思想與哲學的省思〉，《思想》，十七期，頁二二五—二二八（二〇一一年）。

【71】Michel Foucault，劉北成譯，《規訓與懲罰：監獄的誕生》，頁三（一九九二年）。

【72】同前註，頁四〇—四一。

【73】同註【71】，頁九—一七。

【74】同註【71】，頁九—一七。

【75】同註【71】，頁四五—四七。

【76】同註【71】，頁二四—二七。

【77】同註【71】，頁二四—二七。

【78】林淑芬，〈傅柯論權力與主體〉，《人文及社會科學集刊》，十六卷一期，頁一三〇（二〇〇四年）。

【79】同註【71】，頁一九一—一九二。

【80】同註【20】，頁九一—九二。

【81】同註【71】，頁一五一。且權力以最小代價行使，經濟上減少成本，政治上分散權力，權力趨向極限的過程中使得實用性也併同增加。而此相符於十八世紀的人口暴增，管理的數量增加，使得機構複雜也增加成本，因此利潤也須提升，定位個人的反流動性規訓的發展是反映了成本利益間的關係。

【82】同註【71】，頁一五八—一六〇。

【83】同註【71】，頁二五〇—二五一。

【84】同註【71】，頁二〇七—二〇九。

【85】同註【71】，頁二一七—二三二。

【86】同註【51】，頁一八—一九。

【87】同註【1】，頁八。

【88】同註【71】，頁二七四。

【89】同註【1】，頁七六—七七。

第四章　懲罰的意義

第一節　前言

在經過對於近代國家概念的考察之後，可以知道主權（sovereignty）是國家的靈魂，此即近代國家之核心。接續本書對於權力概念的分析，於此，刑罰權作爲主權的行使，我們必須要探討懲罰的意義何在。本書使用懲罰是通用於英語系統中討論有關正當化懲罰理論史所使用的「punishment」一詞，而採取「意義」（meaning）是爲了避免混淆於「目的」，同時探討懲罰的正當化問題。蓋因在懲罰理論的立論基礎上，有義務論（deontology）與目的論（teleology）不同的根基，前者以康德式的應報理論爲代表，後者則如邊沁（Jeremy Bentham）式的功利主義爲代表。

懲罰的意義這個問題需要被討論，正因爲在我國的法學界中這是被存而不論的問題，然而這樣的擱置，並不具有任何正當性可言。蓋因一個學術之根本既若從未被確立，何得以確立由此爲前提所推證之其餘成果？且因懲罰的立場採取敷衍的「折衷理論」，在根本上即存在於矛盾的基礎之上，面對來自各方的批判則是不可豁免的必然「懲罰」。又，懲罰的問題是個道德哲學的問題，不僅是在法學的規範意義上，也不只是在政治的統治範疇之上，根本的問題是：「國家依據什麼，施加苦痛的惡於人民？」也即學者泰德・亨德里奇（Ted Honderich）所提出的：「懲罰的問題在初始就出現是因爲這種實務包括了傳統上一直被稱爲受苦的東西。」[1]而我國論者也曾指出這樣的問題。「……而刑罰理論的道德基礎不夠堅強與穩固時，我們更可斷言，由其推演的公共政策是何其搖搖欲墜。」[2]也或許因此才導致司法實務經常使人詬病，卻也無從確切回應的理由。

本章將始自基本概念的釐清，從目的與意義的區分開始，再到主權與懲罰的關聯，然後是權力與規範的關係。進而，在懲罰的正當化中，始自應報理論——從一般經常援引的康德與黑格爾的懲罰觀的分析爲初，蓋因一般對此二者僅略以數語帶過，然卻過度概括二者爲康德爲道德客觀主義者對於正義無從妥協，抑或黑格爾認爲懲罰就是反對的反對，例如「關於刑罰目的理論中所謂絕對主義，主要代表人是康德及黑格爾。其觀念認爲，人不能作爲國家預防犯罪的工具，所以刑罰的實施就單純是爲了正義的維護。黑格爾則強調，犯罪就是對於規範的否定，而對於規範的否定必須用再度的否定（刑罰）使規範重新被實證。」[3]如此，皆過度簡化二者的思想，而有詳述之必要。

其次，即需探討應報思想中最重要的概念應得（desert）及其與正義的關聯，進而是應報與復仇的差異，並且討論任何可能的綜合理論。其中，又因對「英德」概念無從割捨，因而結合成消極應報理論（不應懲罰無罪者的限制），就此，本書概皆以混合理論

（hybrid theory）稱之。蓋因應報理論所立基之義務論與功利主義或其他思想所立基的目的論本身是「無法調和的」，故任何「綜合」或「折衷」都是徒勞之舉，甚至是產生虛僞掩蓋的惡害。由於二者基礎不同係對於特定哲學議題終極依據之不同擇選，既爲終極則自無可能存二，故對由不同基礎推演出的理論予以折衷綜合，皆爲「混合」，如同油水，即便搖晃，終究無法相融。

再次，討論的是威嚇理論，而這必須從功利主義爲始，在我國的用語中經常以「一般預防」來指稱此理論，[4]然而，在原文上採用的是「deterrence theory」。故本書認爲，在不同理論所採取對於「人的形象」有所不同的前提下，並不適合將「預防」作爲前提概念劃分爲「一般」與「特殊」，蓋此便宜的分系忽略了不同理論證成的進路。而功利主義中則以邊沁提出的懲罰理論爲代表，佐以承繼功利思想的彌爾（John Stuart Mill）所提出的修正，然而在懲罰上仍以前者爲討論大宗。

再者是復歸理論，一般稱作「特別預防」。然如前述，對於人的形象預設有所不同，因此使用該語詞有所不當。簡言之，應報理論對於人的假設是人是道德自由的主體，須對自己的責任負責；威嚇理論假設人是理性的，因此要透過反誘因的刑罰來嚇阻犯罪；復歸理論認爲犯罪者是病患，必須要矯正與治療。這可以李斯特（Franz von Liszt）提出的馬堡綱領（Marburger Programm）作爲表率，而這也對應於政治上的福利國家型態，但也在一九七〇年代後面臨衰落與批判。

繼而是溝通理論，於此將從刑罰民粹主義開始，雖說兩者無必然關聯，然而刑罰民粹主義作爲一九七〇年代之後的時代背景，面對專業官僚無能的批判所引起大眾對於安全的需求，表達理論所訴諸的人民道德譴責成爲懲罰正當化的另一條進路，進而再從單向的表達昇華成爲迴向的溝通理論。

另一攸關本書立場者爲，在對於任何立場的討論中，我們無法站在另一立場予以批判。例如，在討論懲罰對於正義的實踐中，我們「不應」以這樣的懲罰是否能達成「威嚇」或是「矯治」的「效果」；又或者在將懲罰對於威嚇的追求中，我們「不應」以這樣的懲罰是否「不公正」來批判。而我們該採取的是如同彌爾一般的哲學態度，「對於任何與功利完全無關的抽象權利概念，即便其有利於我的論點，我也一概棄而未用，因爲我把功利視爲一切倫理問題上的最終歸宿。但這裡的功利是最廣義的，是基於作爲不斷進步之物的人的長遠利益而言。」[5]、「如果效益就是道德義務的終極根源，那麼當不同的義務要求彼此扞格時，大概就要根據效益做出決定。」[6]

第二節　關於懲罰的一些觀念

在我國論著中以特定理論之立場審視該特定理論者，有如「絕對理論乃是以報應思想爲基礎的刑罰意義與目的的理論，故又稱爲報應理論，認爲刑罰本身即是目的，而沒有特別想要達到的目的，亦即刑罰能夠從所有目的構想解脫而出，而單純作爲針對犯罪惡害的公正報應，以刑罰來均衡犯罪行爲人的罪責，而實現正義的理念。」[7]而採取其他立場來審視另一理論者，有如「一般人所說的應報，它的好處就在於洩憤所帶來的心情上的愉快。……所謂的預防，也是在追求人們一個愉快的生活。不過，這裡所說的愉快的方式並不是來自於報復行動後的情緒上的彌補，而是設法根本減少侵害行爲的發生，使我們生活於一個比較不受傷害的環境中。」[8]

除了目的與意義間的混用之外，同時經常也一併將效果（effects，或說功能，function）予以摻雜。然而，例如前述論者，黃榮堅對於康德與黑格爾的批判，乃是立基於其法益——利益——刑法目的的思路中所提出，進而認爲：「所謂絕對正義的維護，脫離了利益概念的說明，是一種純粹語言上的循環論證。至於哲學上的主張，亦即對於規範的否定必須用再度的否定（刑罰）使規範重新被實證，到頭來如果不是繼續說明穩定規範的意義，也等於沒有說到刑罰目的的核心問題，因爲規範的存在不是爲規範而規範。」[9]然此即忽視該二者建構懲罰理論，並非基於所謂「利益」（interests）的基礎上，故此批判有失之偏頗之處。

此外，功能（function，或稱效果，effects）也是被混淆於目的的另一個概念。「事物的原因，與他所以爲用之目的，是渺不相關，我們不能以爲僅知道它的效用，就可以瞭然於它所以存在之目的。」[10]若說目的對應於「end」或是「purpose」，則所代表的是事物的存在是「爲了」該取向而具有意義。換句話說，該目的所呈現出的理想狀態，乃係使得事物存在具有意義的理由；相對地，意義則是使得事物被正當化的依據，這可包括目的的正當性，也包括目的的正當性以外的如義務論式的證成；[11]功能所代表的則是事物在現實上所產生的事態。舉例而言，例如拍攝極限運動影片的娛樂者的目的是爲了展演其精湛技巧，但現實上所具有的功能是使得許多人仿效而導致意外發生。

而義務論與目的論的區別，我國學者也曾經提出界分：「要正當化（或去正當化）或者起碼要理解一項人類活動，有兩種基本的思考路徑。第一是辨識特定社會實踐的『目標』，亦即其所希望達成的理想事態，並視其是否能達成此目標，來決定該實踐是否正當。這是『目的論』（teleology）的思維。第二種思考正當性的方式，乃是看此社會實踐是否有其本然的價值，或者其是否單純符合某些確定的道德準則，而非繫於其是否作爲達成某種目標的手段，或者作爲製造某種可欲之後果的媒介。這是所謂『本務論』（deontology）的思維取徑。」[12]然而，這在懲罰哲學上的討論悉數罕見，蓋或因我國法學教育太重於「目的－手段」式的思考所致，反成爲政治哲學上理解的框架限制。

尚有論者就惡（evil）、壞（bad）進行區分，其以納粹屠殺猶太人的水晶之夜（Kristallnacht）爲例，稱屠殺猶太人是壞的，而之後還要猶太人爲納粹的破壞被處以罰鍰，這就是惡的，即便屠殺的傷害比罰鍰更大。其間的差別在於「惡的行動無法被證成」。簡言之，惡相較於壞可以說明是在壞的行爲之上更多了全無意義的舉動，因此成型的行爲是無法被證明的。然而這會造成的問題是，因爲惡無法被正當化的性質，使得應報理論中的應得，讓懲罰因其不可能對應於惡行，也就成爲無意義的、無法被證成。[13]於此，本書認爲惡與壞在懲罰的意義上沒有區分的必要。蓋因就前述而言，所謂的惡相較於壞，如同「多此一舉」而「沒必要」，因此「沒有意義」；然而此無意義概念與惡作爲在文義上相較於壞的負面評價程度而言，不具有論證上的理據。蓋因即便是在虐殺上有必要的行動，也將會評價爲惡。簡言之，在本文中的區分僅以「倫理學上的惡」與「法學上的不法」以爲區辨不同價値範疇之概念即足。

因此，我們可以採取伊果・普利摩拉茲（Igor Primoratz）對於懲罰的定義：「一種惡（evil），作爲一種惡由人類機構（human agency）刻意地施加於違犯者（offender），而此機構是被違犯者違反之法律的法秩序所授權。」[14]這樣的定義，也對應於霍布斯對於懲罰的理解。「懲罰是公共權威施加於個人故意或過失行爲上的惡，也是同一權威判定其是否違背法律，爲此個人的意志或可更好地被置放於服從中。」[15]我們也必須釐清，犯罪與懲罰是相對的概念，然而這是在「法的脈絡」中才能成立。尤其，在邏輯上兩者並非同時，卻是犯罪先於懲罰出現的，故而，犯罪的嚴重程度並非由懲罰的嚴重程度來衡量，因爲犯罪之前是沒有懲罰可言，懲罰僅爲我們對於犯罪嚴重程度所給予的對應，而我們必須先有審度犯罪嚴重程度的標準，才能擇選適當的懲罰給予回應。而在這裡的惡的意義，是指「『惡』在這裡採取一個正式的意思，代表著『任何人們不想要被施加的東西』」。包含了肉體與精神上的苦痛與受苦。而違犯者，是指違犯之人；違犯是指刑法的違反（同時也可指涉在自然犯中的道德規範違反）。這樣的定義預設了一個懲罰主體的存在，懲罰者與被懲罰者永不同一，因此排除自我懲罰，此亦對應康德所述：「法官的懲罰（poena forensis）不同於自然的懲罰（poena naturalis）；藉由後者，罪惡懲罰自己，而立法者絕不考慮這種懲罰。」[16]並且，我們也無需區分國家權力在立法、司法裁判與行政執行等刑罰程序的不同階段，蓋因此皆爲刑罰權之整體運作，故就懲罰正當化的討論而言，其等之劃分並無必要。

如同前述，刑罰在主權國家出現之後，因主權對於疆域內所有權力之收編，使得刑罰必須被置放在「刑罰權的刑罰」此脈絡中來理解，並且刑罰與政治秩序的關聯正在於「透過懲罰，主權被顯現」（through punishment, sovereignty comes to be represented）。[17]

在當代主權國家政治秩序之中，主權除了有對內最高的性質之外，同時也有對外獨立的特質。在社會契約論的前設理解中，主權是國境之內絕對、客觀、唯一的至高權能，而在各式的社會契約建構中，都是以自然狀態的過渡作爲理論預設，無論是霍布斯對於自然狀態的恐懼想像，又或者即便是盧梭對於野蠻高貴的敬仰，人在自我保存的驅動下爲了追尋安全都成爲了政治社會的成員。尤其，在政治社會中相較於自然狀態的混亂，最重要的就是「秩序」的形成。

論者凱莉．麥可布萊德（Keally Mcbride）提到霍布斯的一個重大貢獻在於他對於人性的洞見，也就是我們對於掌控自己未來的渴望，以及我們對此的無能，這些都在政治秩序中表現出來。懲罰即是，表現出我們對於因果性的渴望及隨之而來的焦慮的主要型態。對於在混亂中去控制的驅力帶領我們建構了從未有過的精煉系統，創造可預測性（predictability）的系統。懲罰遵循了邏輯的系統，透過隨著惡性而來的可預測苦痛取代了不可預測的犯行或是暴力。對於未知或不可知的恐懼可以透過政治秩序轉換成一個更能計算以及終局地有生產性的對於世俗權威（worldly authority）的恐懼。透過懲罰——允許主權者去實現苦痛與威脅爲主要手段的行動，將個人的恐懼轉換成集體的和諧（collective harmony）。利維坦（Leviathan，或稱巨靈）懲罰，是爲了讓我們對彼此的恐懼轉換成對於主權者潛在的但卻可躲避之憤怒的恐懼。[18]

我們將以霍布斯式的利維坦國家的政治理論作爲前提，不僅係其作爲集結馬基維利（Niccolò di Bernardo dei Machiavelli）的國家理性、布丹（J. Bodin）的主權以及個人主義式的契約論，創設了國家（state）的概念，也因其對恐懼的反描寫形塑出了政治社會的秩序想像，蓋因在個人主義的社會中人與人是無法眞正地相容，論者有言：「對他人的不信任本身就是人類個體性的產物；且其會被在尋找促進與保護個體自由與政治平等的社會給加劇。」[19]然而，若我們試著去想走在街道上，我們是依憑著什麼去相信秩序的存在，讓我們的安全得以確保時，將發現懲罰系統成爲所有人共同畏懼的權力，而這懲罰系統即爲國家主權——懲罰權——彰顯。霍布斯的政治社會理論以恐懼爲憑，也是霍布斯對於刑罰的理解中認其必須要有的目的（end），此即使人服從（obey）法律，而刑罰的目標（aym）並不在於復仇（revenge），在於恐懼（terrour），自其論述中可以理解。[20]

當然的懲罰有各種類，生命刑、自由刑、財產刑、肉刑、流放刑或者是當代所留下的前三者與其他如沒收之從刑等。然而，對於各細項之區分討論，尚非本章對懲罰正當性論題中之要旨，然需特予指出者係爲固然歷來死刑即已存在，在置放於「刑罰權之刑罰」中予以理解時，死刑即具有其特殊性，故應予略述一、二。

國家統治權的存在，必然是在概念上預設了統治者與被統治者，統治是個關係性的概念。也就是，上一章節所說的「power over」，而死刑的性質正在於摧毀了統治對象，故也將使得關係中的統治者在併同被摧毀。因此，死刑的性質全然不同於其他刑罰，包括刑罰權在內的主權行使，都是政治體的統治支配關係的各種運作現象。而死刑所彰顯出的樣貌，使我們可以說其絕非前述「刑罰權之刑罰」。雖然，死刑仍然是懲罰所包含的範圍，但無法置放於該脈絡中予以理解。換句話說，死刑並不是統治權的施展，而是一種純粹暴力，一方所具有的徹底優勢權力純粹地去摧毀另一方，這並不是說死刑無法正當化，而是死刑的特殊性使其無法在前述的政治社會（主權國家）中刑罰權的刑罰此脈絡中予以理解；其所擔當的獨尊暴力，也正因此特殊性格使其必僅得於倫理上探求正當性。而關於死刑的如此觀點，預示本書所將採取的刑罰立場。

卡繆（Albert Camus）也曾在著作《思索斷頭台》中，對於應報理論與威嚇理論大肆批評，他認爲人的本性是無法被死刑給改變的。「幾個世紀以來，死刑時常伴隨著一種野蠻的文雅，並試圖與犯罪對抗；然而犯罪卻無法禁絕。爲什麼會這樣呢？因爲法律以爲，人類的各種本能可以保持某種平衡的狀態，然而這些本能卻是互相衝突的，其中有許多股不同的力量交替取勝或消亡，是這種連續不斷的平衡才滋長了精神的活動，就像電震盪一樣，夠靠近就可以形成電路。……但有時，其中一股心靈力量會掙脫枷鎖，並充滿整個意識領域；此時，不管是生存本能還是其他本能，面對這股勢不可擋力量的壓制，也都無法抗衡了。要讓死刑擁有眞正的嚇阻力，就必須改變人類的天性，讓人性變得像法律本身一樣穩定且冷靜。但是，要眞有這樣的人性，只怕也跟靜物畫中的死物沒有兩樣了吧。」[21] 他也認爲警惕作用是無效的，卻只會是單純的報復。「因此，如果人們想維持死刑，至少也不要再提警惕作用這種虛僞的理由了。讓我們來正視這種我們不願聲張的刑罰：既然是正直的人，這個嚇阻對他們就沒有作用可言；死刑要嚇阻的是那些不再正直的人；死刑還會使那些參與其事的人變得更加墮落而放縱。死刑是種酷刑，而且是種駭人聽聞的、既是身體上也是道德上的酷刑，但死刑並不能發揮任何確切的警惕效果，最多就是示範了道德的敗壞。死刑可以制裁惡人，卻無法預防他們作惡，這還沒算上死刑反而激起殺戮本能的情形。……死刑從本質上就是一種報復。這種只能制裁卻不能預防的刑罰，它眞正的名字就是報復。」[22]

並且，卡繆也提到了除了生存本能之外，還有死亡本能。「……也還要考慮人性中的另一種矛盾現象。……這就是死亡的本能，這種本能有時會想要毀滅自己與別人。殺人的慾望有可能與讓自己死去或消滅的慾望一起出現。……只有毀滅本能才能解釋，爲何會有那麼多的倒錯行爲，從酗酒到吸毒，都讓人即使明知下場爲何，卻依然走向毀滅。固然，是人都想活下去，但我們不能期待生存慾望可以約束人類的所有行動。」[23]而這可以在我國近年隨機殺人犯曾文欽（湯姆熊案）對其之報導可見。「……在二審審理過程，由精神鑑定醫師做出的報告中認爲，曾文欽向孩童下手，是一時起意、有機可趁，『因爲如果失敗的話，就不會被判死刑。我完全沒有想要吃免費牢飯。想吃牢飯的話，竊盜、搶劫都可以。我是想自殺才殺人，因爲先前自殺多次都不成。』這是曾文欽自己對『免費牢飯說』的詮釋。精神鑑定醫師曾問曾文欽：『如果沒有死刑，你就不會想用這個方法來死？』。曾文欽答：『沒錯。』曾文欽說，自己曾嘗試服用老鼠藥、吸瓦斯、燒炭等方式自殺，但又害怕自殺未成造成終身殘廢折磨而罷手，一共四次自殺未果。『說殺一、兩個人不會判死刑，是覺得說得越可惡，死得越容易。活著生不如死，兩眼散光六百度，十五歲肩膀就脫臼，再加上沒有朋友，就快活不下去。殺人的目的是與女朋友分手後才想的。』」[24]換句話說，他是因爲求死而殺人，死刑反而並不如同預期地嚇阻犯行，卻是成爲被趨向的目標。

應報理論中的應得，使得死刑作爲精密規劃的謀殺與被懲處的人犯的犯行間永遠不可能相等；威嚇理論作爲沒有實效的措施，使得嚇阻的宣稱是空言，甚至保守派會說死刑即便無法證明嚇阻，但也無法證明多少人被嚇阻，故而無法證明死刑無效。但卡繆的質疑正在於對此「極刑」奠基在不可知的可能性上，豈不荒唐？[25]更尤其，死亡是所有存在共面的苦難，荒謬的人生皆將走向的死亡結局，使得所有人類成爲存在共同體，法官與罪犯同而爲人也不因審判庭位置的安排有高下之別，對於他人死亡的宣判，也是摧毀自身與其他存在共同體間連結的宣判，蓋因過往死刑正當性來自於基督宗教對於來世（afterlife）的保證。故而，死刑並非最終審判卻是救贖，眞正的審判在彼岸，且審判者是全知全能全善的神，但在袪魅與上帝死後的今日，審判者既與其他存在般同樣地有限，但卻做出絕對性的宣判，此即爲自詡爲神的僭越。

「刑罰，算是一種社會的反動。」[26]涂爾幹（Émile Durkheim）如是說。

社會的系統中存在的規範，正是在面臨對於規範的違犯時，以刑罰作爲對應措施。同時，也因刑罰中列舉爲犯罪的各種不同行爲，原初以自然犯（mala in se）爲主，因此也同時必須要透過倫理學的方式予以證成。換句話說，刑罰與否的標準與倫理上的標準是相同的，而這倫理的標準可以韋伯（Max Weber）所述爲參。「從社會學的觀點來看，一個『倫理』的標準是指一個人的態度朝向某類型的價值，且藉由此信仰，他視之爲支配其行爲的有效規範。」[27]

規範是應然（ought to）的，建構出理想的樣態；然而，僅在理想與現實有所落差的時刻，刑罰才會彰顯。換句話說，刑罰正是理想與實際的交會點，其作爲對失序的調整嘗試，以負面、消極的方式去禁制特定現象的不出現，並同時確立該理想的圖像，且理想理論的競逐，正是在於是什麼讓國家能行使這種能去限制、剝奪人民自由與生命的至高權力？

「現代國家並不僅因可以而懲罰——卻是在價值或理想之名下爲終極懲罰。」[28]

我們也能在聖經《約伯記》中區別懲罰與神罰。約伯對陌生人得歡迎且每天謝神，他理解到神聖秩序（divine order）的不可預期與神罰的隨機性，在某次神受到天使挑釁命令天使測驗約伯的信仰，天使殺了約伯全家，約伯依然虔誠，直到天使煮成肉來吃，約伯才崩潰地詛咒上帝，而這時他的朋友勸他還是謙恭地請求原諒，然而約伯堅持他是無辜也控訴上帝的不正義。上帝透過旋風說：「汝敢懷疑我的判斷？我錯了而汝對？」也就是，神的理解是超越人的認知能力之外，賞惡罰善對人來說是不正義的，但這是我們理解的問題而非神聖正義的問題，於是約伯認知到自己理解的極限，而後皈依而消解這個矛盾。約伯無辜，同時，神也是公正的。神罰是無法用理性（rationality）予以理解的，故事的最後，則是神獎賞了約伯而懲罰了他的朋友。人對於因果性追尋的心靈需要，強大到寧願怪罪自身的極限而不願放棄因果的機制，而這個故事由霍布斯所引涉，此亦為其創造出俗世的神（mortal god）利維坦的理據之一：創造一個可以懲罰的生物，但是會謹慎地遵循人的理性，同時也具體化那超人的神力。[29]

懲罰的問題不僅關係到主權國家的政治秩序維持，也同時作爲倫理標準成爲道德主體的行爲指向，因此我們不僅必須要關注秩序，也必須要關注正義的問題。這也是懲罰的困境所在，每次行使所彰顯的主權的同時，也是冒著政治秩序失序的風險。畢竟，恣意的懲罰會導致人民的憤怒。而在世俗化的近代國家中，我們也不再具有超驗的權威來證成任何行動，因此以國家之名的懲罰，就必須要能經過理性予以證成，也就是懲罰的正當化。經過前述對於基本概念的闡述作爲基礎，方能就以下各種正當化嘗試予以理解。

第三節　應報理論

壹、康德與黑格爾

「Fiat iustitia, et pereat mundus」是拉丁法諺，意思是「Let justice be done, though the world perish.」短言一句，即可表述康德的絕對正義觀。

最經常被引用的段落正是在《道德底形上學》中康德論及正義時所說：「但若他殺了人，他就得死。在此並無任何替代物可以滿足正義。在一種無論多麼憂愁的生命與死亡之間並無類同性，故犯罪與報復也不平等，除非藉由法院對行兇者直向的死刑——但他不可有任何虐待，因爲虐待會使受刑的人格中之『人』（menschheit）成爲可厭之物。甚至在公民社會底全體成員一致同意解散（例如，居住在一個島上的人民決定分道揚鑣、各奔東西）時，關在監獄裡的最後一名兇手必須先被處決，以便使每個人都遭受其行爲應得的結果，而使血債不致糾纏並未堅決要求這種懲罰的人民；因爲他們可能被視爲對正義的這種公開違犯之參與者。」[30]

正義是無從被妥協的，這並非可以被交易、折衷、綜合、混合的一項元素，因爲這是一項定言令式——先驗建立的普遍法則。而如何的懲罰才能使正義成爲自己的準則？康德回答道即爲平等原則，也就是無所偏倚的懲罰。這也就是正義在懲罰理論中重要的特質，即：公正（just）、應得（desert）與對等（reciprocity）。法學家哈特（H. L. A. Hart）也提出，正義幾乎等同於公平的論述，「等者等之，不等者不等之」即係正義觀念的核心，問題即在於如何判別、如何爲相等而已。[31]

「法官的懲罰絕不能僅作爲促進另一種『善』（對於罪犯自己而言，或是對於公民社會而言）的手段而被施加於罪犯，而是得始終僅由於他犯了罪，而被施加於他；因爲人絕不能被當作達成另一個人底意圖的手段利用，而且被混雜於物權底對象之中。……在我們進一步想到要從這種懲罰爲他自己或其同國公民取得若干好處之前，他必須先被認定爲該受懲罰。刑法是一項定言令式，而且誰要是爬行過幸福學說之曲徑，以便尋求藉由這可望帶來的好處使他免於懲罰，或是甚至只是免於一個程度的懲罰之道，則根據法利賽人底格言：『一個人死亡勝過全體人民沉淪』，他是多麼不幸！因爲如果正義淪喪，人活在世上，就不再有任何價值了。」[32]康德對於目的論式的批判，係立基於其定言令式的道德律令，而對此律令的遵行並非爲了追求任何更好的後果；也就是說，並不是爲了追求更高的善——甚至至善，而是僅因若我們無法遵循，我們就不成爲人。所以康德如此說：「若他所做的僅剛好符合法則之要求，其所爲便是本分（schuldigkeit/debitum）……行事與本分之相稱根本無任何法律後果。」[33]

所謂定言令式（kategorische imperative）指的是如此的先天綜合命題：除非我也意願格律應成爲普遍法則，否則不當有所行動。蓋存有者乃係同時爲感性世界與智性世界的成員。換言之，即有感性世界的意志與知性世界的意志，而後者包含前者的最高條件。而所謂格律是行動的主觀原則，是主體行動的原理。「行動者基於主觀根據而爲自己定爲原則的規則，稱爲其格律（maxime）。」[34]與客觀原則（實踐法則）有所不同，實踐法則是理性者應據以行動的原理。與定言令式相對者爲假言令式（hypothetisch imperative），前者乃係客觀上無關其他目的本身爲必然的；後者只是可能行爲的實踐必然性。換句話說，若僅爲追求另一事物而爲善，則爲假言；而若自身即爲善，則因在合乎自身理性的意志中爲必然，而屬定言。自然的物依照法則產生作用，但只有理性者有憑據意志依法則行動的能力。康德就意志形容爲因果性，其稱自由即爲此因果性無待於外在決定原因而產生作用的特質——相較於自然的必然性是無理性者的因果性因外在原因而被決定——此意志即爲實踐理性，客觀實踐法則即對意志具有強制性而成爲命令。人作爲理性者不單是服從法則，而必須是自我的立法者而服從法則。「……因爲凡事若要在道德上成爲善的，光是它符合道德法則並不夠，而是它還得爲了道德法則之故而發生。」[35]也就是說，不僅必須遵守義務，還必須是出於義務的理由，也就是「動機」。而出於義務的行為應排除愛好（偏好）的影響，義務也排除意志的所有對象，義務指向道德，而愛好只指向幸福，故在客觀上除了法則，主觀上除對此法則的純粹敬畏與即便損及所有愛好也將遵守法則的格律，無其他事物能夠決定意志，而道德價值就在意志的原則中，而非由其所達到的目標。[36]在世界中除了「善的意志」——「一個絕對善的意志是這樣的意志，即其格律始終能包含被視爲普遍法則的意志本身」（綜合命題）[37]——也就沒有其他事物能被視爲善的。至於，財富榮譽、健康等均僅係在幸福（glückseligkeit）之名下，蓋此均係用於達成預定的目的。然而，善的意志係內在的（intrinsically）善，而與其他事物（縱使加總所有愛好）無從比較。其作爲理性所指，其餘目的皆在善之後，善的意志乃係其他善的條件。[38]

理性單獨命令應當無待其他現象，即便有些現象無任何範例，仍然應按照理性所命令行事，因爲「道德底法則具有極其廣泛的意義，因而它必須不單適用於人類，而是適用於所有一般而言的有理性者；不單在偶然的條件下有例外地適用，而是絕對必然地適用。」[39]在範例中，我們無法擷取道德，幸福的概念必然是經驗的，而幸福仍需要一整體，即現在與未來所有狀況中的最大福祉；而存有者即便最有見識，但仍係屬有限，無法在此形成確定概念，也無法根據任何原理決定什麼將使其幸福，因若欲此則需無所不知，但全知全能卻是神的性質。康德就定言令式予以舉例，例如透過說謊擺脫困境，此行為之格律是否應當作為普遍法則成立？答案是否定的。因若依此法則，則將沒有「承諾」的存在，「因此，一旦我的格律被當成普遍的法則，它必然毀滅自身。」[40]換言之，格律若成為普遍法則而將導致自我矛盾時，將不成為定言令式而存在，至多為假言的。而如論者所說：「對康德而言，所謂自由是把個人特殊的慾望和喜好從屬於普遍的道德律之下的能力。」[41]而依自由理念行動的存有者，才是在實踐方面自由的——而無法在自然、經驗中顯示，因存有者的理性是實踐的[42]——即對其對象有因果性，於此我們可以說道德普遍原則與自律有關；而自律——相較於他律（heteronomy），如服從自然法則的物體（例如球）——又與自由有關。康德如是說：「能為純粹理性所決定的意念稱為自由的意念。只能為愛好（感性衝動、刺激〔stimulus〕）所決定的意念則是動物性的意念（tierische willkür/arbitrium brutum）。反之，人類的意念是這樣一種意念：它固然為衝動所觸動（affiziert），但不為它所決定（bestimmt）；且因此它本身（不論理性之習得的技巧）並非純粹的，但卻能由純粹意志決定其行為。意念底自由是它無待於感性衝動底決定；這是自由之消極概念。其積極概念則是：純粹理性能夠本身就是實踐的。但這要成為可能，只能藉由使每一行為之格律依從於『這項格律適於作為普遍法則』這個條件。」[43]

於此，康德提出最爲周知的「人即目的」的論式：「人及——總而言之——每個有理性者均作爲目的自身、不僅作爲供某個意志隨意使用的工具而存在；而在其一切行爲（無論它們係針對自己，還是針對其他有理性者）中，他必須始終同時被視爲目的。」[44]人設想自己的存在以「有理性者作爲目的自身而存在」是爲主觀原則；而每個有理性者依照相同理性根據如此設想時，即爲客觀原則。由此推論出意志的一切法則，當我們去除有理性者的個別差異以及個人目的的內容，康德說：「我們將能設想一切目的……依秩序結合成的一個整體，亦即一個目的底王國。」[45]而所謂的目的王國，即爲道德秩序社會。只有道德，才能使有理性者成爲目的的王國中制定法則的成員。而在本文中所論及的應報理論中，論者即言：「應報主義提供給我們最大的自由，以及對於我們未來的可預測性。」[46]這裡所說的即爲「道德秩序」。而這是因爲「根據康德公正的懲罰就是應報，應報被正當化是因爲刑法是一個道德命令，對他的違反要求了應報」。[47]

黑格爾的權利哲學認爲權利（right）是立基於意志（will）之上，即立基於自由（freedom）之上，自由是組成意志的實質。因此，自由是權利的實體及其目標，這同時也是人的本質。自由有兩種解讀：第一是「我想做什麼，就做什麼的自由」，這是人作爲自然存在（natural beings）的自由，這是「任意的」、「相對的」、「形式的」自由；第二種是「絕對自由」(absolute freedom),這是眞自由(true freedom),是指作爲「普遍意志」(general will)表現出擁有任意意志的個人能共同生活在社群中的狀態。黑格爾認爲,個別意志(表意志、表自由)的總合並不等於普遍意志(裡意志、裡自由),裡意志相似於盧梭所提出的普遍意志,從此我們也可見得在理性主義的思路上被指稱的事物都是獨立於經驗、現實而存在的。這兩者的區分,並不是特殊個體的與超驗(transcendent)集體的之別,卻是在個人的意志「之中」(within):人性的二元觀點中,人同時作爲自然存在服從於本能、驅力與激情——表意志,受到個人特殊的需求與利益所占據,有時會因此與其他個人產生衝突,也是精神存在(spiritual beings),擁有根據道德與法行動與選擇的能力——裡意志。雖表意志與裡意志也會衝突,不過後者應當征服前者,但當這發生時,後者的獲勝並不代表是來自於外在的某種東西的勝利,卻都是在人的內在中;這代表的將會是將人的本質從那主觀的、暫時的、次等的之中解放,以及對於那更高的、客觀的與永久的肯定。【48】

當法與理性一致時,裡意志會表現在法之中。「法是普遍意志的具體化」(laws are the embodiment of the general will),而法要求「每個人被其他人當作自由存在般尊重與對待,僅此自由意志才能發現自己是自己的主體且完滿於其他人。」基此,權利的基礎原則命令：「不要侵害人格以及人格所給予的」（do not infringe personality and what personality entails）。亦即，當行爲不去限制其他人的自由，那行爲就是對的；當違反了其他人的自由，就是錯的。固然強制（coercion）在自由（權利）的對立面，但其未必是不被允許，僅有當強制是第一次的、單面的強制，即作爲「違犯」時，不被允許；然而，當其爲對已發生之強制的反應時，即爲第二次的強制——一個「對於強制的強制」（coercion against coercion，或否定的否定），那就會是公正的與必要的。因第二次的強制廢棄（annul）了第一次的強制，並再肯定了第一次的強制所違反的法。權利的基本原則並不單純與無條件地要求沒有人可以被強制，它要求的是「沒有人可以被強制，除非是爲了廢棄其施用在其他人身上的強制。」因此，違犯就是那第一的、單面的，不正當的強制；應報（retribution）則是第二次的強制，對於強制的強制，因此與權利、公正與正當是一致的。

雖然蘇格拉底說：「不公正對待他人是錯誤的，即使是以不公正報不公正。」[49]馬太福音第五章三十九節也說：「只是我告訴你們，不要與惡人作對。有人打你的右臉，連左臉也轉過來由他打。」但黑格爾的觀點認爲：「一個人做了什麼，那就應以什麼回報他；他因爲他的行動而應得之。」行動的道德性標準即爲正義（justice）：以惡報惡是正當的，因爲這是公正的，之所以公正，是因當我們這麼做時，我們是以該人應得的方式對待他；故而，應報是公正且正當的。應報無可避免地會被指控爲復仇，但其實兩者有所不同。復仇（revenge）由受害人所執行，是自然狀態中唯一能滿足正義要求的方式，然而卻是被害人主觀且在受傷感覺下做出回應而混淆了權力，故將不嚴格受限於妥當、公正的措施而會過量，且因爲非制度化卻是根據主觀動機與感情而爲。因此，接受者將不把它當作更高權威的正當行動，卻可能再當成錯誤而產生惡性循環。復仇並不會肯定正義，只在內容上與正義相符（作爲應報），但在形式上卻是私人行動。然而，懲罰因是透過裡意志施行，故而在內容與形式上皆爲公正；具有懲罰制度之處，復仇不再必要，也不被容許。

黑格爾懲罰的正當化採取兩個面向的論證，分別從客觀與主觀的方面進行。客觀的正當化（objective justification）是從外部、無偏頗的觀點來看，重點在於「違犯」，以及被違犯的「法」（law）。違犯是個在否定（negation）之中具有存在的否定、負面的（negative）——法的破壞、他人權利的違反，一個無效的東西（nullity，規範意義上的無效）。[50]而作爲權利否定，則必然在權利與法的脈絡中；故而，違犯因其否定自身的預設而是內在矛盾的。違犯在四個意義上是無效的：一、表意志設定在不法目標的展現，衝突於裡意志；二、違犯是一個理性存在（rational being）的行動，展現與確立了一個普遍規則。不過，這個規則衝突於另一個普遍有效的規則（generally valid rule），而無法在此對立中保持自身；三、違犯否定被承認有效的權利而無效；四、違犯暗示了它的否定——懲罰——因此是無效的。而懲罰由違犯所致（entail）是因違犯係建立在法的概念之上，而法的本質——無論是有關於外在的自然或是倫理世界秩序——在一個無可分割的實體（inseparable unity），不同決定間必然的內在連結，故而法必然連結懲罰與違犯。換言之，犯罪的概念本質上牽涉到其之對立——懲罰。亦即，違犯並非獨自存在，卻是在權利與法的背景下存在的，且是對其之否定；但懲罰並非僅是個否定，而是第二的否定，「對於否定的否定」（negation of the negation），它透過使違犯無效來展現違犯的無效。[51]

主觀的正當化（subjective justification）是自被懲罰者的觀點而言，懲罰是作爲普遍意志的表現而被正當化，法體現了存於個人之中普遍意志，在違犯中的意志並非對立於其他人之上而被分化，卻是在與自身的關聯中作爲特殊意志對立於絕對意志的層面上被分化。故而，違犯不僅傷害權利被違反的個人，也傷害了存於違犯者自身中的普遍意志。懲罰是從普遍意志中所生，而普遍意志存在於所有人——包括違犯者。因此，懲罰將是違犯者自身意志的表現，普遍意志是所有人的絕對意志，在其對違犯懲罰的要求下，也就代表了違犯者的（絕對）意志要求違犯者被懲罰，而若個人意志不這麼認爲，是因爲不認識自己的普遍意志。而個人的特殊意志亦爲正當化懲罰的途徑，違犯者對被懲罰的同意存在於違犯行爲中，作爲理性存在的個人所有的行爲包括違犯也帶有普遍性格，違犯行爲的規則對立於法的權利原則而非普遍有效，其他人將不承認之；但對違犯者而言，透過自身行動主張此規則，故對其爲有效，因此可依據該規則對待他。若違犯者偷竊，那就代表他主張財物是可以被任取的；若違犯者謀殺，那就代表他主張生命是可以被剝奪的，當我們拿走他的財物，奪取他的生命，我們只是適用他行動所帶有的規則對待他。自由與理性屬於人，自由是理性的表現，因此，承認他人的自由是去承認他人是一個理性的存在。理性與自由，是人與其他存在區別的特徵，當我們因爲違犯去懲罰違犯者時，他是被當作一個人來對待。黑格爾認爲，不僅是國家有權利懲罰違犯者，懲罰也是違犯者擁有的權利。

貳、應得、正義與復仇

應報理論中最重要者即爲，正義作爲不可妥協的絕對價值置放於不同於其他價値的範疇中，它是客觀的、不可動搖的，而其具有悠長的歷史。如法學者波斯納（R. Posner）所說：「應報觀在法與哲學中有很長的歷史。在早期羅馬法的應報原理（lex talionis）可見，舊約的『以眼還眼』戒律中（以及在可蘭經有實際上相似的規戒），還有其他早期的法規中，在其中著名的有哲學的倡導者康德。」[52]在義務論的思維中，若我們對此價値的任何妥協都將會使我們不再作爲理性存有者而存在。如同論者所說：「應報不是懲罰的目的，若『目的』我們指的是某種要被它帶來、試圖被它帶來的事物狀態。事實上我承認把應報當作懲罰的目的很奇怪。任何被懲罰帶來的（brought about）都不是應報。應報主義的考量是顧及到懲罰規範上應是什麼或說什麼在懲罰中被完成。實際上，懲罰的目的所要履行以及其所完成的程度，並不直接與應報的正當性相關。」[53]

我們可以先討論何謂正義?有論者指出：「正義所涉的是某種特定的分配模式（分配財貨或非物質的利益和不利益），當討論要做出如何分配的決定時，正義可以或應該被當作指導標準，但分配的前提是我們已經做了基本決定：要分配什麼、或者必須分配什麼。」[54]

雖然是功利主義者，但是彌爾提出的定義是值得我們參考的。他透過反面的方式探討不義行爲的特質來定義，有五種不義：

一、剝奪任何人的自由、財產及其他法律上屬於他的事物。因此，「正義即是尊重任何人的法定權利（legal rights），而違反這些權利就是不義」。

二、奪走或不給予任何人其在道德權利上所擁有的事物，因爲世界上有不義的法律，這樣的法律即非正義的終極判準，當法律被認爲是不義時，看起來就像和違法一樣不義——違犯某人的權利，而權利於此並非法定權利，而是道德權利（moral right）[55]。

三、正義就是使得每個人能獲得他所應得的（deserve），無論是善或惡；使人得到不應得的就是不義。

四、破壞信賴（break faith）是不義的，違反約定或知道使得他人對我們自身作爲有期待卻使之落空，即爲不義[56]。

五、正義與徇私（partial）不一致，徇私是不義的。

「公正無私作爲正義義務之一，可以說是只依據當前這個特殊情境中應該考慮的考量來判斷，並且要抗拒那些出於其他動機而與這些考量相左的行爲要求。」[57]（但必須注意的是，正義在彌爾的理解中僅爲效益的一個分支）正義所代表的，並不是做了才是對的，而是不做就是錯的，且是他人得以作爲要求道德權利的事物，相對於慷慨或仁慈不具有道德權利，此即爲二者之間的區別。[58]

所謂的應得（desert）即「一個人應該從他過去或現在行善的對象身上得到善報，而應該從他過去或現在爲惡的對象身上得到惡報」[59]。在懲罰的場域中，也就是公正應報的展現。論者對於應報理論所提出的九個種類的中心，即爲付償（repayment）。在語源上，應報（retribution）的拉丁文re tribuo就是回報（pay back）的意思，且在邏輯上應得是相容——甚至源自——付償；故而，懲罰是公正的應報（付償），即暗示犯罪者應付出代價。[60]如同前述，應報理論所關乎的正義問題是道德秩序社會中所必然存在的實踐理性法則，故而「若我們停止去理解人們對特定對待是應得或不應得的，我們的道德外觀或許會變得無可辨識地不同」。[61]換句話說，若我們放棄、妥協應得的要求，那這就會是個道德失序的社會，也就不是作爲理性存在者的人所能存在的處所。

我國有論者以康德的思想爲基礎，佐以黑格爾的觀念，提出對於應報理論的理解可作參照。「如果瞭解理性是主體性的絕對支撐，那麼只有在理性層次確立的刑罰意義，才能始終維持主體性的存續。尤其，正當的刑法，是多數主體之間的法權關係，因此主體性並非刑法所賦予，反而主體性是刑法的前提。因此，只有以理性主體性爲證立基點，從而不會解消主體性以及法權關係的刑罰，始爲正當的刑罰。正當的刑罰，意義在於對犯罪作爲刑法之否定的再否定，而其作用在於使行爲人所主張『否認他人權利』之錯誤行爲準則的效力擴及行爲人自身，同樣地減損其個人權利，以揭露其錯誤而使錯誤可辨識，一方面行爲人藉此獲得理性自我回復的前提，得以解消自我矛盾而重新正確地建構法權關係；另一方面確認他人原先所抱持之正確行爲原則的有效性，最後基此恢復實證刑法規範的效力。」[62]

應報與報應（retaliation），也有所不同。後者關注於被害人及同情者，對於罪犯的回擊。例如，同害報復法則（拉丁文talio talionis、日文タリオ，以及英文retaliation皆係指同害報復法則），具有回應違犯的性格，但也有社群控制的特徵，故有劃界的機能。「同害報復法則其實蘊含了兩個重點：一、處罰不能踰越犯罪所損傷之程度，意味著對於私人血仇或公眾報復的限制，而帶有節制處罰的意義；二、指出了罪刑對應上的絕對標準，其提供了一個判斷是否達到罪刑均衡的有效尺度，無須經過自由或金錢的換價程序。」[63]然而，最重要的區別乃係在於應報與復仇的差異，雖然都是對違犯者的反應行動且要懲罰違犯者，並強調要造成痛苦。但根據羅伯特・諾齊克（Robert Nozick）其間區別有：一、應報只能針對嚴重侵害法益之不法行爲而爲之，復仇則不限於不法行爲，如不及不法之傷害，甚至正當防衛也會是復仇的對象；二、應報概念本身具有內在界線——罪刑比例，復仇則否；三、應報是非個人的，無須預設執行者與被害人的關係；復仇是個人的——關係的（relational），亦即，復仇者的內在排他性資格限制，預設復仇者與被害人的關係。固然應報也有資格限制，但此係指是否具有能力或能否代表共同體的地位，而只要符合此等資格即能成爲應報的執行者；四、應報無需情緒性因素，就算出現情緒，也會是對於正義獲得伸張所感之安慰；然而，復仇內含情緒因素，尤其是從復仇對象的受苦中得到復仇快感；五、應報是依據事先訂下的法律而定，且理想上須事先爲大眾知曉，復仇則無隱含普遍性，全憑復仇者之意思而定。[64]

不過也有論者認爲，復仇與應報是無法區分的，兩者之間的差別，只是修辭上的。「『畢卡索的〈格爾尼卡〉（Guernica）是有關暴怒、義憤以及絕望的表現，而若非這些情緒，這就會是個差勁的畫作（就像有才的藝術學生作品）。』懲罰有無法減除的情緒面向，而這情緒面向並不容易區分於復仇的情緒面向。提出非此的說法就像未能看出畢卡索的〈格爾尼卡〉及其贋品。」[65]或是「懲罰是接在犯罪發生後才來。沒有任何是透過懲罰被『回復』（restored）或『平衡』（balance）。若有人想要懲罰是正義尺度的平衡，那他只能是復仇。也就是說，你應該被傷害是因爲你的行爲傷害了社會，而這『平衡』了某些事。」[66]然而，我們對於應報原則的主張乃係因其比其他憑據於「愛好」的觀念而言，是公平且公正的，其具有四個特質：一、罪咎（guilt）：只有有罪者該被懲罰……；二、平等對待（equal treatment）：做了同樣犯罪的人應得到相同懲罰……；三、比例性（propotionality）：懲罰應符合犯罪的比例……；四、緣由（exuses）：有好緣由者不應被懲罰，或最少不應被如同沒有緣由一般被懲罰。[67]

應報理論的特質在於，其將人作爲人對待。我們把人當作一個自由理性的主體，因此，就其所爲使其以完整責任予以負擔。在七〇年代以前的復歸主義式經由專家凌駕於人的主體性質，使得人被貶斥爲非主體；而當代應報理論的回歸正在於人的性格的「復歸」，相較於家父長式地凌駕個人的選擇，我們使人重新成爲人。復仇當然是野蠻的且無節制的，然而那是在自然狀態中個人基於正義所爲的行動，而發展成爲的同害報復法則。「以牙還牙，以眼還眼」雖仍被認爲野蠻，但這卻是社群組織中對於復仇的節制。換句話說，是「只能以牙還牙，只能以眼還眼」。[68]從復仇（revenge）到報復（retaliation）再到應報（retribution），應得（desert）的觀念作爲核心，其之演化正在我們評價違犯的惡行應如何回應；亦即，評價事物之間是否相等的標準之昇華。因而，當代應報理論的問題即在於，我們如何去正當化天秤的另一方的懲罰回應？如何可以公正地對應於犯行？例如，無期徒刑如何能稱作是對於殺人犯的應得懲罰？

對於這個問題的回應，我們可以思考，最初對於違犯的回應是復仇，進而透過同害報復法則，例如「以牙還牙」。這個準則中，兩顆牙是否相等？或是「以眼還眼」，兩顆眼是否相等？如論者所批評：「如果實際上正義是只受錯者的修復；造成損失的回覆；受苦的補償，那麼，無可迴避的結論是很多時候正義根本不可能被完成。如何使被強姦的女人得到正義？如何可能使被弒子的母親得到正義？這些修辭性問題所蘊含的捷達暗示就是不可能。」[69]諸如：年歲、品質、健康程度，必然地在現實上存有差異；但是在正義的法則下，我們將其評價相等，進而認爲使得違犯者受到其應得的對待。而再昇華成爲應報之後，我們則將其他不同的刑種對應不同的犯行，故而，從不會發生兩者間不相等的問題，因爲價值的內涵並非恆久不移。然而，我們所根據的乃是正義的形式，僅是如何爲正義由各種不同文化、因素予以塡充而已。惟無期徒刑，如何對應於殺人犯?五年有期徒刑，如何對應於竊盜犯?則尚非此所討論的問題。於此，所聚焦的核心是「懲罰是否該是應報的？」，而非「如何的懲罰才是應報的？」；蓋因前者乃是後者問題之前提，而這是當下最先應被釐清之疑難。

應報理論所立基的倫理學基礎爲義務論。換句話說，對於正義的實踐，並不爲任何更好的後果——更多的善而爲，而是因爲這是「應該」做的事——或用康德的話來說：這是定言命令對於理性存有者的要求。論者如此說：「正義，需求某人意圖地（或知情地、魯莽地、疏忽地：只要他的行爲是道德上可譴責的）造成傷害，就必須因爲該傷害被懲罰。這些主張的問題是因——就像康德與黑格爾——並非論證出應報是正義，卻只是簡單的主張它就是這樣。」【70】

應報理論也分成兩種類型：消極與積極。一、消極應報理論（negative retribution theory）指的是正義、公正與應得，僅是消極的角色，是種「限制」。亦即，僅係必要條件，將會排除對於無罪者的懲罰，但是並不要求懲罰有罪者；也就是說，對於懲罰設有上限且禁止不合比例的懲罰，但是並沒有下限，所以懲罰無須完全地考量比例，故而或會結合於不同的考量，例如，威嚇或是復歸、表達等。二、積極應報理論（positive retribution theory）中，正義則是完全且充分之條件，懲罰不僅必須合乎比例；且無庸置疑地不能懲罰無罪者，更要求對於有罪者必須要懲罰。[71]因此，懲罰無罪者、不合比例過重地或過輕地懲罰有罪者、不懲罰有罪者等都是不正義的。簡單來說：「積極應報理論者必須懲罰一個應得的罪犯：如果罪犯不受懲罰，那他就沒受到他所應得的。消極應報理論者並不強求去懲罰應得的個人：他們只需要不懲罰不應得的個人。」[72]

不過，在刑法的犯罪上同時有自然犯（mala in se，或稱倫理犯），例如殺人；而也有像是行政違序行為不法程度提升後的法定犯（mala prohibita），例如醉態駕駛。前者透過刑法的懲罰，是對應於行為中的惡質（wickedness）比例，然而法定犯的違犯行為中卻不具有道德上的惡行，即便其為不合法，但卻是非道德的犯罪（amoral crimes）。[73]然而，這卻非影響應報理論的問題，蓋因是否將特定行為予以入刑化將會是立法政策的問題，而這與懲罰的意義無涉，甚至我們可以推證在應報式的懲罰中，不應將不具有道德上惡質的行為透過作為應報的懲罰予以對應，方能免於本末倒置之論。

論者有以羅爾斯式（Raulsian）的「原初狀態」（original position）來設想在當代社會中，我們應該採擇何種懲罰？違犯者的療程、功利式懲罰或應報式懲罰？於此，我們是被隱藏在無知之幕（veil of ignorance）之後，唯一知道的是，我們可能會犯罪——或是以某種方式——捲入我們選擇給社會來處理違法的這個制度之中。故而，我們會選擇把人當作不能負責的生病生物，而違背其意志予以治療？或是選擇把人當作追求公共善的工具？又或者，我們會選擇把每個人當作爲人，而具有完全自由與責任的制度？[74]在道德秩序社會中，對於義務的履行才讓人能作爲理性存有者而存在，而這樣的道德律令是無可妥協的，以應得、公正的懲罰對應於違犯，是履行正義的要求，以及人作爲目的自身存在的唯一方式。這也是應報理論的理據，此亦非任何更高善的後果得以比擬，遑論凌駕。[75]懲罰的唯一理由，僅因爲違犯（offense）本身。畢竟，若我們不成爲人——道德主體，有任何後果值得嗎？

參、應報理論面臨之問題

一、自我目的循環論證？

在我國，經常可見對於應報理論的批評，在於此理論乃是自我目的的循環論證

（tautology，或稱贅詞），或問及此理論要實現的目的爲何？然此卻是立基在後果論（consequentialism）的立場對義務論批判，但這就像指控威嚇理論等後果主義式理論違背正義一般，不過這樣的爭論，只是站在不同立場上的叫囂，卻無任何進展。而有論者即稱，如此批判係位於工具理性層次，僅爲確立外部目的；然而，應報理論係位於使智性運作成爲可能的理性運作層次。故而，這種批判是未經反思使得相對性思考成爲可能的絕對性層次來進行思考，亦即未意識到自己受到思維形式限制，無法藉由理性反思超越智性層次。[76]因此，我們必須要先釐清位於何種倫理學基礎，方能進行相關之討論，否則將僅淪爲各說各話而已。

二、同等報復如何可能？

既然應報理論主張以罪犯所應得者予以懲罰，則如何以相同方式、程度予以回報？若不可能則是否任何過多過少都將是不正義的？故而有些應報主義者就此放棄應報的要求，而認爲違犯是懲罰的基礎，但刑罰的衡量要根據功利主義——後果之考量。例如，我國論者有提出社會應報論：「刑罰的目的在於消極處理因犯罪所生之損害，包括修補因加害而破損的社會互動關係，那麼愈是重大的犯罪，國家愈不應該拋棄努力促使關係修補的可能性。另一方面，即便素質、環境對個人具體行動並非全盤直接發生作用，但個人的行爲選擇、思考回路以及規範意識的強弱等，依舊會受到這些素質與環境因子程度不一的影響。」而犯罪事件的責任歸屬，須分兩個層面：（一）直接責任：經司法嚴格證明程序，以相當因果關係及其他歸責理論所劃定的一次責任，責任主體是犯罪行爲人，以因果歸屬論——法的責任歸屬無變動爲前提；（二）間接責任：經自由證明程序，從犯罪行爲人生命歷程角度切入的二次責任，這是在量刑層次，責任主體不限於行爲人，包括以其爲中心的社群等社會網絡。這個理論要關注犯罪的近因（犯罪行爲）與遠因（社會因素）。在罪的評價上，就算認爲行爲人有完全刑事責任，但在刑的評價上，應就行爲人及以其爲中心的社會網絡爲考量因素，即由社會整體負起終極的犯罪處理責任，包括持續對犯罪原因理解、犯罪者再社會化，以及對被害者及其家屬的扶助。這是消極事後處理的理念，此理論著重犯罪事後處理機能。罪刑均衡或比例性僅是刑罰上限的條件，有犯罪未必有處罰，當有其他方案可替代且可適切處理犯罪的損害時，即無須或減少使用刑罰，於此關注的重點在於「破損關係的修補可能性」。[77]然宣判罪行是否得脫免於與犯罪對應的刑罰？且應報理論的重心即在於透過刑罰對應於犯罪，則在所謂的「二次責任」刑罰對應上卻是考量社會環境因素，似已逸脫應報之範疇。且以違犯作爲懲罰的基礎，衡量刑罰就必須受到犯行嚴重性的限制，若說要在量刑時考量功利，則可能將給予輕微犯行重刑，或者對嚴重犯行給予輕刑。就此，是否能說我們實踐了應報理論中正義所要求的懲罰？

論者就此指出，黑格爾認爲應報理論可以採取不同的詮釋，或是如字面的「奪走別人眼者，就要被奪走眼」、「奪走別人肢體者，就要被奪走肢體」，就此則會面臨經常遭批評的不可實行（impracticable）的狀況，例如罪犯可能只有一個眼睛或全瞎、或是殘廢；另一種詮釋爲，懲罰與違犯要在他們之間共通處的面向上相等（equal），也就成爲可比較的（comparable）——在「價值」或是「作爲損害的普遍性質」（universal property of being injuries）的面向。犯罪與懲罰的相同性（identity）是在概念上的（concept），而非犯罪具體特性以及懲罰具體特性之間的平等（equality），也就是在作爲損害的普遍性質上，如竊賊偷取他人財物而服有期徒刑，在價值上將會是相等的，故而應報理論可被理解成要求「懲罰應以違犯者的違犯已影響被害人般多地影響他」（punishment should affect the offender as much as his offese has affected the victim）。[78]如此觀點，亦如同本書對於應報理論中的要求，乃係在形式（form）上對於正義價值的實踐。

三、序列式應報?

對於應報理論也有提出「序列式應報」以作為修正，例如J. G.墨菲（J.G. Murphy）主張：「應報主義立基的公平性最多要求一種在犯罪與懲罰之間的『比例性』（proportionality）。」依照嚴重程度排列犯罪，將最嚴重之懲罰對應到最嚴重之犯罪，以此類推。若序列被適當地建立，愈嚴重的犯行將會得到愈嚴重的懲罰，而能滿足相對正義（relative justice）。

然伊果・普利摩拉茲對此批判如此方式忽視絕對層面上犯罪與懲罰的嚴重性。假如有殺人犯作為最嚴重的懲罰，但是序列中最嚴重的懲罰卻是一年有期徒刑，那麼儘管在此合乎比例，但卻只能是「相對的」合乎比例；同樣的情形也將發生在誹謗犯罪發生的狀況，最輕的懲罰是一年有期徒刑。故而其主張，建立懲罰序列不應將之視為獨立於犯罪，而應持續相互對照，使得懲罰影響罪犯就像罪犯影響被害人一樣多。[79]

本書欲進一步對序列式應報所提出的批判如下：因應報理論對於正義的要求無法容許任何妥協，懲罰本身即為對應犯罪而據應得以為施加。而序列式應報就兩者分別予以排序，即便序列上最嚴重之犯罪給予序列上最為嚴重之懲罰，然而重要的問題在於，是什麼正當化此二標準之間的等同？而此也無法透過應報理論予以證成，蓋因應報理論所證成的乃是懲罰對應於犯罪的公正應得，而非「序列」之間對應的公正應得。故而，在應報主義中犯罪與懲罰之間的內在關聯，是序列式應報無法達致的。

四、混合理論的可能？

約翰・羅爾斯（John Rawls）曾在〈規則的兩種概念〉（Two Concepts of rules）論文中，區分實踐的正當化與實踐中特定行動的正當化。「功利主張對於實踐的問題是妥當的，同時應報主張適合於將特定規則適用到特定案件中。」應報理論處理的是特定實踐的分配，功利主義則是處理制度性實踐的問題；立法者看到未來後果以及更大的法律體系之正當性，而司法者看向過去決定懲罰個人是否正當。湯・布魯克斯（Thom Brooks）就此批評：「在個別案件的刑罰實踐中也應該做功利考量，而應報主義也不只應該考量在已被正當化的制度性框架中對懲罰的特定分配。」【80】

我國盛行的綜合理論也可以論者所述爲代表：「報應與預防並非兩個不容調和的對立思想，事實上，這兩個思想是有調和的可能性。假如我們並不是把刑罰當作自我的目的，而是把它當作爲了達到保護社會不爲犯罪所患的手段；同時，又把刑罰作爲均衡犯罪行爲所造成的罪責之用，並且企圖在公正的報應下，達到預防犯罪的效果。就在這些先決條件下，報應思想與預防思想及有調和的可能。換言之，刑罰依公正報應的原則，訂出一個刑罰範圍，而在這個刑罰範圍內，再做預防目的的考慮，而訂出刑度。如此，則預防的目的構想即可經由報應的刑罰強制，而得以實現，報應本身再也不是目的，而是造成刑罰強制，並進而作爲預防犯罪的手段。也即是以報應刑罰，而達一般預防與特別預防的效果。在這種情況下，報應思想與預防思想的對立狀態，即會緩和而消失。」[81]或者是「只有當刑罰之罪責應報本質不被侵害，亦即在遵守刑罰與罪責相當之情況下，始能考量預防目的。如果不優先考量罪責衡平（刑罰應報），則將與預防理論無異。因此，並非將所有理論相同並論，而是將罪責作爲刑罰之基礎，在基於罪責所得出之框架內考慮預防目的。……『應報之綜合理論』的核心爲將罪責衡平置於優先地位，首重刑罰與罪責相當，以行爲人的罪責爲基準點，劃定刑罰之上限與下限，將刑罰限縮在此一罪責範圍，其他預防目的只能在此罪責範圍內運用。」[82]是批評應報理論對應報等同正義的論題未論證，後果主義式理論會超過必要性，故提出收支平衡（checks and balances）的綜合理論，以應得作爲節制——最低限，而以功利作爲刑罰期間、程度與密度的標準。[83]如此，皆可認爲屬消極應報理論與其他理論的結合。

湯・布魯克斯所提出的理論較爲完整，其定名爲統一理論（unified theory），內容以「懲罰是對犯罪的回應，目標設定在促進持份者（stakeholding）的脈絡下權利的回復

（restoration）。懲罰可對應多數刑罰目標，來促成回復權利的目的。不同的刑罰目標在它們幫助促進回復的目標下被正當化。」此並非不同理論共存，而是目標在統一的框架（unified framework）中共存，其中結合不同的框架，框架作爲懲罰對犯罪的回應，是關係概念，懲罰的正當化須犯罪的正當化，若無法正當特定的犯罪行爲，則無法正當對其之懲罰，「沒有公正的懲罰能給不公正的犯罪」（there can be no just punishment for an unjust crime）。刑法目的在於保護個人法律權利，每個人因其具有政治社群成員的身分而擁有權利，而權利皆爲等價；個人權利的保護是在法律系統中，法律體系的存在並非爲了自身——自我目的（end-in-tiself），而是爲了保護成員的個人權利。「犯罪是權利的違反，會威脅到法律所保護的實質性自由。懲罰是對犯罪的回應，懲罰將目標設定在保護犯罪所威脅的法律上之個人權利。懲罰的目標並非在使人們道德提升，毋寧是提供個人法律上權利的保護，懲罰是關於權利的保護。」

雖然，此或許會面臨無法區分於應報理論的批評，因仍依應得來懲罰，但湯・布魯克斯反駁認爲統一理論懲罰罪犯是爲了回復權利，而非因爲罪犯具有道德上的錯行而應得，亦即不根據道德上的應得而懲罰——於此，應得僅具有法律上的意義。而依據回復權利的需要來懲罰的比例性在於如何才能最好來維持與保護權利，故而，愈是核心的權利就愈會需要嚴重的懲罰，犯罪是必要條件而非充分條件，蓋因若對權利保護無必要則無須懲罰。因此，正當赦免（justified pardon）將會在特定情形下被容許。統一理論甚至也對法定犯進行處理。換言之，其等並非因爲邪惡（evil）而被懲罰，而是因其等對權利的威脅具有潛在性，例如，毒品犯罪。統一理論中所要追求的權利回復，並不僅限於他人的權利，也包括自己的權利，行爲是種犯罪並非沒有人能對其同意，而是因爲對於權利的違反——例如，奴役即是如此。不懲罰無罪者係因其未違反權利，甚至懲罰可比喻性地（metaphorically）表達社群的不認可。對於權利有愈大的威脅，那麼就有愈大的懲罰，懲罰的嚴重性將表達對犯罪的不認可。甚至爲了調和威嚇與復歸，修復式正義並非監獄的二擇一選項，而是懲罰前的定式程序；並且，威嚇與復歸只有次要的角色，也就是在比例性的限制——根據犯罪威脅的權利之比例的懲罰下，對於權利保護與回復的貢獻，重點仍然在於對於權利的回復，此即刑罰多元主義（penal pluralism）。[84]

然而，湯・布魯克斯的理論中所使用的仍然是應得的觀念，即便其聲稱要排斥應報主義，卻僅係將應得置放在法律——而非道德的脈絡。然而，就其聲稱能處理法定犯的問題，我們也能發現實證主義者的弊病，亦即爲了說明實證法的現象，進而去合理化一切。簡言之，以實然去推論應然，然而，我們卻是應該先確立「應然」，才能去審視「實然」

的存在是否正當，而非反之。而其在理論中提出懲罰的目的在於保護權利，卻又稱懲罰的目的在於回復權利；而後兩者並用認爲懲罰同時在於保護與回復權利，但兩者卻具有明顯的區別。若說懲罰爲了保護權利，然而懲罰是犯罪之後才出現，對於特定的犯罪而言，是無法保護權利的。故只可能有兩種理解：或是以非特定事件、普遍抽象概念的權利爲準；或是未來具體事件所可能涉及的權利。然而就此，其並未敘明。對於權利的回復，個案中的權利受損（普遍抽象概念上的權利不可能受損）如同修補破洞一般，相對於權利保護的觀點是要未來不再有破洞出現（採取第二種理解），兩者是無可避免地會出現考量點不同的瑕疵，其雖對其他混合理論批評以「關於應報價值可以某種方式結合、衡平附著於懲罰矯正的功利考量的觀念是個幻想。所有衡平的嘗試都崩毀在一邊是犯罪嫌疑人權利不一致的交換，另一邊是社會利益的急迫性對於減縮該等權利的需要上」。[85]但卻似乎忽視了自身理論所具有的瑕疵。

我們應該理解到的是，混合代表的不只是優點的混合，缺點同時也會，甚至將會承接無法消解的理論基礎衝突的困境。伊果．普利摩拉茲提到，對於最可憎的（heinous）犯罪以及少一點可憎的，以及以此類推往下延伸的犯罪，我們會要求公正應報原則的適用；然後，在某一特定的點上終止這個原則，並以完全不同考量取代它——威嚇。但我們無法說明，爲什麼要在這個特定的點上停下，而不是高一點點或是低一點點，於是我們只有兩個選擇：第一，面對奧斯威辛（Auschwitz）集中營以及布亨瓦德（Buchenwald）集中營的紀錄，我們可訴諸正義的觀念作爲一個積極原則——不僅允許我們懲罰罪犯，也要求我們這麼做，無關懲罰能獲得多少威嚇效果，接著將這個原則應用到其他犯罪，無論嚴重與否；第二，我們如果不能從懲罰中得到任何威嚇效果，那我們就不應該實行應報，這種做法在輕微犯罪下看起來很自然，然後順著這個邏輯，在升高的嚴重性上釋放，最後就是放棄了懲罰艾希曼。[86]

五、殘忍與野蠻？

同害報復法則，有如《出埃及記》（*Exodus*）第二十一章二十三至二十五節記載有：「若有別害，就要以命償命，以眼還眼，以牙還牙，以手還手，以腳還腳，以烙還烙，以傷還傷，以打還打。」[87]然而，在《創世紀》（*Genesis*）第三十四章中，雅各（Jacob）的女兒底拿（Dinah）被那地的主——希未人哈爾摩（Harmor）的兒子示劍（Shechem）玷汙，後來底拿的兩位兄長西蒙（Simeon）與利未（Levi）殺了全城男人與哈爾摩及示劍，帶回底拿並掠奪全城動物、財產與婦孺，[88]如此不合比例的復仇是當時的規則。於是伊果·普利摩拉茲認爲，對於同害報復法則批評爲野蠻的論點實際上是缺乏歷史觀的；反而此法則是去限制——而非鼓勵復仇心。故其稱，即便以字面來說也應該理解爲：一個生命，我們只能拿走一個生命，不是十個；一個眼睛，我們只能拿走一個，不是一對。但此法則的解釋不僅是字面上的，解經者指出《出埃及記》與《利未記》（*Leviticus*）表現出的是，同害報復法則要求違犯與懲罰間的等價（eqivalence）。[89]

然而，本書認爲在義務論的思維中，若非道德律令所命令的規則，則與道德毫無相涉，因此是否殘忍與野蠻，既非正義價值實踐上所應考量者，自始即非應報理論所應擔憂之問題。退步言之，縱使原先的同害報復法則是殘忍與野蠻的，然而在應報理論的演進中，應得的懲罰回應也從復仇到報復再至今日的應報，而此問題也在此發展中獲得消解。

六、懲罰擴散與犯罪黑數？

有認爲在施加懲罰時，我們無法完全評估痛苦的量，因爲懲罰不可避免地會影響及於被懲罰者的社會網絡周遭的其他個體。例如，喬爾・費恩伯格（Joel Feinberg）提到：「無辜者被假設不該受到與有罪者應該受到的相同苦難；但並不可能在傷害惡人的情況下，不施加苦痛在那些愛著或依賴著他的人之上。決定正確的痛苦施加量需要評價犯罪者完整生命以及其中的苦痛平衡的特徵，即一個明顯的不可能。」[90]

論者伊果・普利摩拉茲對此的回應是，這種懲罰的非意圖後果，將有「憐憫」作爲考量以減緩此影響。蓋因應報理論中的懲罰義務並非絕對，其雖有龐大之道德重量，且一般也凌駕於與其衝突的道德義務，然而卻無絕對的拘束力，故而將有可能會被例如憐憫的義務給凌駕。當違犯並非嚴重，但牽涉到的第三方所受的痛苦卻是巨大的時候，憐憫的義務將會凌駕於懲罰的義務，故而懲罰將會有所減輕。甚至，當違犯者已經誠摯深刻地悔悟，並做了很大努力補償被害人且也守法，那麼最終決定就會是完全的赦免；因爲，正義義務並不是無論情況下絕對的、不允許任何例外以及減緩的，毋寧是至高的義務（duty of paramount），但非絕對。因此，有時會留給憐憫與赦免一條路。[91]

然而，本書認爲若正義的要求並非絕對，則應報的要求即失去立基的根據。在義務論的思維中，我們始終必須要了解的事情是「若不完成道德律令，我們即不作爲理性存有主體而存在」。於此，伊果・普利摩拉茲爲消解懲罰擴及的問題，使得道德義務間的衝突中正義的要求是可能被凌駕的，那麼據此就能預期也可能會有其他的道德義務與正義產生衝突時，也可能在符合特定的條件下，凌駕於正義之上。尤其，論者對於何以在該等情形（悔悟、守法、補償）中即得完全豁免，亦是略過論證，故而尚有斟酌的空間。對比於此，我們所必須要了解的是，固然採取應報理論將會面臨如此的問題，但任何理論本即將有其本身會面臨的困難——甚至有些困難是必須承擔的命運，但我們所應選擇的絕非摒棄理論根據的基礎僅爲解決問題。對於懲罰擴及的問題，伊果・普利摩拉茲甚至摻酌了後果主義式的考量，但義務論的思維與後果主義式思維的重要差距，即在於並非持天秤兩側以衡量利弊，卻是僅就主體所被道德律令要求者作爲義務內容。而在應報理論中，我們無須顧及被懲罰者的社會網絡，在啓蒙後的個人主義中，甚至在七〇年代後的反福利國家當代應報理論的再興中，我們對於個人主體的創造與再發現，都使我們「應該」要關注主體是否就其自由擔負完全的責任——我們將其作爲主體對待的方式，而這也只是我們應該關注的範圍，視野所及從來都不包括被懲罰者的社會網絡周遭。故而，無論有多大的苦痛，從來皆非應報理論所關心者。

在擔心懲罰擴及（某種程度上是過多）的問題上，也將會面臨懲罰不及（某種程度上是太少）的問題，也就是犯罪黑數的存在——許多犯罪未被發覺，很多犯罪未被回報，很多犯罪未被調查，很多犯罪未被起訴，很多犯罪未被定罪，很多犯罪未被懲罰。「只有少數違法者被國家爲了在社會中發生的實際犯罪懲罰。若正義是選擇性的，那這是正義嗎？或這不是替罪羊現象的部分嗎？」[92]使得應報理論不得不面對的批評是，若說應報理論要求違犯者應就其行爲負責而受到應得的懲罰，則就無法緝捕之罪犯既未使其就應得之行爲負責，那麼是否仍能就正義的要求正當地宣稱？而波斯納甚至認爲，這就是應報理論在現代生活具有更大隱私時式微的原因，故而屬於特定歷史時地而非超時間性的主張。【93】

然而，我們可以發現這樣的批判是從實然面跨界以批判應然面，但是我們必須要釐清的一個基本問題在於，一個理論的有效性（validity）將不因沒有實際上的效果——實效性（efficacy）——而被彈劾。這類的問題也發生在對於功利主義中，威嚇理論在實際上沒有產生犯罪率降低的後果被批評的問題上。但在討論問題時，需先釐清事實與規範實屬兩種不同之範疇，且其間鴻溝是無法跨越，更無法透過前者推證至後者。簡言之，應報理論的有效性並不因實際上有犯罪黑數的存在使得此理論無效，其餘論證於後段，再予詳述。

七、成為例外？

塔季提那．霍內爾（Tatjana Hörnle）對黑格爾的理論批評道：「黑格爾認爲，行爲人作爲理性人，會透過自身行爲設立並承認一個普遍性的法則，因此他可以被涵攝在這法則之下。但這論點並不堪用：一來，有疑問的是，人們在行爲之際是否總會表達規範性的立場；且就算將人假定爲『理性人』，每個行爲都假定是一種規範性的主張，頂多也只能將這主張重構爲：他能同意自己成爲普遍性禁止規範效力的例外。二來，就算行爲人提出了例如內容爲『人得任意傷害他人』的普遍性法則，當要對行爲人施加刑罰時，國家也不得將這種顯然錯誤的法則採爲己用。」[94]對此，伊果・普利摩拉茲認爲舉證責任（onus justificandi）誰屬？被懲罰者應證明自己是例外，因爲其他人是以他對待別人的方式來對待他，其應證明自身有某種權利對待他人，而他人無此權利對待他。[95]

然而，本書認爲如此並無法解決問題，蓋因無法舉證並不代表事實上不存在，在面對理論的困境上，我們必須選擇艱難的路（hard way）——論證被懲罰者爲何不是例外。

對於此種批評，我們必須要先理解到在黑格爾對於法權的體系中，理性的表現是自由——眞自由，當法與理性一致時，裡意志會表現在法之中，精神存在的主體應屈服自然存在的個體。批評無法指出這個「法」具有例外，而個人想要獲取特權成爲例外，僅爲其個人意志中特殊、主觀的利益，而這正是衝突於自身意志中較爲高級的裡意志，裡意志正是應該凌駕於表意志的，正是裡意志使他應該服從法（黑格爾主觀正當化懲罰的第一層論證）。其次是，行爲人的行爲若要說是「例外」，那必然是在裡意志所體現出的法之中，具有特定條件的「非規則」；然而，其行爲係主張一種「規則」，是與法的裡意志相衝突而在表意志層面的規則，故在語言上難認爲是與法具有「例外關係」的規範。而就此，我們就能透過前述黑格爾主觀正當化懲罰的第一層論證解決此疑難。甚至，批評者認爲國家不得將此顯然錯誤的規則採爲己用。我們必須要質疑的是，是什麼評價此個體透過行爲所主張的規則（黑格爾主觀正當化懲罰的第二層論證）是「錯誤」的？相對地，義務論式的思維正是使主體作爲主體而被對待，進而我們以其所主張的規則對待他，正是承認其係具有理性的主體（故而行爲具有普遍規範性質）的方式。

第四節　威嚇理論

壹、功利主義

邊沁是功利主義（utilitarianism）的代表。功利主義是相對於義務論式思維中的目的論的一個分支，其主張人是被苦（pain）與樂（pleasure）所主宰，由此二者才能告訴我們「應該」做什麼；換句話說，苦樂的衡量即爲道德性的標準，其二者在所有方面統治我們。功利（utility）是「那物中所有的屬性，它傾向於對那個利益被考量者產生好處、優勢、樂、好或是愉快或是去避免悲傷、苦、惡或是不愉悅的發生」。功利原則（principle of utility）是「根據行動的傾向是增強或減弱該利益被考量者之愉悅，來進行對行動的認可或否定的原則」。故也稱作「最大愉悅原則」（the greatest happiness principle）。愉悅被定義成「樂」（pleasure），是爲「樂的享受，對苦痛的隔絕」。於此，功利原則是道德上的最高法（supreme law），同時也是法與政治哲學的根本原則。作爲倫理學（ethics）上唯一的根本原則，所有的倫理觀念都要被功利式地詮釋，亦即，無論是什麼要被道德判斷，都要從功利的觀點來判斷：沒有任何行動是內在的對或錯、義務的或被禁止的，也沒有動機或意向（disposition）是自身的好或壞——它們的道德狀態（moral status）是由行動所帶來的後果爲樂或苦、愉悅或悲慘所決定。[96]

在目的論的思維中，「關於目的的問題，換個方式來問，就是要問什麼事物是可欲的。」[97]而最大的效益——樂大於苦——即爲可欲的狀態。「效益主義的主張是，作爲目的的幸福是可欲的而且是唯一可欲的事物；其他的一切事物之所以可欲，全都只是因爲它們能作爲達致幸福這個目的的手段。」[98]尤其，最大幸福並不是個人的，而是整體的。「因爲效益主義的標準並非個人的最大幸福，而是整體的最大量幸福」，對於效益主義者的行爲要求即爲「行爲者保持絕對公正，宛如一個毫無私心而又仁慈善良的旁觀者」。[99]但這並不是強人所難總是要在行爲時考量整個世界，而是除非要確保行動時不違反他人權利，否則無須關心對象外的一切。亦即，僅在行動與公共利益攸關時，才須考慮公眾效益，其餘情況關注所涉及對象的效益即可。

所以，在彌爾的看法中，如同伊果・普利摩拉茲前述對於憐憫的見解，彌爾認爲正義只是比其他義務更爲重要的義務而已。「正義看似只是一些道德要求的統合名稱，若從集體的觀點來看，只是在社會效益的天秤上高過了其他義務，也因此比其他義務更加重要；不過在某些特例中，其他社會責任可能更重要，因而能夠凌駕任何正義的一般準則。……自古以來所有的正義事例，顯然也全都是爲了福祉而便宜行事的事例……正義仍然適合當作稱呼那些至爲重要的社會效益的名稱，而且也因此要比其他類別的效益更加絕對而有約束力（雖然在某些特例中未必如此）；更因此應該由一種不只在程度上有別，而要在種類上也迥異於其他感覺的天生感受所擁護；由於這種感覺本身所發出的命令更明確，其制裁也更加嚴厲，因此，這種感覺與那些較爲薄弱，依附在僅只是促進人類快樂或便利的觀念上的感覺，也就能夠立即得以辨別了。」[100]正義即便被認爲不只在量的程度上有差別，也在質的層面上有差異。但在功利主義中，任何事物終究都將被置放在「效益」的標準中審視，而正義只是涉及於他人相關權利的責任之完全義務而已。「完全義務（perfect obligation）是指那些涉及了某個人或某些人的相關權利而有的責任；而不完全義務（imperfect obligation）[101]則是無關權利的道德責任。我認爲，這樣的區分恰恰是正義與其他道德義務之間的區分。」[102]

「效益」能有質性上的差別，是從彌爾對邊沁式功利主義批評而來。他說：「將伊比鳩魯學派的生活與野獸的生活相比，之所以讓人覺得是貶抑，正是因爲野獸能享受快樂並不能滿足人類對於幸福的想法。人類擁有比動物欲望更高等的官能，而一旦意識到這些官能，若未能使這些官能得以饜足，就不會覺得幸福。」快樂不僅是感官性的，還有智性上的，而後者遠超越前者，亦即「人在採用效益原則時，也同樣能夠認知到某些種類的快樂要比其他種類的更爲可欲、更有價值。人在衡量其他所有事物時，得要同時看重事物的質與量，但在衡量快樂時，卻說只要單靠量就能決定，這實在是荒謬絕倫」。但我們該如何分辨何者的快樂品質較高？

彌爾認爲：「在兩種快樂之中，如果嘗試過這兩種快樂的所有人（或大多數人）都確實偏好其中一種，而且不爲任何道德上的義務感所迫，那麼它就是較爲可欲的快樂。如果在非常熟稔兩者的人看來，其中一種的地位遠遠高過另外一種，使他就算明知要獲得第一種快樂必須歷經諸多不快，但是以無論何等大量的其他快樂來交換，他仍不願意。那麼，我們就有證據說，這等享受確實在品質上遠遠勝過對量的考慮，才使得對量的考量在比較上顯得微不足道。」其並認爲，高等快樂是因爲人所具有的尊嚴感所生。「尊嚴感，所有人類都有某種形式的尊嚴感，而在某些人身上，尊嚴感會與他們的高等官能比例相稱

（儘管不是精確的等比例）；而且對於擁有強烈尊嚴感的人而言，尊嚴感也是幸福的根本之一，凡是與尊嚴感相悖的事物，除非轉瞬即逝，否則絕不會是他們欲求的對象。」因此「做個不滿足的人要強過當頭滿足的豬；寧做不滿足的蘇格拉底，也勝過當個滿足的傻子。如果那傻子或那頭豬有不同意見，那是因爲他只知道他們自己那一面的事罷了」。[103]

但在本書的主題中，無須去檢討是否採用修正式的功利主義，在《對道德與立法原則之導論》（*An Introduction to the Principles of Morals and Legislation*）開始即言：「自然將人類放在兩個統治者——苦與樂——之下。僅其指出、決定我們應做什麼。一面是對錯標準，另一面是因果的連結，而這都被綁縛在苦樂王座之上。」[104]而最高的道德原則就是將幸福最大化，能把功利最大化的（樂大於苦）就是對的與好的。換句話說：「好的就是對的」（good is right）。這點也是義務論與目的論的差別。前者對於善與對進行區分；後者則將二者等同。然而，邊沁提出如此標準，正是要以單一標準——好壞的標準是苦樂的強度與持續期間，更高的美德就是更強、更久的快樂——來評價人類的所有事物，而這包括正義或者是生命。苦樂是唯一的目的，事物之所以可欲，若非因其本身具有快樂，即因事物能趨樂避苦，「將『效益』（或『最大幸福原則』）當作道德基礎的這門學說，主張若行動傾向促進幸福就是對的，若傾向產生不幸則是錯的。幸福就是人所意圖的快樂以及免除痛苦；而不幸就是痛苦和欠缺快樂」。[105]因此「如果效益就是道德義務的終極根源，那麼當不同的義務要求彼此扞格時，大概就要根據效益做出決定」。[106]

因此，在效益主義中正義也必須被置放在效益的標準下衡量，而效益既與苦樂有關，正義在效益主義者的理解中也是來自於「欲望」，「是以對我而言，正義感就是藉由人類廣大的同情心以及理智利己的理念，因而將想要加以抗拒或報復對於自己或自己所同情的對象所受到的傷痛或損害，擴及到對於所有人身上的一種動物性欲望。這種感受會從理智利己的理念中衍生出道德，而從同情心中則會衍生出其獨特的深刻印象和那自行其是的力量」。[107]

可欲的幸福各自都是值得追求的，並非僅有聚合成爲整體時才有被追求的價值，甚至事物被追求並不是僅因作爲追求幸福的手段，而是這些事物的本身就具有幸福的價值。其作爲手段的同時，其亦係目的的一部。「除了幸福之外，沒有任何事物會爲人所欲求。除了作爲達成本身以外的目的之手段，而且最終能導向幸福的那些事物之外，任何事物之所以被欲求，都是因爲其本身就是幸福的一部分，而且若非如此，其本身絕不會受人欲求。那些爲了德行本身而欲求德行的人，之所以欲求德行，若不是因爲意識到擁有德行是種快樂，就是因爲意識到缺乏德行是種痛苦，或者是這兩種情況混合的結果……如果我迄今所說的，是椿心理上的事實……那麼……這些事物就是我們唯一欲求的東西了。若是如此，那麼幸福就會是人類行動的唯一目的，而能否促進幸福，也就會是判斷人類舉止的唯一測試；由此也可以必然得出，能否促進幸福必定就是道德的判準，因爲部分必定被包含在整體之中。」[108]

固然，功利主義將會面臨到如何將人類存在的道德性問題，歸由單一的苦樂的標準來評價，而有過度概括的嫌疑；然而，邊沁在建立效益主義的初衷，卻是要處理道德判斷上各行其是的恣意性，以創造共通的道德準則，以避免公共道德走向獨裁，又或是無政府的境況。「面對價值判斷差異如此之劇，卻相視無言的人們，邊沁化解此一困境的方式是以效益作爲價值的公共判準。當人們共同以增進社會福祉爲決策的目標與判斷的基準時，囿於主體內部的成見、偏狹與道德情感才可能被克服與導正，進以弭平個體之間的價值鴻溝而追求實質的道德對話。」[109]甚至我們在卡繆的著作中，也能看見其以後果主義式的進路，來理解法律的存在理據。「因此，社會本身必須依據一套合理而有效的等級秩序來確立大家各自的責任爲何。但是法律存在的最終理由，還是要看這部法律能否爲某時某地的社會帶來某些善果。」[110]

本章開頭已提到懲罰是種帶來苦痛的惡害，那麼如何能被容許？實際上，邊沁並不認爲懲罰能創造理性，而是苦痛的保證會改變市民的計算。[111]換句話說，功利主義中對於人的圖像所描繪出的是「（工具、經濟）理性人」，也就是理性選擇理論中的主體假設。「把犯罪行爲當成直接源於個人選擇的經過算計，意圖將效用極大化的行爲。在這個模型中，犯罪是個供給跟需求的問題，懲罰則扮演價格機能的角色。它將犯罪人視爲理性的機會主義者或職業犯罪人，其行爲可以被各種方式威嚇或激發，端賴誘因的操縱。此一觀點使威嚇性刑罰成爲不證自明的消弭犯罪手段。」[112]論者指出，邊沁提出了安全（security）、生存（subsistence）、平等（equality）、富足（abundance）作爲效益原則的具體內涵，保全此四者方能使公共利益與個人利益在規範性的意義上達致，並賦予規則正當性。「邊沁的效益原則只在調節、教化與引導人性中與生俱來的自私天性，而不在於全然抹煞或根除此種天性。就此而言，在一個其成員的安全、生存、平等與富足皆獲得保障的社會中，這個社會就形同實現了最大多數人的最大幸福。」[113]

雖然霍布斯的理論早於邊沁兩個世紀，但其思維實是近似於功利主義的。他認爲，懲罰的標準是嚴格的，必須要是理性的、救贖的（redemptive）以及明確的（transparent）。這些都是約伯渴望其審判應有的特質，僅透過罪與罰間的因果性才能讓懲罰形塑國民，而懲罰只在效益（utility）上與敵意（hostility）區分。不具意圖使他人服從法所施加的惡並非懲罰，而是敵意——已被特定的對應於犯罪的懲罰若被增加也將不是正當的懲罰，而是敵意；甚至產生的惡害少於犯罪的利益，也使得這個傷害並非懲罰，卻只是成本。蓋因懲罰是在使人守法的目的下施加，若犯罪在懲罰後仍然利大於弊，代表懲罰對於目的是無法達成，甚至是反效果。[114]為了使懲罰與權威間的因果性被感知，霍布斯提出，刑罰的量必須精確地爲達到其效益所用；亦即，刑罰的苦痛必須超越犯罪利益，否則不會創生對法的遵循。甚至，增加刑度不會是正當的懲罰。霍布斯對於懲罰的理解是功利式的，若對國民判斷沒有提升，就不應該懲罰，如果懲罰摧毀了人的靈魂，則只會產生恐懼而非提升判斷。單純的權力將不會導致人民的服從，而是必須遵守因果邏輯以及對於人類理性可感知的權力運用（相較於約伯），才能使國民的判斷得以提升。[115]

效益主義也可區分爲，行爲效益主義與規則效益主義。前者是指特定的行爲作爲標的；後者則是特定種類的行爲作爲標的。換句話說，前者是逕自以功利主義判斷行爲的道德性；而後者則是以功利主義審視規則的道德性，再以該規則作爲審視行爲是否相符的依據。[116]

貳、威嚇與最大幸福

在功利主義對於人趨樂避苦的性質預設下，犯罪所能帶來的利益將能透過懲罰帶來的痛苦，予以嚇阻，而這也就是威嚇理論（deterrence theory）的基礎。在倫理學的目的論——後果主義式思維中，一切都被置放在效益（utility）的量尺下予以衡量，沒有客觀絕對的價值，只有利弊的多寡（邊沁式），懲罰帶來的痛苦於功利主義的正當性，在其能排除更大的惡害，尤其懲罰攸關公共社群，故懲罰乃係帶來最大整體幸福的措施，而被懲罰者則是爲了公共善（大眾安全）所不可或缺的犧牲。換言之，懲罰因其可欲之後果，超越了懲罰的惡而被證成（justify）。而這些後果分成：[117]

一、預防（prevention）

違犯只是過去的行動，但未來是無窮的；過去是無法改變的，但是未來可以。所以，功利主義考慮的是未來，未來相似的違犯會造成更多的苦痛，故刑罰首要的目的是對未來違犯的預防，這同時也是它主要的正當性來源。

（一）特定的（particular）

透過懲罰影響該實際違犯者的行爲——透過使該人放棄重複該錯行（misdeed）——能達到對未來違犯的預防，這有三種方式：

1. 使無能（disablement）

所謂使無能是去剝奪違犯者的物理能力，讓他不去從事違犯，這可以是暫時的，如有期徒刑；或永久的，如終生監禁、破壞肢體或是極刑。這是最容易達到的刑罰目的，其不利點是在使其無能時，我們使他不能爲惡，但經常同時也使他不能爲善。

2. 改正（reformation）

所謂改正，係指使違犯者的傾向、動機、習慣以及個性改變。但不同於威嚇，改正的特點在於，使對象自始不生犯罪的傾向，惟也是比較難達成的目標。

3. 威嚇（deterrence）

透過懲罰的施加，使犯罪的個人能知道犯罪的後果是懲罰。基此，而使這些人抑制自己的犯罪傾向。

（二）**普遍的**（general）

邊沁將透過展示懲罰所具備的惡，幾乎視爲是威嚇潛在犯罪者的唯一方式：無論違犯所帶來的好處是什麼，我們能使懲罰的惡超越它。在邊沁的想法中，如果人察覺或是假定苦痛是行爲的後果，他會傾向於避免去做該行爲。而在功利主義的脈絡下，普遍的預防會比特定的預防重要（最大快樂原則），所以普遍的預防應是懲罰主要的目的（chief end），也是其眞正的正當性（real justification）所在。彌爾說：「並非懲罰某人讓另一人能被威嚇。另一人被威嚇並非因爲第一個人被懲罰，而是因爲自己會被懲罰的預期。」[118]

二、滿足（satisfaction）

滿足不同於預防，與未來的可能犯罪無關，有兩種方式如下：

（一）**有形補償**（material compensation）

懲罰作爲一種對被害人的有形補償，用來去除犯罪對被害人造成的不良影響，這在財產犯罪尤其見效。邊沁說：「對於獲得幾乎所有愉悅（pleasures）的手段，金錢是相對於許多罪惡（evil）的有效補償。」

（二）**報復滿足**（vindictive satisfaction）

這是指透過懲罰，使得被害人以及那些對該違犯感到氣憤的公眾，獲得報復性滿足感的目標。不過要注意的是，這只能去修正懲罰，而不能去加重到超過預防所需的懲罰。沒有任何的刑罰可被以超過滿足復仇感的限度施加，因爲這種「樂」無論有多大，總是會被那造成的「苦」所超越。因此，以報復滿足作爲主要目的的懲罰是非常不「經濟」的。

然而，懲罰如何衡量？多少懲罰方爲妥適？懲罰的經濟正在於最小成本——懲罰惡害，帶來最好後果——最大幸福。邊沁提出：一、懲罰不能少於超過違犯者所獲得的利益量所需，否則懲罰對於犯罪者而言將會是可接受的，這點決定懲罰嚴重性的最低限度；二、違犯愈有害，它施加愈多的惡，懲罰應要更嚴重，亦即威嚇理論，最重要的是普遍的預防，若懲罰小於犯罪所帶來的利益，對於罪犯就變得像是成本一般是可以接受的；三、懲罰必不可比達到目的所需的更重。前述第一點，決定了懲罰的嚴重性的最低限度，而其上限則是以經濟式方式考量——最小成本所能獲得的最大利益，因此懲罰的上限即以達到

目的所「必要」者爲限。因此，懲罰的特性有：[119]

一、展示性（exemplarity）

每個懲罰都有兩種價值：一個是眞實價值（real value）——對於該人事實上所施加的苦痛、受苦以及惡的量；另一個是表象價值（apparent value）——除該人外，其他人對於懲罰的眞實價值的觀念（idea）。而懲罰是透過表象價值，來完成其主要工作——威嚇潛在違犯者。所以，一個眞正的懲罰（real punishmet）若說是無人知道（除了受罰者），就算有再多的改正或是使受罰者失能，都是無好處的極大惡害；因此，眞正的懲罰，是爲了產生懲罰的表象效果而被需要與被正當化的。若非如此，邊沁這麼說：「懲罰會以無可預見的惡，降臨在每個違犯者上。它永不會呈現在違犯者的心智中，以威嚇它使其不去犯罪。它不會對任何人作爲範例。」所以，若說是無法產生表象效果的，那麼即便是對有罪者的懲罰，也會是不正當的，因爲不會有好的後果。既然，追求的是表象價值，且愈多愈好；那麼，我們就愈要去追求其展示性。這可以透過增加眞正的懲罰爲之，透過審慎的刑種選擇而不增加其嚴重性，或是將懲罰以莊重地、嚴肅地、帶有儀式性質地烙下印象在觀察者心中；換言之，盡可能地展示。而我們應在盡可能對表象價值有利的情況下，去取得眞實與表象之間的比例。「眞正的懲罰應盡可能小，表象懲罰（或說價值、效果）應盡可能大。若吊人的雕像（effigy）可對人們心智產生相同有益的（salutary）恐懼印象，那去吊一個眞的人會是愚蠢或殘忍。」【120】

展示性也在卡繆的著作中被提到：「若想要這刑罰眞有警示效果，這個刑罰就必須讓人害怕。……時至今日，原本的示眾景象，已變成大家只能經由道聽途說得知的懲罰，接著，再逐漸變成掩藏在委婉形式底下的處決新聞。既然，我們都這麼處心積慮地想把這種懲罰變得不著邊際了，一個準罪犯在做案時又怎會把它銘記在心呢！如果，我們眞的渴望這項懲罰能讓他永誌不忘、抵銷心中的衝動、繼而推翻那盛怒下的決定，難道我們不該窮盡一切影像和語言工具，設法讓這項懲罰及其造成的慘狀，在所有人的感受當中鑿下更深的刻痕嗎？」【121】（雖然是對於死刑的批判，並且也是對威嚇理論的批判。）

二、受歡迎性（popularity）

懲罰應受歡迎，或說不應不受歡迎，不應造成人民的厭惡、嫌惡或反對。不受歡迎的懲罰所帶來的後果，是對於法秩序的弱化。人們會愈來愈消極被動，甚至去反對法秩序，會去幫助罪犯逃脫、不提供證詞，甚至阻礙調查或審判。

三、可回復性（remissibility）

法官與陪審團並不比其他人更不會犯錯，所以也會產生誤判。因此，懲罰不應完全不可修復（irreparable）。懲罰應要有可回復性，所以在誤判時能被回復，或至少被誤判的人可以在某種方式下獲得補償。對邊沁而言，可回復性應是懲罰的特性，因爲司法可能會犯錯——懲罰無罪者。但要注意的是，懲罰無罪者的錯誤是在於其是一般地（generally）、無益的（unprofitable），而無法正當化。換言之，對懲罰應有可回復性的要求，並不是單依無罪者可能被錯誤地懲罰這個事實；而是，無罪者可能被錯誤地懲罰且無好的功利主義正當理由證成——無效益，儘管其是無辜的。

在我國，經常可見的則是如貝加利亞（Cesare Beccaria）的觀點：「刑罰之目的僅在於使犯人以後不會再度侵害社會，使犯人周遭的人遠離犯罪而已。因此我們必須由許多刑罰中，由相應於犯罪而適用刑罰的方法中，選擇對民眾之精神最有強大的作用，能給予民眾最爲深遠的印象，而且同時對犯罪人之身體最爲不殘酷的方法。……一種刑罰爲達到其效果，僅需使得犯罪人因刑罰所受損失超過他從犯罪中所得到的利益即可。此際，必須要將處罰之確實性，以及犯罪者從犯罪所得利益會被所受的刑罰抵銷等情事，算入超過所得利益之損失部分。人們不是依他所知的痛苦，而是依他所知的痛苦之反覆經驗，而規制自己的行動。」[122]而更爲常見的是費爾巴哈（Paul Johann Anselm von Feuerbach）的心理強制論：「所有犯罪都有其心理上的形成原因，潛在犯罪人的心理猶如『戰場』一般，在犯罪與不犯罪之間搖擺不定，這時就必須透過刑罰之威嚇作用，產生心理強制使潛在犯罪人失去犯罪之意念。若一般大眾知悉，犯罪行爲不僅無法帶來利益，反而會因此遭受更嚴重的損失，他們就會抑制其犯罪念頭。」[123]

論者提到，刑法的制裁是一種宣告，以作爲提示人民行爲後果的文本。「刑法典中『刑罰制裁』的規定是一種『制裁的預告』，立法者透過行爲規範與制裁規範之制定，告知一般大眾哪些行爲違法，以及違法所必須承擔之刑罰後果。雖然『制裁預告』就具有一定之威嚇作用，能夠影響人民之行爲決定，然而此種『抽象之威嚇作用』的影響顯然不足。『刑罰制裁』規範的『抽象威嚇作用』還必須透過『刑罰宣告』以及『刑罰執行』，使刑罰科處實際發生在行爲人身上，使行爲人以及一般大眾知悉犯罪『眞的』必須爲其付出代價，進而轉化成『具體之威嚇作用』，並進而轉向再次穩固『刑罰制裁』規範的『抽象威嚇作用』。」[124]刑法典此種效果，如同本書第三章提到權力行使中的武力威懾。簡言之，武力的使用是爲了創造武力威懾，而若威懾可靠性受到挑戰，即透過訴諸武力再建立武力的信用。

綜言之，威嚇理論認爲懲罰固然是惡害，但因其所能帶來的狀態使得社會的整體效益提高，即違犯者個人因其犯罪所獲利益被懲罰凌駕，犯罪行爲被威嚇，公眾也因受到懲罰的展示使得犯罪被嚇阻，故而，懲罰的惡能在功利主義中被正當化。換句話說，固然懲罰是苦痛，但因懲罰所帶來的愉悅與幸福，使得社會全體的最大快樂能被獲得，因此正當化懲罰。

參、威嚇理論面臨之問題

一、人作為工具？

黑格爾對於威嚇理論的批評：「這代表把人當狗一樣對待，而不是尊重他的榮譽與自由。」[125]這樣的論點，是威嚇理論所立基的功利主義最經常面臨的指責。問題即在於，作爲主體的人將在更大的善（greater good）的目的下，成爲被犧牲的祭品。伊果・普利摩拉茲也批評，這是一個我們自己的命運非常不依賴於自身的自由決定與行動，卻非常依賴於大眾善的需求的社會；而這些需求超越我們的控制、預測之外，功利主義的集體主義假設（collectiveistic assuption）無法被接受，是因爲這種假設可將人當作手段來促進其他人的利益。

然而，這樣的批評卻是如同本書所述以不同立場——義務論的思維來批判功利主義的威嚇理論。蓋因在功利主義的思想中，所有事物都被囊括進「效益」的尺度來衡量，而正義、甚至個人也不例外。亦有論者提到這種批評的問題，實際上並非出在我們利用其他人，而是我們是否能正當化我們利用其他人的方式。[126]因爲，功利主義的命題僅在於「最大多數人的最大快樂」。故而，即便個人成爲工具，如果行動能夠實踐這個命題，那即爲善——即爲對。畢竟，人即目的的論式，僅在康德的義務論中成立，卻非功利主義。

二、犯罪率沒有下降？

另一威嚇理論最經常面臨的批評即爲，實際上犯罪並沒有因爲懲罰所宣稱的「威嚇」而產生效果。卡繆曾批評：「簡而言之，死刑無法嚇阻那些不知不覺就陷入犯罪情境當中的人。所以在大部分的情況下死刑可說是無用的。……本世紀初在英國進行的一項統計顯示，在二百五十名被處決的死囚當中，有一百七十名曾經自行觀看過一到兩場的公開處死一事。就算是在一八八六年，在一百六十七名陸續進了布里斯托（Bristol）監獄的死刑犯當中，也有一百六十四名曾經觀看過至少一次的處決。……嚇阻力只對膽怯的人有效而已，這種人本來就不敢犯罪，但是對於那些本來應該矯正卻怎樣也矯不正的人來說，這個嚇阻力就變弱了。……毫無例外，所有的統計數據都顯示，無論在廢除或保留死刑的國家，死刑的存廢與犯罪率之間都沒有關聯性。犯罪率並未因此增加、也沒有因而減少。有斷頭臺在的地方，也一樣有犯罪；在這兩者之間並無其他的顯著關聯，把這兩件事連結在一起的只有法律。」【127】

我國大法官釋字第四七六號（一九九九年一月二十九日做成）對於毒品罪死刑的解釋，著重於對毒品源流的控管、對於社會安全與秩序的維護，以及驅散暴利的毒品犯行，進而得出合憲的結論。然而，如前法務部長王清峰所言：「死刑的存在或可使人心安，但實際上並無嚇阻犯罪的功能。過去戒嚴時期，結夥搶劫，依據舊有的陸海空軍刑法規定，是不分首從，唯一死刑的重罪，但搶劫案件，仍不斷發生。這四年來雖未執行死刑，但社會上的犯罪案件，以吸毒、酒駕、竊盜、詐欺居多，檢察官起訴設計殺害生命的案件，反而有逐年遞減的趨勢。二〇〇六年七百五十三人，二〇〇九年是五百十二人（減少百分之三十二）。」【128】甚至根據法務部統計，至今為止毒品罪之犯罪率亦仍未下降，自一九九九年至今涉犯毒品危害防制條例之罪犯人數為「一萬六千八百六十九、一萬五千四百七十八、一萬六千四百三十六、一萬六千三百二十一、一萬六千十三、一萬八千五百九十九、一萬九千七百七十五、二萬六百七十一、一萬四千一百六十二、二萬九百三十四、二萬三千六百三十六、二萬四千四百七十七、二萬五千二百五十五、二萬六千三百十四、二萬六千七百七十六、二萬六千六百七十三、二萬六千九百九十六、二萬七千七百三十六、二萬八千三百零一、二萬八千八百零六、二萬七千八百九十四、二萬五千九百三十七、二萬四千一百三十六」。那麼，我們是否可以宣稱威嚇理論無效？

本書認爲對此批評，在目的論式的證成下，若說目的具有正當性，那麼問題僅在於手段的無效，因此應要調整的並不是目的的置換，卻是手段的更新。簡言之，手段應該要對於目的的達成是有效的，故而，若原先的刑罰對於威嚇的目的沒有效果，那麼就應該考慮或許更嚴厲與更嚴重的刑罰，如此，方爲符合理論的進路。當然，懲罰的嚴厲化或許會致生殘忍化效應——輕微犯行因慮及後果與嚴重犯行相同，因此層升犯罪行爲。然而，此乃政策方面的現實考量，尚非懲罰理論倫理學證成上應顧及的因素；否則在道德推論的過程應顧慮各種現實處境，則此即非「道德證成」了。因此，我們可以知道的是，無論現實如何——犯罪率是否下降——皆對威嚇理論所宣稱的後果沒有影響，理由正在理論的推證過程中所採取的所有條件——理性人假設與趨樂避苦的人性所具有的理論上有效性（validity）——不因實際上的無效果（effects）而被彈劾。

不過，我們切勿認爲理論將成爲無可匹敵的，因推論無誤不代表推論所立基的前提無誤。因此，所應檢視者即爲所採取的根本條件——理性人、趨樂避苦的天性之假設，是否正確。例如，在經濟學上，所有人皆明瞭的是經濟人的假設是虛僞的，但是所有據此而生的經濟學理論卻都是確實的；而若說要以前述的理由挑戰威嚇理論，那麼同樣的理由也能挑戰所有的經濟學理論。只不過，如此薄弱的理由未曾見於檯面，但卻是法學上威嚇理論所經常面臨的指摘。甚至，韋伯論及理念型（ideal type）時假設的「最適邏輯理性」（optimal logical rationality），人不必然、不總是理性行事。然而，模型與現實之間的落差仍能顯示，哪些不理性因素造成行動者偏離理性路線，[129]這也能成爲反面檢視理論周圍的考量點。亦即，在威嚇理論中的設定與現實上的結果對照，可以突顯出何等非理性因素使得理論進程偏移。故而，此等因素成爲應被修正以使理論運行的要點。[130]

三、對懲罰的無知？

威嚇理論建立在理性人的假設，認爲人在行動前將先評估利弊，但若是個體對於行動的後果並不具有充分的資訊時，威嚇所預期發生的成效也將會落空。然而，實際上人民對於行動的後果，卻經常是無知的；甚至，個體間對於行爲後果的評價也會有所差異，在不同的社會條件中就會有不同的嚇阻效果。我們對於威嚇的理解在於「過去的知識」，但這無法保證今日後能得到相同效果的威嚇，論者認爲我們僅是在猜測威嚇的效果而已。[131]

彌爾對此問題的回應是：「我對這項反駁的答辯，則是我們早擁有了充足的時間，亦即，人類自古以來就有的綿延歷史。自古以來，人類就一直從經驗中學習各種行動會有何傾向，人類一切的明智判斷與生活中的道德規範都仰賴這些經驗才得以建立。」[132]然而，現行的刑法除了自然犯之外，已經大幅增加法定犯的處罰類型。據此，既然在威嚇理論的思維中我們是假定人會評估行動的後果，因此，我們應如同論者所建議的加強「溝通」，使得資訊能傳遞給大眾，[133]而這也是公民教育的重要性所在。換句話說，諸多問題是出於公民教育的不足，故而，公民教育是問題；然而同時，對於此問題的解答也只有透過更多的公民教育，使得資訊與知識得以擴及與延展，也才能徹底解決問題。

四、比例性？

威嚇理論將會面臨的另一個問題是「比例性」。亦即，在威嚇所需要的程度上，或許將會高於或低於行爲的嚴重程度。「但既然帶給違犯者龐大好處的犯罪比起那些帶來一點好處或愉悅的犯罪將需要更重要的刑罰來有效威嚇，所以對於被害人造成相對小傷害的犯罪或實際上比起造成龐大痛苦與苦難的犯罪需要更大的刑罰。」[134]

我們必須要先確立的是，我們是在功利主義的思維下進行理解，違犯與懲罰之間必須要有比例上的關聯是「應得」的觀念，但「應得」卻是在應報理論中才具有重量，在功利主義中一切都必須要在「效益」的量尺下進行評估。應報主義的重心在於正義、公平、應得，故而才會需要找尋對應於犯罪的懲罰；然而，在功利主義中只追求最大快樂，其他都並非應考量的事物。因此，即便對於順手牽羊的竊盜行爲予以重刑，對於殘忍的虐殺予以輕刑，在追求最大整體幸福的目的下是可能被正當化的。即便與我們的道德直覺（應報觀）有所衝突，卻會是哲學推證上不應混淆的論據。換言之「若我們只考慮去威嚇犯罪，我們將會想要使刑罰夠嚴重使非法者眞的會被懼退」。[135]也因此，慈悲與寬恕（mercy and pardon）或說憐憫，也不會是功利主義所要考量的。邊沁這麼說：「在刑法典的第一原則，最大快樂原則下——沒有任何這種語詞存在的空間。」[136]即便要進行審究，也只能將「慈悲」轉譯成爲「這個行動是否會比原先的行動產生至善（most good）？」或是說，能產生同樣至善的情形下，若能施用更少的懲罰——苦痛，則「慈悲」之舉將會是能在功利主義中被正當化的行動。

類似的問題也發生在犯罪是在刺激（provocation）、激情（passion）、引誘

（temptation）的影響下所生；在一般的觀念中會認爲，因爲受到的環境影響愈大，個人的自由空間愈小，因此責任應該愈輕——即愈小的罪責（guilt）。不過，這代表的是行爲人所「應得」的，少於在沒有環境影響下所做出的同樣行爲的責任。然而，這種自由的道德主體觀念，卻是在義務論中人即目的論式的思想中才能成立。邊沁認爲，這樣的偏見（prejudices）對討論懲罰全無貢獻，理性客觀討論懲罰問題必須要把懲罰當作是否有效率——是否經濟來看待。若要威嚇犯罪，懲罰就要夠嚴厲到能超越引誘。同情（sympathy）或是慈愛（benevolence），「對於公眾的殘忍（cruelty），即對無罪者的殘忍，也就是讓其受苦卻缺乏一個合適的保護——透過有效率的懲罰——使曝露於違犯的損害：這甚至是對違犯者的殘忍，也就是無任何目的地懲罰他，無可能去達到那個有利的（beneficial）目的——這個目的是唯一能讓懲罰的惡正當化的東西」。[137]

五、懲罰無罪者（punishment of the innocent）？

在威嚇理論所訴諸的目的中所提到的重點是，懲罰的展示性，以及懲罰所追求的表象價值，也就是爲了產生普遍的恐懼印象，僅能在產生此效果的憑據中才有施加懲罰的正當性，即便是有罪者。換言之，若無須懲罰即可達成警示，眞的懲罰就變得是殘忍的、道德上錯誤的，因其非最大快樂的選項。反言之，若是能只在表面上（only apparenly）達到警示，那就是最好的選擇。相反地，若懲罰（某）無罪者的懲罰能達到最大的警示效果，這是否在道德上正當？

在應報理論中因以正義與應得作爲核心，對於有罪者的懲罰即爲道德上正當之舉，對於無罪者的懲罰則當爲不義之行；功利主義則以效益爲衡量標尺，因此是否有罪並非所關心之重點，重要的是行動是否能帶來最大幸福，只要懲罰所能帶來的快樂超越其痛苦，那麼就是道德上正當的。邊沁也指出，在無法分辨到底誰是犯罪者的時候，無法只透過懲罰有罪者達到目的；換句話說，是無法迴避對於無罪者懲罰的問題，這等同於一群人中可確定有犯罪者在內，但是卻無法分辨誰是犯罪者時，集體性懲罰（collective Punishment）將會是道德上正當的。尤其在功利主義中，並非僅代表「可以」這麼做，而是「應該」這麼做，更甚至從被控訴的無罪者（innocent person accused）的角度來看這個問題，無罪者「應該」自我犧牲（self-sacrifice），其有道德上之義務配合控訴、認罪、懲罰。[138]如論者所述「若我們只考慮威嚇則無理由只去懲罰有罪者。因僅威嚇被考慮，重要的並不是是否有罪者被懲罰，卻是他/她是否一般地被相信有罪」。[139]

第五節　復歸理論

壹、罪犯成為病患

我國經常將非應報主義的懲罰理論，區分爲一般預防與特別預防，而經常僅以此三者（或兩者？）作爲討論的範圍。但除了懲罰理論的多元並非僅此可以涵蓋甚至遠遠不及，更由於在不具理據的前提下以「預防」作爲區分標準劃分一般與特殊，而忽略不同理論證成懲罰的方式。湯・布魯克斯簡潔地將復歸理論與威嚇理論區分。「威嚇理論試著說服我們因爲懼怕懲罰而避開犯罪。復歸理論試著說服我們，因爲我們不應該犯罪而去避開犯罪。約翰・馬伯特（John Mabbott）對這點說得很好：『一個人因懼怕懲罰而不犯罪並未被矯正。』人們因懼怕而不犯罪，這是威嚇理論。復歸理論是以人們因爲他們沒有犯罪的欲望，而避開犯罪爲內容。兩者都以減少犯罪爲目標，他們的區別在於方法，且他們是明顯地不同。」【140】

上述觀點得以李斯特作爲代表。他說：「最好的刑事政策就是社會政策。」並且其於「馬堡綱領」提到：「特別預防可以由以下三個方式進行：一、透過對犯罪行爲人之『監禁』，保護一般社會大眾；二、透過刑罰之『威嚇』，使犯罪行為人不敢繼續犯罪；三、透過對犯罪行為人之『矯治』，使其不會再犯。他認為應將受刑人區分為三種型態，而施加以上三種不同之處遇方式：一、對於威嚇無效亦無矯治可能性之習慣犯，施以監禁使其無法再犯罪；二、對於單純的機會犯施以威嚇；三、對於有矯治可能之犯罪行為人施以矯治。」[141]復歸理論（rehabilitation theory）的產物有：不確定量刑、社會調查與精神病學報告、遵守兒福的少年法庭、基於專家鑑定與分類的個別化處遇、針對病因與處遇效率的犯罪學研究、納入犯人與其家人的社會工作、釋放後的支援、少年感化院以及社區處遇等。[142]簡言之，所謂「復歸」所指的是回歸於社會，也就是去「重塑」（reformation）個人，亦即再社會化。監禁若非無期，終究需要回歸於社會，但監獄卻截斷個體的社會網絡，故而在復歸理論中是透過使人的根性予以更易，以使社會整體達致更好的後果。[143]

另外，在面對監獄斷絕個體與社會的連結方面，有認為正因為這個特質因此主張廢除監獄的論述，這稱作廢除主義者（abolishist）。例如，論者提到：「監獄是控制性的，被建構的環境及其施加規律在罪犯的生活。這完全與他們出獄後的生活相反。……許多造成犯罪的問題應被以社會政策而不是刑事政策對應；必須被認知的是只有刑事政策不太可能達成犯罪率巨大的改變。」[144]

復歸中的矯正有三種形式：一、療程（therapy）：也就是給予罪犯需要的療程，移除犯罪原因。最常見是藥物或酒精濫用，在英格蘭與威爾斯有三分之一到一半的新進罪犯被相信是問題用藥者；心理問題也是不能忽視的，有研究指出百分之九十的罪犯有精神健康問題。而比較新的是再創造療程（recreational therapy），其觀念是罪犯能與他人在再創造中互動而得到矯正。例如，藝術能使讓罪犯增加自信、自尊以及社會資本，或是運動能使他們合作來達到共同目標以及得到互相承認。二、增進教育與工作訓練：大部分犯罪者缺少工作技能。研究指出半數男性罪犯先前被學校開除，而有三分之二有十一歲以下的閱讀能力，而有百分之七十失業。如果罪犯不被訓練進入市場，那他們就可能繼續失業因此再犯罪。三、爲了可維持的社會再整合的嚮導計畫：除了治療以及增進技能之外，還需要一個嚮導。例如，社工，使在復歸的路途上能更順利。而通常這些形式都是組合運用。[145]又，根據大衛・葛蘭（David Garland），刑罰福利主義盛行於一八九〇年至一九七〇年，而我國的監獄行刑法第一條也規定：「爲達監獄行刑矯治處遇之目的，促使受刑人改悔向上，培養其適應社會生活之能力，特制定本法。」

復歸理論的倫理學基礎也是後果主義式的，其認爲罪犯並非道德上敗壞卻是偏差（deviancy），而這些偏差能透過社會的機制予以矯治——完善化。反言之，個人因社會化的不完全而不完整，因此需要透過各式各樣的「措施」予以治療，例如工作訓練、社會支持即為適例。如同論者所述：「隨著刑罰—福利制度而發展的犯罪學視犯罪為一個透過個人犯罪行為而彰顯的社會問題。……矯正主義犯罪學研究的首要關注點在於找出『偏差者』與『犯罪人格』的個人特徵，並將其連結上有助於找出原因與進行治療的其他條件。……犯罪問題於是被視為罪犯問題。」[146]社會環境因素成為被考量的重點。犯罪性（criminality）並非個人自主判斷下應負責的主體行動，而多是社會環境刺激下身心缺陷或適應不良的具體而微彰顯，甚至可能是社會整體機制的壓迫、文化規範衝突、社會剝奪所產生在個人身上的爆發。

貳、修復式正義

與復歸理論有所關聯的另一種制度即為「修復式正義」（restorative justice），但與復歸理論所共享的僅為著重於社會關係之上；然而，在方法取向上卻是有顯然不同的程序。主要的內容是以罪犯、被害人以及廣大社群之間因犯罪破壞之關係的修復，這不只是罪犯與被害人或是與國家的兩端關係，而是三者之間的連結。修復式正義認為司法的裁判的訟爭性過強，但對於關係的修補不應製造對立，而應對話與互相理解，故而主張修復式會議取代審判，當然也會有疊同於前述廢除主義者之處。修復式正義的重點在於，必須各方自願自主地參與，因其中心在於罪犯的懺悔與道歉，才能促成和解。其所具有的彈性在於監獄不必然成爲被排斥的選項，甚至可能是在修復的計畫中。【147】

修復式正義中有一種懲罰的形式爲「恥辱懲罰」（shame Punishment），例如有用牙刷刷人行道、穿在人身上的衣服標示「我是性罪犯」。這有兩種形式：一、瓦解式恥辱（disintegrative shaming）：這種方式主要就是爲了羞辱（humiliate），所以這對於罪犯的矯正是無助的，反而會讓罪犯變得對於暴力脆弱而且會破損社會連結；二、重建式恥辱（reintgrative shaming）：這種方式則將目標設定在喚醒罪犯的罪惡感，因爲有些罪犯並沒有罪惡感，而罪惡感對於未來的自我修正是有重要影響的。也就是說，重建式的措施是爲了矯正罪犯，適度的恥辱會讓罪犯產生罪惡的自覺。而既然恥辱懲罰是修復式正義的分支，那麼就會以第二種形式——重建式——爲目標。

對於修復式正義的批評在於其並非懲罰理論，然而湯・布魯克斯認爲，在更廣大的層面上修復式正義確實是懲罰的理論，雖然並不完整，蓋因懲罰作爲對犯罪的回應（response），修復式正義既是措施之一，即爲懲罰的理論，而不完整正是在於這個程序適用於部分而非全部的犯罪，主要是用在相對輕微、少年的犯罪中。然而，本書認爲修復式正義自始即非懲罰理論所應包含者，卻是社會福利措施所應顧及之範疇，蓋因懲罰作為刑罰權中的刑罰，在權力施展的面向上本不以權力對象為同意條件，然而修復式正義卻以參與者的同意自願為必要。且若說懲罰的定義以對犯罪的回應為足，那麼將會包括公眾輿論的譴責，那將會因過度寬泛而定義失效。退步言之，縱使承認是對於犯罪的回應，但也僅能對應於「部分」的犯罪而非全部。此將是修復式正義若欲作為懲罰理論將面臨的問題：若參與者不同意、若非程序所能適用的犯罪，那麼對於這些人該怎麼辦？故而，本書擇而不論修復式正義，僅就其梗概予以敘明。基此，恥辱懲罰作為修復式正義的一環，亦不在本書討論的範圍內，惟就此應注意者為，理由並非出於恥辱懲罰違背對於人性尊嚴，蓋因在復歸理論等非義務論式思維中，人性尊嚴自始即非具有道德絕對重量的概念，甚至在復歸理論中本不即將對象當作「主體」對待，故這個批評並非理論所將面對的疑難。

參、復歸理論面臨之問題

作為後果主義式的懲罰理論，也同樣會面臨人被當作工具的批評；但是相較於威嚇理論更甚的是，並非把人當作促進公共善的手段，而是把人當作殘缺的對象予以對治。黑格爾對矯正理論（reformatory theory）的反對，正因其不把犯罪者當作一個成熟、負責、自由的存在，這也是其主張應報理論的主要原因之一。因爲，應報理論承認犯罪者是主體，甚至我們對其施予刑罰正是將他作爲主體對待。[148]對於受刑人之保護，黑格爾認爲，「在刑罰中受刑人亦必須被當作理性、有理解與決定能力之人，不能被當作病人來強制治療或有害之動物將之殺害。刑罰強度必須根據行爲人的犯罪得出結果，任何超出此範圍之刑罰，縱使是爲了受刑人利益之矯治，亦是不正義的；只有罪刑相當之刑罰，就如同我們今天所強調的，才能維護人性尊嚴。」[149]

如論者所述「但，應得的概念是懲罰與正義間唯一的連結。只有應得或不應得，使得判決成爲公正或不公正。我並不主張『是否應得』是我們能問的關於合理懲罰的問題。我們或可適當地問，懲罰是否會威嚇或矯正罪犯；但此二者皆無關正義，討論『公正威嚇』（just deterrent）或『公正治療』（just cure）是無理的。我們要求威嚇並非以求是否公正卻是以其是否威嚇爲據。我們要求治療並非以求是否公正卻是以其是否成功爲據。因此當我們停止去考量罪犯應得什麼，並僅考量什麼會治療他或嚇阻他人，我們隱然地把他從正義的領域中移出了；相較於一個人，權利主體，我們現在只有一個單純物件，一個病人，一個『案件』（case）」。[150]如果正義是我們所應維持——不只是追求的價值，那麼我們是否能容忍把人當作病人、動物、物件、案件來對待？

「矯正與威嚇是值得讚賞的目標，但國家能透過懲罰達到這些目標嗎？懲罰在法律被破壞後進入，因此，懲罰不能在『維持』或『支撐』法律與秩序的觀點下被正當化。懲罰作為矯正性措施也是高度可疑的。傷害的施加可能導致更深的怨恨。更嚴厲的判決或會導致更聰明的犯罪行為以迴避偵測。關於矯正與復歸的非懲罰性措施是國家所尋找關於矯正與復歸更適合達到這些目標的措施。」[151]然而，現今的問題正是在於透過修辭性（rhetoric）的更動，同樣是自由的限制卻以保安處分之名取代懲罰，似乎在不同目的之下，同樣的違犯也能被接受。甚至，在我國承繼歐陸法系以人性尊嚴作為最高價值的要求中，監獄行刑法卻同時以矯正理論為依據，如此的理論矛盾，也預示了紛雜不一的批評與讚揚充斥於混亂的懲罰實況中。且將犯罪的成因歸咎於環境的刺激亦或是社會化的不健全，不一而足，然而這些都是否定個人主體性、自由與責任的說詞。或許貧窮、失業、酒精與資源分配不正義是造成犯罪的「成因」（causes），但這是否是道德評價上對於個人責任衡量——若我們將人作為主體對待——所應側重者？使個人社會化成為社會成員更為重要，亦或是，作為主體存在於社會中更為重要？

更極端者，可稱為「社會決定論」（social determinism），其認為社會是唯一應負責者，罪犯並非有罪卻只是社會因素的展現。不過，較為常見的是犯罪中個人有「部分責任」，其餘則是歸咎於社會的因素。但伊果・普利摩拉茲對於前者的批評在於，如白領犯罪並非處於不良環境卻仍然違法，而若爲了維持這個批評則必須將社會環境擴及到包括全部，而這也會使得定義失效，然其也認爲第二種說法是應報理論所會主張的，因爲引誘的環境下個人自由因爲不完全將會減輕責任，故而若有社會環境作爲囿限的因素，則個人也將因此減輕責任。

尤其，我們也可以從文學影視作品中發現這種思想的展現。例如《關鍵報告》中，對於被預測爲犯罪者即預先逮補，如同現實中我們對於偏差者、社會適應不良者、病人時，施予「保安處分（而非刑罰）」予以「隔離（而非監禁）」。如論者所詰問：「若可能先一部地辨識出那種人，我們何需等到犯罪已經確實發生？爲何不先把被視爲傾向於犯罪的個體抓起來，並使他們臣服於復歸性的措施下？」[152]在伯吉斯（Anthony Burgess）的著作《發條橘子》（*A Clockwork Orange*），也展現出國家以「治療」之名能施展多龐大的權力，形成多令人恐懼的暴力。甚至，由醫療人員取代司法裁判，不定期刑（或說治療）被官僚給決定將於何時「適合復歸」，更不用說在非民主國家中將由何人來定義「罪犯」的問題，將使得思想受到審查（亦即政治犯）。

我們必須要知道的是，目的從來無法正當化手段，想要提升人類品質的群體出於善意，但卻犯下了世紀重大惡行，他們是納粹。我們必須總是戒慎於美妙的名銜下，現實上所可能施加於作爲主體的我們身上的，是何等的暴虐。

第六節　表達、溝通理論

壹、刑罰民粹主義

如論者大衛・葛蘭所述，在一八九〇年至一九七〇年是刑罰福利主義的時期，而在這之後即爲表達式正義的時期。這恰巧對應上新自由主義的時代，對於過往的國家福利式所產生的無能，來自左翼的批評是，冠上治療的人道名稱但卻是國家權力在美名修辭下的暴力；右翼則認爲，這些措施耗費龐大稅金且無效果。這樣的批評讓民粹主義得以興起，故民粹主義方具工具性質得以結合於各種政治主張。而這在刑罰民粹主義（penal populism）中也能看到同時具有激進的（progressive）與反動的（reactionary）勢力。然而，不能忽視的是無論何方所聲稱代表的都是「人民」而非「系統」，蓋因民粹本身是在系統之外對現行政治體制的反應，是一種反動的（reactive）、回歸的（regressive）立場。

「犯罪本身已經不再是令人蒙羞與憎惡的規範素材之一，而是直接視之爲對安全的威脅。」[153]這是刑罰民粹主義的背景，而它所提倡的手段是爲保護人民的安全，訴諸於感覺與直覺（feelins and intuitions），懲罰對於安全產生威脅者。[154]然而，我們必須透視到裡層中，刑罰民粹主義並非對於犯罪問題的眞正應對，卻是去回復社會變動——經濟復甦趨緩、國家福利政策無效、毒品犯罪叢生、全球化——所造成的分散，重新凝聚共同體，然這只包括「眞實人民」。在美國的狀況中，復歸理想崩塌導致服從降低，在司法裁量以及假釋委員會判定程序，如同前述來自左右兩翼的批評分別認爲，前者以治療之名的不定期刑使「病患（罪犯）」被「治療（監禁）」嚴重違反人權；而另一方則關注於因此所花費的稅金。無論如何，這都離「正義」太遠；我們同時也可以說，這所帶起的是一股「正義復興」的思潮：主體性取代瑕疵個體、定期刑取代不定期刑、公正應得取代治療矯正、犯罪問題取代罪犯問題，也因此產生的新的程序有如被害人陳述。懲罰的問題從犯罪者責任的擔負成爲了大眾的安全再確保，更多的監獄、刑罰的去隱蔽化，以及大眾凌駕於菁英，成爲這個思潮的特徵。[155]

我們必須先說明，何謂民粹主義（populism）？其並非民主的對立，卻是在民主的背光面，如同論者所說：「民粹主義就像現代代議民主（representative democracy）的一個永恆陰影，以及一個會持續出現的危險。」[156]民粹主義的特點所包括的——區別、泛道德化、眞實人民——代表的正是這種思維對於政治社會的理解。「民粹主義是一種特別的政治道德想像，是一種認知政治世界的方式。這個思想的設定是，讓道德高尚和完全統一的民眾（但我認爲這最終是虛構的），來對抗腐敗或是在其他方面道德較差的菁英。」[157]

民粹主義特質中的「區別」係指做出例如平民與菁英的區別、或依國族主義做出國民與移民（非國民）的區別。簡單來說，就是依照社會學上的我群（we group）／他者（others）的區分方式來進行區別，而這個標準可以是任何一種標準，種族、膚色、經濟能力、教育程度等；「泛道德化」也就是藉特定的模型（例如，菁英是腐化的，又或者移民者是壞的等），把政治議題予以帶入道德場域，讓政治的專業被擱置，而人皆有的道德感就轉成評價與行動的工具；「眞實人民」則是民粹主義者會使用的用詞，也就是民粹主義者會聲稱自己代表著眞實人民（the real people），這尤其在民主社會中能產生一種佯稱的正當性。因爲，民主社會中的正當性來源，正是個體自由意志的選擇所託付的政治權力，而在媒體形構我們世界觀的這種契合下，將使得民粹主義者得以凝聚起一股能量。[158]

所以，刑罰中的民粹主義者並非爭取少數權益者的思想，例如對於罪犯權利的保護，卻是主張「（眞實）人民」是被壓抑的大多數，要收回權力以維護大多數人的安全。「當在刑罰民粹主義者的論述中談到權利，通常指的是大眾對於安全的權利，以及對於那些由其他社會運動爭取權益之特殊團體（移民者、避難者、罪犯、囚犯）權利之抽離。」[159]正當性是來自於「眞實人民」而不是少數群體，對立於菁英階級，因其等之政策使得大眾的安全陷入風險。這產生了顚倒的平等主義，即人民與統治者並不平等，前者優於後者，在司法制度過度偏重罪犯權利忽視人民安全時，主張對於平衡的回復。

回過頭來，眞實人民的這個民粹主義特點，經由穆勒（Jan-Werner Muller）的強調，更可以發現民粹主義與民主主義之間的差異；也就是說，批判菁英的這個性質並不能完全說明民粹主義的性質，更重要的是在於，其等所宣稱的並非「我們也是人民」，卻是「只有我們才是人民」。這也就是論者所提到的民粹主義的反多元主義（antipluralist）性格。這個「眞實人民」並非實證經驗上的，卻是概念上的、象徵上的、規範上的，亦即外於體制的純粹概念之同質道德統一體，我們在這裡可以說這是盧梭提出的普遍意志的遺產，且正因其觀念性質，故而不受現實經驗知識反駁，甚至成爲可以「指正」、「彈劾」現實結果的工具。且其規範性的特質正在於把人民評價爲高尙的，而與（被宣稱的眞實）人民相對的那些菁英則是腐敗的與道德敗壞的，因此，菁英將無疑地被民粹主義的論述給排除在政治社會——眞實人民——之外。實際上民粹主義所聲稱代表的永不可能重疊於眞正的人民整體，但是這種部分替代整體（pars pro toto）的主張，正是民粹主義取得（佯稱）正當性的方式。「要成爲民粹的政治行動者或運動，就必須主張部分的人民才是人民，而且只有民粹主義者可以眞正辨識和代表眞正和眞實的人民。」[160]

其實，在李斯特的馬堡綱領就已經創造出對於不同種類型罪犯的區分，而其中就包括對於無法共存於社會的個體，將其排除於社會之外。即便當代在人權的觀念中吶喊廢除死刑，但也不免會出現無期徒刑不得假釋作爲替代選項，但兩者在社會排除的面向上卻是沒有差異的。這種社會排除的方式，也是政治現實中在需要正當性時，對於這些危害社會安全的「他者」執行排除所做的。這樣的方式在服從民意以及達成績效——相較於其他長遠決策，諸如此種刑罰之執行是能立竿見影的政績，尤其是死刑——的兩個層面上，成爲政治方針的重要考量，也因此更加促進民粹主義的發酵。

而這就是法律與秩序（law and order）的要求，對於公共議題來說，這個主題愈來愈重要，凌駕於科學專業與官僚機構的理性運作，論者也提及「對於法律與秩序的呼求，幾乎是歷史上每個暴君至今爲止的呼求。『法律與秩序』是希特勒殺害將近一百萬猶太人時的呼求。法律與秩序一直都是那些想要做出對於他者暴力舉動的人民的呼求」。[161]而正是我們應該戒愼的。不過，和平與安全是近代國家組成最重要的因素，這在第二章討論霍布斯的《利維坦》（*Leviathan*）時已經論及面對自然狀態的野蠻，人造神祇利維坦的創建成爲所有人安全的確保——透過恐懼。論者也提及「早期現代刑事司法的故事，就如國家本身的故事，是相競逐的勢力鬥爭的故事，能夠壓制暴力與混亂的利維坦國家在其中崛起。逐漸地，當這一崛起的權力獲得把握與合法性，其主權意志遂成爲法律與正義。利維坦法律的暴力施加，對敵人與臣民等進行強制綏靖，逐漸成爲維持秩序的『和平』方法（即使仍是暴力的）以及提供臣民的安全。在自由民主社會中，國家施加『法律與秩序』的能力不再被視爲帶著敵意與威脅的權力，而是民主政府對其守法公民所負的一項契約義務。提供法律與秩序並使公民免於暴力、犯罪與混亂的這項『保證』，成爲國家及其機關給予人民的重要公共利益之一」。[162]而這也能在彌爾所提出的「傷害原則」（harm priciple）中的意旨看見。「那些禁止傷害他人的道德規則（我們切不可忘記，這其中包括了對彼此自由的無端侵害）對人類福祉而言，其重要性遠勝於其他只指出某些人類事物該如何做出最佳安排的行爲準則，無論其他的這些準則有多麼重要都一樣。禁止傷害的道德規則也具有一種獨特性，亦即它們是決定人類所有社會感受的主要因素。只有順從這些規則，才能使得人類維持著和平：要是服從這些規則不是條鐵律，要是不服從這些規則不是例外情形，那麼每個人都會將其他人當作是潛在的敵人，永遠都會爲了自衛而彼此對抗。……有些人很可能完全不需要他人提供的好處，但是他們永遠都需要其他人不傷害他們。因此，保護每個人不受他人傷害（無論是直接傷害，或是透過阻撓他追求自身好處的自由而造成的傷害）的這些道德規範，必定就是每個人心頭最爲重視的道德規則，也是對每個人在言論主張和行爲實踐上最有利的規矩。個人是否遵守這些規範，是測試與決定他是否能融入人類群體中的關鍵；因爲對於他所接觸的人來說究竟是福是禍，完全取決於此。」[163]

貳、表達、溝通理論

喬爾・費恩伯格提出的懲罰的表達的功能。「懲罰是一種約定的機制，爲怨恨與憤慨態度表達，以及不認可與譴責的裁判，無論是在懲罰權威這方或是那些『以此之名』施加懲罰的那方。」[164]而正義是該在懲罰的譴責性面向符合犯罪，換言之，懲罰的不認可程度（而非硬性措施（hard treatment））應符合犯罪，愈嚴重的犯罪所受到的不認可程度愈大，則應接受愈嚴重的懲罰，而嚴重程度經由犯罪損害以及被驅使犯罪的程度來決定。簡言之，犯罪愈是嚴重，不認可程度愈大，懲罰也應更嚴厲。「痛苦只應該在作爲大眾譴責的象徵媒介時符合罪責（guilt）。」[165]

前述大衛・葛蘭提到，在經過刑罰福利主義時期之後，大眾對於安全的渴求，反面即爲對犯罪的恐懼。因此，防範犯罪恐懼獨立於防範犯罪，罪犯的形象從病患成爲掠奪者。罪犯的權利與被害人之間成爲了零和，非此即彼，關心罪犯就是忽略被害人——支持被害人就是要懲罰罪犯，被害人也抽象化爲符號，代表的是「可能就是你」。於是，刑事政策的重點也從社會政策轉移到犯罪控制與風險監控，專業意見被民粹給凌駕，常識取代學術成果。監獄固然對於復歸無效，但是對於排除對社會安全的威脅卻有效，因其能達到充分的控制。表達式刑罰的產物有：量刑趨嚴、監禁增加、三振法、強制最低量刑、假釋限制、兒少監禁、體罰復甦、羞辱的刑罰、死刑及其執行增加、性犯罪者登記、社區通報等。這種懲罰，具有在面對犯罪與不安時，抒發緊張與維持團結一體感的功能。[166]

對此理論有兩種方式說明道德基礎：一、J. F.史蒂芬（J. F. Stephen）認爲，懲罰作爲譴責或指責的表達而正當化，因爲這是懲罰如何服務於社會目的。社會對於犯罪者有憎恨與復仇感，而這些健康的情緒應被給予社會認可及以懲罰的規律形式（來表達），而不是將情緒阻礙待日後以不同方式爆發出來。「刑法對於復仇的激情就像婚姻對於性慾一樣」；二、像A. C.尤英（A. C. Ewing），將表達當作對於社會道德教育的貢獻。如同涂爾幹所述，透過懲罰表達道德譴責，對於社會的「集體意識」（collective consciousness）可以再強化。犯事是對於集體意識的違背，但若社群集體情緒因犯罪所受的損害未獲補償，那將導致社會連帶（social solidarity）的崩解。[167]

譴責維護規範，並表現違法是道德上錯誤的。「透過對非行表達譴責，懲罰維護了被破壞的法，再確立了被違犯的權利，也展示了那個行爲曾是一個違犯。」譴責並非預防犯罪的手段，懲罰的理由在於若不懲罰，將會與對規範的信念扞格。[168]表達理論中的刑罰與犯罪爲何必須合乎比例的問題上有論者提出：「越嚴重的犯罪，由於違犯社會集體價值的程度越高，所引起的社會情緒反彈當然也越強，激起越強烈公眾情緒或者一般人道德情感的犯罪，自然必須給予越嚴重的刑罰。」[169]在其中，被表達的可能是態度、情緒、怨恨、復仇、感覺、尊重、義憤以及厭惡。[170]而對於懲罰具有情緒是正當的，懲罰正是表達這些情緒的手段，並經由此也使得公共的標準被確立。「懲罰應被理解爲大眾對於犯罪清楚表達譴責的擴音器」，且其既非目的論式的，其亦以應得作爲重心，懲罰應連結到我們譴責的強度。「苦痛應連結到罪咎，僅當其之施加是大眾譴責的象徵性媒介（symbolic vehicle）。」[171]所以，在面對到刑罰與行政罰的區別中，喬爾·費恩伯格提及區別之處在於刑罰不只課予負擔，社會也表達了對於違法行爲的權威性道德譴責，而這無涉於何者所產生的金錢剝奪更甚，這也是其區分處罰（penalty）與懲罰（punishment）的依據。[172]

簡言之，表達理論是指透過將懲罰的意義設置於「表達」的行動，因罪犯違反法律，而違反法律的方式是經由國家施用懲罰予以制裁，在制裁的過程中因該等違犯同時引起大眾的情緒，這些情緒因具有正當性而經由懲罰予以表達。無論是如J. F.史蒂芬以宣洩的方式理解，又或者是如A. C.尤英主張強化社會連帶，懲罰單向地以法律制裁、同時以道德的方式譴責，將兩者在懲罰的施加中同化；而諸多論者皆仍以應得的方式來理解懲罰之量。換言之，有多少不認可（disapproval），就有多少懲罰，此即爲懲罰的表達理論。

溝通理論（communicative theory）可以認爲是表達理論的修正，從單向的訊息傳達進而爲雙向的呼應，先透過懲罰將公共的不認可表達予罪犯，再經由罪犯對公共表達悔悟，這是對話的過程。這以R. A.杜夫（R. A. Duff）的溝通理論作爲代表。「我主張懲罰應對違犯者溝通他們因犯罪應得的譴責及應將目標設於透過溝通程序說服他們去悔改他們的罪，試著改過（reform）他們，且使他們與他們錯行的對象和解（reconcile）。」[173]湯．布魯克斯也提及，服刑期間是悔悟（repentance）傳達虧欠（apologies）的具體行動。[174]

然而，溝通理論必將面臨的問題爲既然僅是要傳訊與對話，何必以懲罰爲之？論者提及傑瑞米．瓦爾登（Jeremy Waldron）的論點：「如果有人問，爲什麼此等訊息不能透過信件或者電話而必須用刑罰來傳達，答案是犯罪者已經透過其行爲，顯示出他無法把傳統溝通形式所傳達的訊息內化，因此我們現在必須放棄使用語言文字，轉而使用最直接有力的方式，使他感受事情最艱困的部分，好讓他明白為什麼他的行為是錯誤的。」而R. A.杜夫則認為，嚴厲處罰與宣判共構溝通價值整體，社會傳達予罪犯對等於犯行的嚴重與違反社會價值的嚴肅性，同時行為人也傳達其對社會價值的接受與悔改自新的訊息，且罪犯在過程中保有拒絕的自由，接受者則如同經歷取得復歸資格的儀式——世俗的悔罪。[175]「我們應理解正當懲罰是世俗化的悔罪（secular penance）。它是罪犯因其罪被施加的負擔，被期望他會悔過他的罪，去改過自己，並使他與犯錯的對象和解。……在這個層面上，懲罰設定目標在悔過（repentance）、改過（reform）與和解（reconcilation）。」[176]而這三個特質正是R. A.杜夫所強調的。

在R. A.杜夫的溝通理論中，重要的核心在於「規範性的理想社群」，也正是存在其中的道德主體使得我們必須具有包容性，讓市民得以不被刑罰體制給排除，而是應該透過溝通使得其等得以成為再取得市民資格復歸社會的個體。「我們應將他們視作同伴市民，我們不應讓他們的犯罪摧毀社群連帶，且正是透過懲罰我們才保存這些連帶。」[177]我們並非以單向地說教方式將其當作接受訊息的「客體」，卻是將其也當作能回應的主體而能與整個社會進行對話。「我們應將其視為宣示該特定行為構成一個被社群適當譴責的公共錯誤，主體在社群中透過刑事程序是可回應的（answerable）。」[18]表達式的正義所產生的社會排除，在溝通理論的辯證性擺盪中以包容作爲取向。「我相信刑罰也應是包容性的（inclusionary），某種我們可以做，而不是對『他們』（them）那些被排除在（守法）市民社群之外的，卻是我們作爲一個即便不完美的社群成員。」[179]

溝通式的懲罰將人作爲道德主體對待，使他們經由此程序以自新，並非強迫對法律的遵循，卻是訴諸於良心道德理解。「就像任何理性溝通的模式，它留給他們在最終決定是被說服（接受溝通的訊息）或是不被說服。它也尊重他們的隱私，因它專注在他們的違犯，即公共錯誤，無法被稱作私領域。最後，懲罰針對於去使違犯者與他們犯錯的對象和解——與他們的直接被害者及整個社群：它試著去維持與再確認他們在規範社群中的市民身分。懲罰因此被正當化爲保護市民免於犯罪的手段，同時也展現給潛在與實際的罪犯對於他們作爲市民的尊重與關心。」[180]這並非價値的強賦，而是「說服」。我們是透過對其作爲道德主體自身的良知，留有讓其自主決定是否接受的餘地。我們將主體作爲主體尊重地對待，譴責的過程中，或許起初是他人的聲音，但當聲音轉變爲自身所發出時，這也是悛悔的開始。除此之外，論者也有提及溝通理論將使得懲罰更有意義，蓋因不僅遏止犯罪，同時也促成止念（desistance）。「它能透過使得違犯者在他們的懲罰中成爲主動參與者而非被動接受者，讓懲罰的主觀經驗能被包納進個體差異。」[181]

參、表達、溝通理論面臨之問題

表達理論所面臨的問題，有如伊果・普利摩拉茲批評這並不是一種「理論」。蓋因其僅提出一種分析，但並未在道德正當性的爭論中選擇立場。[182]換句話說，或有以是否「應得」的方式，也有以「表達」、甚至「溝通」以爲具有更多公共善的方式來理解。然而，據此我們即可發現，此一理論既可藉由相悖之倫理學基礎予以推成，則其是否是一種「理論」已值得存疑。換言之，我們或許更可以去理解到這是一種「功能」，而此即爲喬爾・費恩伯格文章所標明指出的。

另外，則是表達理論中「誰」（who）透過懲罰表達了什麼？以及社群是否能以一個聲音（one voice）——而非多個——表達？哈特即主張，社群並不經常僅有單一聲音，任何被表達的訊息可能是共享對於犯罪不認可之多數聲音的匯集；換句話說，這個社會的聲音可能有不和諧（cacophonous）的特徵。爰此，訊息不只可能會有不一致性、不明確性，甚至會因此產生衝突。基此，罪犯如何接收到公眾要透過懲罰表達的不認可訊息？更遑論尚有接收方的詮釋（interpretation）問題。[183]並且，在威嚇理論中的資訊匱乏問題，在此也無法豁免，論者認爲：「大眾可能經常是處在貧乏的位置來表達正當的譴責，因爲他們缺乏充足資訊。若大眾缺乏有關犯罪事物的知識，不認同的表達可能會是不精確或不完整的。」這會導致的問題是「大眾普遍欠缺有關刑事司法的令人滿意的知識，這可能會導致他們的判斷某程度上至少是有問題的」。[184]

R. A.杜夫所構想的理性道德論說社會被批評：「這種社會的存在基本型態與國家完全不同。刑罰不能仿照以改善個人道德爲目標的社群來設計；國家並不能用行爲人追求自我改善爲由，來正當化道德的強制。」[185]若我們在自由主義者彌爾的傷害原則檢視下，如此的政治權力則是無法被容許的——因無造成傷害。甚至，如此更將面臨家父長主義式的復辟，而且在法學上更無法逃避固然硬性措施（hard treatment）是種表達、溝通的方式。然而，這是否是唯一的方式？是否是具有「必要性」的方式？而甚至R. A.杜夫過度理想化之處正在於是否我們能希冀在懲罰的過程中，確實能收到一種悔悟的良心之聲？而若我們爲此而追求罪犯復歸於社會，那麼，是否又將面臨復歸理論中善意的暴力？

第七節　結語

目的與意義、功能在概念上的差異必須被釐清。目的對應於「end」或是「purpose」，代表事物存在是「爲了」該取向而具意義。換句話說，該目的所呈現出的理想狀態乃是使得事物存在具有意義的理由；相對地，意義則是使得事物被正當化的依據，這可包括目的的正當性，也包括目的的正當性以外的如義務論式的證成；功能所代表的則是事物在現實上所產生的狀態。

本書認爲，惡與壞在懲罰的意義上沒有區分的必要。雖有論者區分惡相較於壞，如同「多此一舉」而「沒必要」，因此「沒有意義」。然而，無意義此概念與惡作爲在文脈上相較於壞的負面評價程度而言，並不具有論證上的理據，蓋因即便是在虐殺上有必要的行動也將會被評價爲惡。簡言之，在本文中的區分僅以「倫理學上的惡」與「法學上的不法」，作爲區辨不同價值範疇之概念即足。

懲罰的定義是：「一種惡（evil），作爲一種惡由人類機構（human agency）刻意地施加於違犯者（offender），而此機構是被違犯者違反之法律的法秩序所授權。」如此定義，也對應於霍布斯的理解。「懲罰是公共權威施加於個人故意或過失行爲上的惡，也是同一權威判定其是否違背法律，爲此個人的意志或可更好地被置放於服從中。」而惡的意義是指：「『惡』在這裡採取一個正式的意思，代表著『任何人們不想要被施加的東西』。」包含了肉體與精神上的苦痛與受苦。而違犯者是指違犯之人，違犯是指刑法的違反（同時也可指涉在自然犯中的道德規範違反）。而這樣的定義預設了一個懲罰主體的存在，懲罰者與被懲罰者永不同一，因此排除了自我懲罰。

懲罰的問題不僅關係到主權國家的政治秩序維持，也同時作爲倫理標準成爲道德主體的行爲指向。因此，我們不僅必須要關注秩序，也必須要關注正義的問題。這也是懲罰的困境所在，每次行使所彰顯的主權的同時，也是冒著政治秩序失序的風險，畢竟恣意的懲罰會導致人民的憤怒。而在世俗化的近代國家中，我們也不再具有超驗的權威來證成任何行動。因此，以國家之名的懲罰，就必須要能經過理性予以證成，也就是懲罰的正當化。

正義是無從被妥協的，這並非可以被交易、折衷、綜合、混合的一項元素，因爲這是一項定言令式——先驗建立的普遍法則。然而，如何的懲罰才能使正義成爲自己的準則？康德回答即爲平等原則，也就是無所偏倚的懲罰。而這也就是正義在懲罰理論中最重要的兩點特質：公正（just）與應得（desert）。

康德對於目的論式的批判，是立基於其定言令式的道德律令，而對此律令的遵行並非爲了追求任何更好的後果；也就是說，並不是爲了追求更高的善——甚至至善。而是僅因若我們無法遵循，我們就不成爲人。所謂定言令式是指「除非我也意願格律應成爲普遍法則，否則不當有所行動」。也就是，客觀上無關其他目的、必然的、自身即爲善，存有者依照意志行動所產生作用的因果性，即爲自由；或說，將愛好從屬於普遍道德律的能力，而這意志即爲實踐理性，人作爲理性者不僅遵從法則，更是自我的立法者。亦即，不僅必須遵守義務，而必須有義務動機，如此的意志原則本身將具有道德價值，此即善的意志。

定言令式的檢驗，乃係若格律成爲普遍法則將自我矛盾而毀滅時，至多僅爲假言而非定言令式。人即目的的論式，則是有理性者始終爲目的自身而非（僅是）工具，而當每個有理性者依照相同理性根據如此設想「有理性者作爲目的自身而存在」的主觀原則時，即成爲客觀原則；在去除有理性者的個別差異與個人目的內容時，將能想像依秩序結合成的整體——目的王國，而這就是道德秩序社會。因此之故，應報主義所能提供的即爲道德上的秩序社會。

黑格爾則從客觀面與主觀面以正當化應報懲罰。客觀面，違犯是無效的（null），然因其作爲對權力的否定卻是存於法的脈絡中，故其因對自身的否定而內在矛盾，懲罰則是對此否定的否定——第二強制，透過使違犯無效來展現違犯的無效，據此以正當化懲罰。主觀面，違犯作爲特殊意志對立於普遍意志，故而不僅傷害被違反權利的人，也傷害違犯者自身的普遍意志，而普遍意志——包括違犯者自身的意志——因其絕對性而對違犯要求懲罰。同時，個人的特殊意志也因其作爲理性存在者而使得行動具有普遍性格，違犯行爲的規則對立於法的權利原則而不普遍有效；但對違犯者而言，因其透過行動主張此規則，故對其有效，而可以此規則對待之。承認個人爲理性與自由的存在，是對待其作爲主體的方式，故不僅國家有權懲罰，違犯者也有權要求懲罰。

應報理論（retribution theory）中的正義價值，是客觀且不可妥協的。義務論的思維中，若我們對此有任何讓步都將使我們不再作爲理性存有者而存在。彌爾透過反面方式對於正義的定義可知，正義即是使人得到其所應得，無論善或惡；而使人得其所不應得的即爲不義。故所謂應得（desert），即「一個人應該從他過去或現在行善的對象身上得到善報，而應該從他過去或現在爲惡的對象身上得到惡報」。懲罰議題終究是公正應報的展現，應報（retribution）的拉丁語源re tribuo即是回報（pay back）。換言之，懲罰是公正的應報（付償），即暗示犯罪者應付出代價。

復仇（revenge）、報復（retalion）與應報（retribution）是不同的概念。復仇是自然狀態中無節制地基於正義所爲；而後發展出的報復，以同害報復法則的「以牙還牙，以眼還眼」爲依據；被誤解爲野蠻的法則但實際卻是社群對於復仇的節制；而再昇華至應報則是以應得（desert）爲核心，其間的演化在於對違犯之惡行的不同回應。亦即，對事物之間是否相等的評價標準的進化，故當代應報理論的問題在於，如何正當化天秤（是否等價）的正當性。例如，無期徒刑如何能稱作是對於殺人犯的應得懲罰？對此，本書認爲參照同害報復法則，我們可以知道即便同屬「牙」、「眼」之種類，但實際上必然有各種特殊性質的差異。然若以正義作爲標準則能使其被評價爲相等，因此我們即便以不同的刑種對應不同的犯行，仍有可能符合應得、公正、正義的要求。但我們所證成的是應報是否作爲標準，亦即「懲罰是否該是應報的？」而非「如何的懲罰才是應報的？」，因前者方爲前提。而價值（包括正義）的內涵並非恆久不移，具有普遍性的是正義的形式，內容則由不同的因素，諸如文化予以填充。

應報理論的倫理學基礎是義務論，認爲對正義的實踐不爲任何更好後果而爲，僅因其本身係「應爲」之事；或用康德的話來說，這是定言命令對於理性存有者的要求。其能區分成消極與積極兩種類型：前者係指應得僅爲消極的角色——必要條件，排除對無罪者的懲罰但不對有罪者要求懲罰，禁止不合比例懲罰，設有上限但無下限，故無須比例上完全考量行爲的嚴重程度，且或者會結合其他後果式的考量；積極應報則是將應得作爲充分且必要之條件，懲罰須合比例，且不能懲罰無罪者，更要求須對有罪者懲罰。若我們以羅爾斯式（Raulsian）的「原初狀態」（original position）來思考懲罰的問題，無知之幕後的我們會選擇何種懲罰？療程？嚇阻？應報？道德秩序社會中，對於義務的履行才能讓人作爲理性存有者而存在，道德律令是無可妥協的，以應得、公正的懲罰對應於違犯是履行正義的要求，以及人作爲目的自身存在的唯一方式，這也是應報理論的理據。此亦非任何更高善的後果得以比擬，遑論淩駕。尤其，應報理論僅以「違犯」本身作爲懲罰的唯一理由。於此，本書也處理了應報理論將會面臨的問題，包括：自我目的循環論證？同等報復如何可能？序列式應報？混合理論的可能？殘忍與野蠻？懲罰擴散與犯罪黑數？成爲例外？等。

相對於應報理論，威嚇理論（deterrence theory）所立基的倫理學基礎，是功利主義式目的論，主張苦（pain）與樂（pleasure）主宰人，苦樂告訴我們「應該」做什麼，其等之衡量爲道德標準的依據，整體最大幸福即爲功利主義所追求的可欲狀態。功利主義中的道德語言都要經過「效益」（utility）轉譯，故而正義、公正、應得，至多僅因其重量勝於其他道德概念，然卻無絕對性，在某些條件下，或許將會被其他道德概念給淩駕。彌爾的功利主義是對邊沁的功利主義之修正，效益與快樂不僅在量的程度上有所差別，在質的層面上也有差異。關於如何分辨快樂的品質，則是依照人的尊嚴感，若試過兩種快樂之人確實偏好其一而無任何強制性，即便該快樂必須要經歷諸多不快但卻是無可替代的、高等官能的驅使下所追求的，即爲更高級的愉悅。「做個不滿足的人，要強過當頭滿足的豬；寧做不滿足的蘇格拉底，也勝過當個滿足的傻子。如果那傻子或那頭豬有不同意見，那是因爲他只知道他們自己那一面的事罷了。」

然就本書之範圍，僅以邊沁式的單一標準功利主義爲據即足。好壞的標準，即爲苦樂的強度與持續期間，更高的美德就是更強、更久的快樂，能把功利最大化的（樂大於苦）就是對的、好的；或說好的就是對的（good is right）。事物之所以可欲，若非因其本身具有快樂，即因事物能趨樂避苦；義務的衝突也只有透過效益的衡量來做出決定，即便是正義也不例外。因正義來自於「欲望」，而這使其並不絕對地超越於其他從欲望所衍生的道德概念。單一標準雖遭批評過度概括，但邊沁此舉卻是要解決道德判斷上的恣意，以共通之衡量避免公共道德走向獨裁或是無政府。雖然懲罰是帶來苦痛的惡害，但在功利主義對於理性人的假設中，能因其帶來更少苦痛的狀態——更多快樂，而被正當化。其並非認爲懲罰能創造理性，而是認爲苦痛的保證將會改變人的計算與行動，自私天性並非被要求根除，卻僅是調節與引導。

霍布斯也認爲，懲罰間的因果性才能形塑國民，經由此才能在效益（utility）上與敵意（hostility）區分。不具意圖使他人服從法所施加的惡、增加被特定對應於犯罪的懲罰、懲罰的惡害少於犯罪的利益時，使得這樣的懲罰並非懲罰，而是敵意、成本，因爲如此的措施對於目的不僅無效，甚至爲反效果。故而霍布斯提出，刑罰的量必須精確地爲達到其效益所用。亦即，刑罰的苦痛必須超越犯罪利益，以能使懲罰與權威間的因果性被感知。

另外，效益主義也可區分爲行爲效益主義與規則效益主義：前者是指特定的行爲作爲標的；後者則是特定種類的行爲作爲標的。

懲罰的後果有預防（prevention）與滿足（satisfaction）：前者分爲特定（particular）與普遍（general），特定的預防效果有使罪犯無能（disablement）、改正（reformation）與威嚇（deterrence）。而普遍的預防則是在威嚇理論中最重要的追求，爲其正當性主要來源所在，蓋因使最大多數人被威嚇進而減少犯罪，將使懲罰所帶來的惡害因其所減少的惡害而能被正當化；後者則是經由有形補償（material compensation）如財產，以及報復滿足（vindictive satisfaction）作爲懲罰的後果。懲罰的衡量如邊沁所述，以不少於犯罪利益爲底線，以及隨著違犯嚴重程度提升懲罰程度，並以達成目的所必須者爲限。

懲罰的特性有：一、展示性（exemplarity）：懲罰的兩種價值中表象價值（apparent value）相較於眞實價值（real value）是威嚇理論懲罰主要所追求的目標。故而，即便是對有罪者的懲罰，若無法產生表象價值，那麼也會因爲沒有好的後果是不正當的。不過，必須同時衡平表象價值與眞實價值之間的比例；二、受歡迎性（popularity）：懲罰若不受歡迎，則會使得效益減低，甚至弱化法秩序。故而，至少應使懲罰不會不受歡迎；三、可回復性（remissibility）：因裁判並非無誤，故若無可修復將會使得因懲罰帶來惡害卻無效益而無法被正當化。另外，貝加利亞（Cesare Beccaria）與費爾巴哈（Paul Johann Anselm von Feuerbach）的論點，皆可歸諸於威嚇理論之中。本書也處理威嚇理論所面臨的諸問題，例如，人作爲工具？犯罪率沒有下降？對懲罰的無知？比例性？懲罰無罪者（punishment of the innocent）？等。

復歸理論（rehabilitation theory）與威嚇理論所共同的是倫理學都站在後果主義式的思維上，然差異處即在以何種方式追求可欲的後果。前者是希冀透過對人的改善使其自始斷絕犯罪之念；後者則是透過理性人的假設以懲罰作爲反誘因嚇阻人民犯罪。李斯特在馬堡綱領所提出，對於不同種犯罪類型的矯治中，對於有矯治可能的犯罪行爲人並非以隔離或是威嚇，而是以矯治的方式應對，即爲此思想的產物。所謂復歸指涉的是復歸於社會，亦即將個人「重塑」（reformation）——再社會化，使成爲社會的成員。

矯正的形式有：療程、教育與工作訓練以及嚮導計畫，而復歸理論也是我國監獄行刑法第一條開宗明義所指明的目的。如同李斯特所說：「最好的刑事政策就是社會政策。」犯罪者在此思想中並非罪犯，而是偏差者、病人，故需要透過各種措施「治療」，使其「完善化」。即，「……如今在刑罰福利主義的世界中，則成了沒有診斷就沒有處遇，以及沒有專家意見，就沒有刑罰制裁」。司法的裁判成爲專業的裁量，由社會福利網絡來「接住」病人。犯罪並非個人自主判斷之行動，卻是社會環境刺激下——可能是社會整體機制的壓迫、文化規範衝突、社會剝奪——的問題彰顯。

修復式正義（restorative justice）與復歸理論有所關聯，雖共享對於社會關係的關注，但是以罪犯、被害人以及廣大社群間因犯罪破壞之關係的修復爲方法，主要以各方對程序的自主參與，透過罪犯的悔悟達成和解的方式來完成。其中，有種懲罰形式爲恥辱懲罰（shame Punishment），主要是經由重建式恥辱（reintgrative shaming）喚醒罪犯罪惡感，使其有所自覺進而矯正。然其所面臨的批評爲，修復式正義並非懲罰理論，雖有反駁認爲，其作爲對犯罪的回應即爲懲罰理論，不過僅能適用於部分而非全部的犯罪。但本書認爲，修復式正義應由社會福利所包含，而非司法正義問題。刑罰權的權力行使，從不以對象的同意爲條件，且若懲罰定義以對犯罪回應爲足，那將會使公眾輿論譴責也是「懲罰」，然這將會使懲罰定義過度廣泛而成爲無效的概念，尤其，修復式正義只能對應部分犯罪卻非全部，這將因不夠全面而有瑕疵。而本書也處理復歸理論所面臨的諸問題，如：人被當作物件、（個人）責任轉移（至社會）、專業官僚取代司法裁判等。

一九七〇年後的新自由主義時代，來自政治光譜兩側批評國家福利主義以善意之名的暴力與過度浪費稅金的國家福利政策，使得民粹主義興起。刑罰民粹主義主張大多數人的安全被枉顧，對於罪犯的過度關注，使得與被害人的零和關係失衡。民粹所訴諸的感覺與直覺使得在社會變遷中——經濟復甦趨緩、國家福利政策無效、毒品犯罪叢生、全球化——不安感層升而瀕臨潰散的群體需要被重新凝聚社會連帶，而這是個「正義復興」的時期。民粹主義的三個特徵分別是：區別、泛道德化、眞實人民。眞實人民在政治菁英——與普羅大眾的區別——的錯誤決策中被陷入風險。因此，大眾要收回權力以維護自身的安全，而這大眾才是「眞實人民」——對立於菁英。於是，民意與常識凌駕於專業與科學，同時，菁英是腐敗的，人民則是道德上正確的。民粹主義中所要求的正是法律與秩序，而秩序的政治社會狀態正是霍布斯的利維坦建構中所追求逃離於自然狀態野蠻暴死的目的，於是我們從後現代末期回歸到近現代的初期。

喬爾・費恩伯格提出的表達理論認爲，懲罰是怨恨、憤慨、不認可與譴責的表達，正義則該在譴責性的面向符合犯罪，愈是不認可則懲罰應愈嚴重。「痛苦只應該在作爲大眾譴責的象徵媒介時符合罪責（guilt）。」懲罰的意義被正當化於表達的行動，違犯者違反法律經由國家權力制裁，違犯所引起的大眾情緒具有正當性，透過懲罰予以表達。無論是J. F. 史蒂芬以宣洩的方式理解；又或者是如A. C. 尤英主張強化社會連帶，懲罰單向地以法律制裁、同時道德譴責的方式合流。

溝通理論作爲表達理論的修正，從單向的訊息傳達進而爲雙向的呼應；先透過懲罰將公共的不認可表達予罪犯，再經由罪犯對公共表達悔悟，這是對話的過程。R. A. 杜夫的溝通理論認爲，懲罰應對罪犯溝通其因犯罪應得的譴責，並經由此說服他們使其悔改，並與錯行的對象和解。嚴厲處罰與宣判共同構成溝通的整體，社會傳達予罪犯對等於犯行嚴重程度的譴責與違反社會價值的嚴肅性；同時，行爲人也傳達其對社會價值的接受與悔改自新的訊息，且罪犯在過程中保有拒絕的自由，接受者則如同經歷取得復歸資格的儀式——世俗的悔罪。在此理性言說的規範性社群中，個人不僅作爲接收訊息的客體，亦是得以傳達訊息的主體。懲罰程序並非進行排除，卻是透過包容使得罪犯不因錯行即摧毀社群連帶，表達式正義的排除被溝通性的包容給取代。溝通並非強迫對象遵從法律，卻是訴諸良心道德理解，而此即為將主體作為主體予以對待的理論。

◆註解◆

[1] Ted Honderich, *Punishment: The Supposed Justifications Revised*, p. 4 (2006).

[2] 游惠瑜，〈刑罰理論的倫理學基礎〉，中央大學哲學研究所碩士論文，頁六（一九九一年）。

[3] 黃榮堅，《基礎刑法學（上）》，四版，頁一三—一四（二〇一二年）。

[4] 例如論者提到：「預防理論認為刑罰必須達成社會目的，即防止未來犯罪行為之發生。」依照對象區分，可分為對於一般大眾的一般預防以及對於犯罪行為人的特別預防。一般預防以威嚇目的者稱為負面一般預防，而以對法律有效性之信賴為目的者則為正面一般預防。而在特別預防的部分，對犯罪者施以處遇——再社會化，即為正面特別預防，而透過監禁使其無法再犯罪或威嚇之，則為負面特別預防。參照劉傳璟，〈論刑罰的目的——應報之綜合理論的再建構〉，《刑事法雜誌》，五十九卷五期，頁四八—四九（二〇一五年）。

[5] J. S. Mill，孟凡禮譯，《論自由》，二版，頁三一（二〇一五年）。

[6] J. S. Mill，邱振訓譯，《效益主義》，頁八七（二〇一七年）。雖然桑德爾（Sandel）批判彌爾即是如此，「不管是個人權利還是高級樂趣，彌爾都在幫功利主義闢一生路，讓它不再像別人罵得那樣，把一切都簡化成苦樂的粗糙計算。只是，其論辯卻援引到人的尊嚴與性格，這些都是無關功利的道德理想」。見Michael J. Sandel，樂為良譯，《正義：一場思辨之旅》，頁六六（二〇一一年）。

[7] 林山田，《刑法通論（下）》，增訂十版，頁四二四—四二五（二〇〇八年）。在此，作者已經矛盾地使用贖罪一詞。而作者對於應報理論的批判可摘要為：1.意志自由是此理論未被實證的概念；2.犯罪黑數的存在是不公正的現象；3.過失或未遂已有特別規定裁處、身分減刑或免刑、緩刑制度、追訴權時效、不起訴與緩起訴制度等皆非以正義為目標的刑事法規定；4.為了達到均衡則必須要考慮到刑罰的感

受性。（惟此部分，本書認為這個批判不成立，因為此乃評價對象的誤解，也就是在做思考的時候應是以概念上的人（抽象）作為對象，而不是實際上的人（具體）作為對象。）該書作者在頁四三〇提到：「把報應當作對於行為罪責的一種公正的均衡，並以此作為保護法亦與維護法律秩序所不可或缺的工具……報應刑罰也具有目的刑罰的內涵。」而認為此已成為多數說法。

[8] 同註[3]，頁一五。

[9] 同註[3]，頁一三一一四。論者認為：「刑法的目的所談的是，刑法存在於社會有什麼好處的問題。……一般關於刑法目的問題所論述的保護法益或維護規範，說法都不算錯，不過在層次上可能都屬於間接目的。換句話說，是透過刑罰來實現的最終目的。」換言之，其以刑法如串連目的般所形構而成，然此不僅過於單一，且與懲罰理論幾無關聯。

[10] Émile Durkheim，許德珩譯，《社會學方法論》，頁一〇〇（一九九九年）。「在現代用語裡，這種『目的』（end or purpose）甚至與『功能』沒什麼區分。」另可見同註，頁四二一。

[11] 然而，尼采認為：「至於懲罰的另一方面因素，其流動不居之處，它的『意義』，在一個相當晚期的文化狀況（比如在今日之歐洲）中，『懲罰』概念其實不再是給出一種意義，卻是對諸種『意義』的一個完整的化合物──迄今為止的一段懲罰歷史，為各種不同目的而極盡利用懲罰之能事的歷史，最終結晶成某種統一體，難以溶解，難以分析，還必須強調的是，完全不可定義。」Friedrich Nietzsche，《論道德的系譜：一本論戰著作》，頁一三七（二〇一七年）。

[12] 許家馨，〈應報即復仇？──當代應報理論及其對死刑之意涵初探〉，《中研院法學期刊》，十五期，頁一七一（二〇一四年）。

[13] Leo Zaibert, "Beyond Bad: Punishment Theory Meets the Problem of Evil," *36 MID. STUD. PHIL.*, pp. 93, 95-96, 106, 110 (2012).

[14] 關於違犯者，為了避免誤判逸脫於定義之外，因此違犯者定義修正為「被相信是（believed to be）違犯者」。see Igor Primoratz, *Justifying Legal Punishment*, p. 3 (1989). 而這樣的定義，可以排除因為違犯所產生的自然後果。例如，施用毒品後的不安或不適感。「『刑罰』在現代自由民主憲政體制中，內含著深

刻弔詭。現代自由民主憲政國家，有『義務』保障每一位公民之財產、自由、生命，以及各方面維繫其人性尊嚴所應該擁有之事物，而公民也有『權利』要求國家提供此保障。刑罰是一種『惡』，國家透過刑罰『剝奪』因犯罪而受刑之人的財產、自由、社會地位、甚至生命。在國家有義務保障人民權利與合法利益的同時，國家也普遍被賦予權力在某些情況下加以剝奪。」亦可參照同註[12]，頁二〇八。

[15] Thomas Hobbes, *Leviathan*, p. 353 (1985).

[16] Immanuel Kant，李明輝譯，《道德底形上學》，頁一八四—一八五（二〇一五年）。

[17] Keally Mcbride, *Punishment and Political Order*, p. 61 (2007).

[18] 同前註，頁三七—三八。

[19] Alice Ristroph, *Hobbes on "Diffidence" and the Criminal Law in Foundational texts in Modern Criminal Law*, p. 23 (Markus Dubber ed., 2014). 雖然其也認為：「刑法正被此不信任給促成。其試著提供給不同主體保證，但它的做法如禁止、譴責與懲罰卻非減少而是加強了不信任。」

[20] 同註[15]，頁三五四—三五七。

[21] Albert Camus，石武耕譯，《思索斷頭台》，二版，頁三八—三九（二〇一五年）。

[22] 同前註，頁四五。

[23] 同註[21]，頁三九—四〇。

[24] 胡慕情，〈血是怎麼冷卻的：一個隨機殺人犯的世界〉，端傳媒，二〇一六年四月二十六日，https://theinitium.com/article/20160426-taiwan-Tseng-Wen-chin/（最後瀏覽日：二〇二二年五月十二日）。

[25] 同註[21]，頁四一。

[26] 同註[10]，頁一〇五。

[27] Max Weber，顧忠華譯，《社會學的基本概念》，頁六六（二〇一六年）。

[28] 同註[17]，頁九。

[29] 同註[17]，頁四三—四六、四九—五〇。

[30] 同註[16]，頁一八六—一八七。

[31] 然其補充性原則中，提出在變動的標準下，依照不同目的決定個案是否相似需從法的目的來考量，就此則與義務論的思維相左。見H. L. A. Hart，許家馨、李冠宜譯，《法律的概念》，二版，頁二〇六—二一七（二〇一〇年）。另關於此判準，亦可在法解釋學上探討。等者等之即能推導出類推適用之法律補充方法；不等者不等之推導出反面解釋或目的性限縮之法律補充方法。而究竟是否為相同或不同案件，必須探討系爭法律規範之立法意旨，方能認定其規範評價有意義之事項，並據以判斷擬處理之案件是否具有法律所規定案型之一切重要特徵。前述請參照黃茂榮，《法學方法與現代民法》，增訂六版，頁五八五—五八六（二〇一一年）。

[32] 同註[16]，頁一八四—一八五。

[33] 同註[16]，頁四一。

[34] 同註[16]，頁三七。

[35] Immanuel Kant，李明輝譯，《道德底形上學之基礎》，頁四（一九九〇年）。

[36] 於此可補充康德所提出的不同類型義務，對己之完全義務為不自殺；對己之不完全義務為不荒廢天賦；對他人之完全義務為不違反承諾；對他人之不完全義務為不在有能力時不幫助他人。而所謂的不完全義務，是指縱使可與自然法則共存，但是意願無法客觀化。

[37] 同註[35]，頁七五—七六。

[38] 然而，康德也認為人類理性無法使無條件的實際法則的絕對必然性可被理解，但是我們卻能理解其不可理解性。同註[35]，頁九六。

[39] 同註[35]，頁二一七。

[40] 同註[35]，頁二一〇—二一一。

[41] 林火旺，《倫理學》，二版，頁一〇二（二〇一六年）。

[42] 「自由底概念是一個純粹的理性概念，正因此故，它對於理論哲學而言，是超越的（transzendent）。也就是說，它是這樣一種概念：在任何一種可能的經驗之中，並無適當的例子能提供給它，故它並不形成一種對我們來說可能的理論性知識之對象，而且絕對無法被視為思辨理性之一項構造的（konstitutiv）原

則，而是僅能被視為其一項規制的（regulativ）、而且只是消極的原則。但在理性之實踐運用中，它卻藉由實踐原理證明其實在性——這些作為法則的實踐原理證明純粹理性，無待於一切經驗條件（一般而言的感性之物）而決定意念的一種因果性，並且證明在我們內部的一種純粹意志（道德的概念與法則根源於這種意志）。」同註[16]，頁二一九。

[43] 同註[16]，頁一九—二〇。

[44] 同註[35]，頁五一—五三。

[45] 同註[35]，頁五八。

[46] 同註[14]，頁一〇七。

[47] Mike C. Materni, "Criminal Punishment and the Pursuit of Justice," *2 BRI. J. AM. LEGAL STUD.*, pp. 263, 272（2013）.

[48] 同註[14]，頁六七—八〇。

[49] Edward Craig，曹新宇譯，《哲學》，頁二四（二〇一六年）。

[50] 無效（aufheben）同時具有「保存」（keep, preserve）以及「結束」（cease, finish）的意思，故同時具有肯定與否定的意義，亦即同時否定違犯，也保存懲罰中的違犯，因其二者在邏輯上相連，透過懲罰——對於否定的否定——我們得到被第一次否定——違犯——所否定的東西。換言之，懲罰再保存（restore）「權利與法」（the right and the law）。

[51] 這裡所提到的「違犯」，實際上是一種普遍的不正（wrong in general），也就是同時包括刑法與民法所處理的不正。後者也同樣必須要連接到其否定，也必須要被無效化：惟其僅表現為外部的行動與後果，而不含違法者的惡意，因此由補償（restitution）來無效化這個後果時，即可達到否定。但對刑事不法行為，則不然：這裡的不正，不只有行動與其後果，同時有違犯者的惡意（malicious will）——這是關鍵。因此，補償並不足夠形成所需的否定，因為補償僅連接到行為外部的面向，在刑事不法行為的不正——違犯的情形下，我們必須要透過否定關鍵的部分——惡意——來達成否定。這是以它否定被害者權利以及權利所立基的法同樣的方式——強制——來完成的。這麼做不僅無效化違犯的外部面向，也展示了它的內

在無效性。參照*supra* note 266, at 73。而我國論者也有提出對黑格爾的理解「對於法律的否定，在不可回復的傷害與行為人的不法意志方面，有其外顯的存在，而該存在本身具有一定影響力，但是這個存在是虛無的，因為它並不是理念上真正的現實性，而只是『暫時的存在』、『外顯的偶然』。該虛無性指的就是法律已經被摒棄，然而具有絕對性質的法律無法被摒棄，因此犯罪本身的表示是虛無的，該虛無性構成犯罪之本質。但是一項犯罪不會自動地消逝，若沒有將犯罪強力的否定，它意念上的力量會一直存在，因此必須公開宣示犯罪的虛無性，否則犯罪的力量會一直有效。再者，因為犯罪的『外顯存在』，本質上是存在於行為人的意志裡，所以行為人的意志必須被壓制，行為人必須承受強制力，法律的效力因此再度被重建。」見同註[4]，頁四三─四四。

[52] Richard A. Posner, "Retribution and related Concepts of Punishment," *9 J. LEGAL. STUD.*, p. 71 (1980).

[53] Jonathan Jacobs, "Luck and Retribution," *74 PHIL.*, pp. 535, 538 (1999).

[54] Tatjana Hörnle，鍾宏彬、李立暐譯，〈刑罰理論〉，《刑事法雜誌》，五十七卷五期，頁一一四（二〇一三年）。

[55] 彌爾也如此說道：「形成正義概念的源頭觀念或原初要素，無疑就是對法律的服從。……不義的感受並不是依附在一切違反法律的行動上，而只依附在違反那些應該（ought）存在的法律的行動上，這包括了那些應該存在卻付之闕如的法律；而如果法律本身與應該成為法律之事相反，不義的感受也會依附在法律本身之上。」同註[6]，頁一三四─一三七。

[56] 不過能因為信賴義務對象的解除而免除信賴義務。

[57] 同註[6]，頁一二七─一三四。除了這五種，彌爾也提到了平等。「平等經常被當作是正義的理念與實踐的元素之一，而且從許多人眼裡看來，平等就構成了正義的本質。但是不同的人對正義的概念也各不相同，而且總是合乎他們各自對效益的不同概念，而在論及平等這情況時，更甚於其他任何情況。」即平等是一個各行其是的概念。

[58] 同註[6]，頁一四〇─一四一。

[59] 同註[6]，頁一二七─一三四。

[60] see John Cottingham, "Varieties of Retribution," *29 PHIL. Q.*, pp. 238-239 (1979).

[61] James Rachels, "Punishment and Desert," in *Ethics in Practice: An Anthology*, pp. 470-474 (Hugh LaFollette ed., 1997). 其並稱「我們以他人所應得的方式對待他們嗎？……至少有三個理由支持以人們所應得的對待他們。首先，認知到應得是一種賦予人們能力去決定命運的方式。……第二個理由是關於平等主義式的觀念即社會負擔與利益應被平等地分配。……在這些理由上第三個可以被加上。道德包括（有些會說包含在）我們選擇如何在大量與他人的交會中對待人們」。

[62] 周漾沂，〈刑罰的自我目的性──重新證立絕對刑罰理論〉，《政大法學評論》，一四七期，頁六一──六二（二〇一六年）。不過比較特別的是，相對於康德與黑格爾在其各自的理論中得出肯定死刑的結論，論者卻得出了否定的結論，其謂：「既然絕對刑罰理論中的刑罰，是以人的主體性以及附著於主體性的理性自我回復程序作為前提，那麼刑罰的結果，就不可能將這個前提除去，否則就會進入工具性刑罰理論的邏輯。」參照同註，頁六二一。

[63] 謝煜偉，〈重新檢視死刑的應報意義〉，《中研院法學期刊》，十五期，頁一五三（二〇一四年）。另據論者指出，傑瑞米．瓦爾登認為同害報復法則代表刑罰必須包含犯罪行為的某些特徵，這些特徵是犯罪之所以為犯罪，而在道德及法律上錯誤的特質，經過選擇後在刑罰中加以複製。而如何過濾什麼特徵該被保留有兩個原則進行判斷：不符合文明社會可接受為刑罰的特徵必須被去除，以及抽象的過程是一個詮釋特定犯罪行為為何是錯誤的過程。參照同註[12]，頁二六六。

[64] 同註[12]，頁二二六─二二九。

[65] Leo Zaibert, "Punishment and Revenge," *25 L. PHIL.*, pp. 81, 115 (2006).

[66] Cyril McDonnell, "Why Punish the Guilty? Towards a Philosophical Analysis of the States's Justification of Punishment," *5 MAY PHIL.*, pp. 21, 25 (2008).

[67] 同註[61]，頁四七五。論者也區分應報與復仇，前者是正義的行動且有比例性；後者則是私人且根據慾望而無比例性。

[68] 不過，卡繆卻認為報復是直覺性地反應而已卻非律法。「這不是出於理性的原則，而是種特別暴力的情

感。以牙還牙屬於自然而直覺的層次，而不是律法的層次。根據定義，律法與天性所遵循的並不是相同的規則。就算殺人是人類天性的一部分，律法也不是制定來模仿或複製這種天性的。制定律法就是為了糾正這種天性。但是，以牙還牙論只是任令純粹的天性衝動使用法律的力量而已。」且更批評道：「就算是原始型態的以牙還牙原則，這個原則也只能成立在兩個個人之間，而且其中一方必須完全清白無辜，另一方則徹底有罪。受害者當然是無辜的。但是，理論上代表了被害人的這個社會，真能說自己清白無辜嗎？社會如此嚴懲的這件罪案，難道社會本身對此就完全沒有責任、或者至少一部分的責任嗎？」見同註【21】，頁四五、五三。

【69】同註【47】，頁二八四。

【70】同註【47】，頁二八〇。

【71】論者有自利弊衡平（equilibrium of benefits and burdens）的觀點而言，刑法給予我們守法的負擔而享受法秩序的利益，犯罪代表拋棄該負擔而增加不正當利益，故正義要求事物回到平衡，透過懲罰回復。同註【14】，頁一四六。

【72】Thom Brooks, *Punishment*, p. 24 (2012).

【73】同前註，頁二一一—二一三。

【74】參照同註【14】，頁九八—一〇八。

【75】有論者提出理性契約論（rational contractarianism），認為理性主體有對生活境況最大的認知，會同意對特定社會制度的建立，因為這會對他們最為有益，雖然對威嚇理論的批評係將個人當作為了公共善獻祭，但理性契約論卻是以理性主體的預先同意，個體將自己當作從懲罰制度中獲益，此故，個體皆為已先自願同意在被懲罰的制度下受到統治，而若犯罪時將會受罰。「自願性懲罰制度避開『使用』個體作為威嚇其他主體的問題，因為它代表的是每個理性契約者允許其他人使他在違反社會契約時服膺於一定的後果的決定。」Claire Finkelstein, "Punishment as Contract," *8 OHIO ST. J. Crim. L.*, pp. 319, 320 (2011).

【76】同註【62】，頁一一三。

【77】同註【63】，頁一九二—一九五。

【78】同註【14】，頁八〇—八一。這種影響（affect）的看法來自於康德，見同註，頁八八。

【79】同註【14】，頁八九—九〇。

【80】同註【72】，頁九〇—九二。

【81】同註【7】，頁四二三—四二三。

【82】同註【4】，頁六〇—六一、六四。

【83】Materni, *supra note 265*, at 299-300.

【84】同註【72】，頁一三五、一三九—一四〇、一八六。

【85】同註【75】，頁三三三—三三四。

【86】同註【14】，頁一四七—一四九。

【87】《出埃及記》，http://www.o-bible.com/cgibin/ob.cgi?version=hb5&book=exo&chapter=21（最後瀏覽日：二〇一七年九月二十一日）。

【88】《創世紀》，http://www.o-bible.com/cgibin/ob.cgi?version=hb5&book=gen&chapter=34（最後瀏覽日：二〇一七年九月二十一日）。

【89】同註【14】，頁八七—八八。

【90】Joel Feinberg, "The expressive function of Punishment," *49 MONIST.*, pp. 397, 421 (1965).

【91】同註【14】，頁一〇八—一一〇。另外，相對於康德，黑格爾說：「讓正義實現即便世界毀滅跟隨其後。」（Fiat justitia should no be followed by pereat mundus.）另外必須注意的是，這裡所說的減輕是因為憐憫與赦免的義務，與源自於刺激因此不那麼自由所以不負完全責任的減輕在論證上是不同的。

【92】同註【66】，頁三四。

【93】同註【52】，頁七一。

【94】同註【54】，頁一四二—一四三。

【95】同註【14】，頁七七—七八。當然，論者也說這不包括那種希望被懲罰才去犯罪的違犯。

【96】同註【14】，頁一六—一七。

[97] 同註[6]，頁一〇九。

[98] 同註[6]，頁一〇九。而對於如英雄或殉道者等不為幸福而行動之人，彌爾認為犧牲本身並非目的，而是仍為幸福而犧牲——他人的幸福或是幸福的某些條件，因若不認為自己犧牲可以使別人免於像他一樣犧牲（或帶來好結果），就不會犧牲。甚至對於不為幸福而這麼做的人，表示出不以為然的態度。「我們讚揚那些能夠棄絕自己個人生活享受，以增進世界幸福總量的人；但是那些為了其他目的而這麼做，或聲稱要這麼做的人，並不比攀登石柱的苦行僧更值得稱讚。棄絕自身享受的人或許是證明人可以做到什麼的動人示例，但絕非人們應該做到什麼的典範。」換句話說，功利主義並非不認同犧牲的道德價值，只是它的觀點不認同犧牲本身是善，犧牲的善來自於幸福總量的增加。「效益主義唯一讚許的自我棄絕，是為了他人的幸福，或為了成就他人幸福的手段而奉獻；無論那是為了人類整體，或是在人類整體利益限制下的其他個人。」見同註，頁七〇—七一。

[99] 同註[6]，頁六三、七一。彌爾認為做法為在法律與社會上使每個人的幸福（利益）盡量與整體利益相符，接著透過教育與輿論在每人心中建立自身幸福與整體福祉緊密相連的牢固連結。基此，就能讓行為者以為自身若要得到行為，行為不僅不會與普遍福祉相悖，且在每人心裡都能有種促進普遍福祉的直接衝動，使之成為慣常動機，與此相關的情感也將在心裡占據一大片區域。見同註，頁七三。

[100] 同註[6]，頁一六七—一六八。「正義是一組道德規則的名稱，它最重要的關切是人類福祉的核心，也因此之故，當正義與其他生活指引的規則相比較時，正義會是種更加絕對的義務；而我們認為構成正義觀念核心的那些概念，亦即每一個人的權利，都意味，也證明了這項義務有著比其他義務更強大的約束力。」見同註[6]，頁一五九。

[101] 例如慈善、仁慈，這是作者所舉之例。

[102] 同註[6]，頁一四〇—一四一。

[103] 同註[6]，頁五六—六〇。

[104] Jeremy Bentham, *An Introduction to the Principles of Morals and Legislation*, Batoche Books (2000), https://socialsciences.mcmaster.ca/econ/ugcm/3ll3/bentham/morals.pdf, p. 14.

【105】同註【6】，頁五四—五五。

【106】同註【6】，頁八七。

【107】同註【6】，頁一四七。

【108】同註【6】，頁一一六—一一七。

【109】陳建綱，〈效益主義的發軔：初探邊沁的政治思想〉，《人文及社會科學集刊》，二十九卷四期，頁五三五—五三六（二〇一七年）。

【110】同註【21】，頁二五。

【111】see Keally Mcbride, *Punishment and Political Order*, p. 119 (2007).

【112】David Garland，周盈成譯，《控制的文化：當代社會的犯罪與社會秩序》，頁一七五（二〇〇六年）。

【113】同註【109】，頁五四四—五四五。

【114】同註【15】，頁三五四—三五五。

【115】同註【111】，頁五三—五五。

【116】但規則效益主義將會面臨的問題，在於規則的正當化並不等同於特定行為（結果）的正當化；而若結果被正當化，為何要被規則侷限？除非該限制是對更好結果的追求。

【117】同註【14】，頁一八—二二。

【118】同註【72】，頁三六。

【119】同註【14】，頁二六—三二。

【120】貝加利亞也這麼說：「刑罰之目的僅在於使犯人以後不會再度侵害社會，使犯人周遭的人遠離犯罪而已。因此，我們必須由許多刑罰中，由相應於犯罪而適用刑罰的方法中，選擇對民眾之精神最有強大的作用，能給予民眾最為深遠的印象，而且同時對犯罪人之身體最為不殘酷的方法。」Cesare Beccaria，李茂生譯，《犯罪與刑罰》，二版，頁六七（二〇〇七年）。

【121】同註【21】，頁二八—二九。

【122】同註【120】，頁六七—六八。

【123】同註【4】，頁四九。

【124】同註【4】，頁七二—七三。

【125】同註【72】，頁三八。

【126】同註【72】，頁四八。

【127】同註【21】，頁三六—三七、四〇。或可參考「而具有病理人格的人，可能是由於精神疾病，或受到慾望習性干擾的驅使，或是其他種類的嚴重行為偏差。對於這類的人，刑罰並不具有威懾效力。至於職業性的犯罪人，多數會採取冷靜的規劃。刑罰，包括死刑，是為這種人而存在。但是，犯罪人會計算風險，如果已經考慮了所有的風險，犯下謀殺案就不會被發現，或至少脫逃成功就可以逃避懲罰。如此看來，判處死刑、執行死刑的及特殊或極具戲劇化效果的威嚇作用，只有在極少數的情況下才有可能發揮功效。」見Prof. Dr. Hans-Jürgen Kerner，盧映潔譯，〈為了維持社會安全死刑是必要的嗎？——從歐洲觀點之犯罪學觀察〉，收錄於：台灣廢除死刑推動聯盟編，《死刑存廢的新思維——社會安全、獄政革新、被害人保護》，頁一九（二〇〇九年）。另德國以無期徒刑作為極刑，且有保安管束（類似保安處分）作為對有危險性的行為人持續管控的手段。

【128】王清峰，〈理性與寬容——暫停執行死刑〉，民間司法改革基金會，https://digital.jrf.org.tw/articles/1964（最後瀏覽日：二〇二一年七月六日）。

【129】參照Patrick Baert，何昭群譯，《社會科學哲學：邁向實用主義》，頁六二（二〇一一年）。

【130】有論者也確實地進行此等區分，就威嚇作用定性為事實上的效果，故而威嚇目的無須被強調，「基於刑罰本身之惡害性質，以及罪責衡平之意義，應報刑罰即具有一般預防理論之威嚇效果。再者，以罪責為基礎之刑罰，在行為人『應得的』刑罰範圍裡，威嚇作用只是事實上所具有的效果，並非科處刑罰的依據」。同時，能避免把人當成工具的批評。參照同註【4】，頁六五—六六。

【131】同註【72】，頁四一。

【132】同註【6】，頁八三。

【133】同註【72】，頁四六。

【134】同註【75】，頁三二八。

【135】同註【61】，頁四七六—四七九。

【136】同註【14】，頁三六—三七。

【137】同註【14】，頁二七—二八、三八。另外，兩個理論的對立也可從對無責任能力者的懲罰，例如精神病患（mentally ill），所得到的不同結論見得：應報主義認為這些人沒有自由意志故無法負責，也不應負責，故不懲罰；功利理論則是認為懲罰這種人無用，所以不懲罰。

【138】同註【14】，頁四二—四五。

【139】同註【61】，頁四七六—四七九。

【140】同註【72】，頁五九。

【141】同註【4】，頁五五—五六。

【142】同註【112】，頁四七。

【143】雖亦有認為復歸是規範意義上的，如：「復歸是市民身分的回復，不是如前所討論事實上社會學的層面，卻是規範上法律層面。」Fergus McNeill, "When Punishment is Rehabilitation," in *Encyclopedia of Criminology and Criminal Justice*, pp. 4195, 4200 (Gerben Bruinsma & David Weisburd eds., 2014).

【144】Esther F.J.C. van Ginneken, "The pain and purpose of Punishment: A subjective perspective," the Howard League for Penal Reform (2016), https://howardleague.org/wp-content/uploads/2016/04/HLWP-22-2016.pdf, p. 10.

【145】同註【72】，頁五三—五五。

【146】同註【112】，頁五六—五七。

【147】同註【72】，頁六四—六五。論者提出不少有關這個理論的樂觀的數據：參加的被害人中有百分之八十五是滿意的，大部分的犯罪者選擇參加，百分之二十五的再犯率減低，節省更多經費——每一英鎊的投資節省了九英鎊的花費。

【148】同註【14】，頁一〇二。

【149】同註【4】，頁四五。
【150】C. S. Lewis, "The Humanitarian Theory of Punishment," *13 REL. PSY.*, pp. 147-148.
【151】同註【66】，頁三三。
【152】同註【61】，頁四七六—四七九。
【153】*Zygmunt Bauman*，李培元譯，《後現代性與政治》，頁六四—六五（二〇〇九年）。
【154】see John Pratt, *Penal Populism*, pp. 12-13 (2007).
【155】同前註，頁四六—四九。
【156】Jan-Werner Muller，林麗雪譯，《解讀民粹主義》，頁四四（二〇一八年）。
【157】同前註，頁五七。
【158】於此我們也可以參考論者對於「人民」概念的說明，以理解其複義性。「從希臘和羅馬時代以來，『人民』的使用至少有三個意義：第一，人民全體（也就是說，政體的所有成員，亦曾被稱為『政治實體』（the body politic））：第二，『平民百姓』（common people，共和體制由平民組成的部分，或者用現代的語彙來說：被排斥的、受壓迫的以及被遺忘的人）：第三，國家（明顯是文化意涵上的理解）。」

同註【156】，頁六〇。
【159】同註【154】，頁二〇—二二一。
【160】同註【156】，頁六一。
【161】同註【154】，頁二一四。
【162】同註【112】，頁四二。
【163】同註【6】，頁一五九—一六一。
【164】同註【90】，頁四〇〇。
【165】同註【90】，頁四二三。
【166】同註【112】，頁一九一。
【167】同註【14】，頁一五〇。

【168】同註【14】，頁一五一—一五三。

【169】參照同註【12】，頁二三四—二三五。然其就此「刑罰情緒論」歸為應報理論的分支，然而就內涵而言近似於表達理論。

【170】同註【72】，頁一〇六。論者塔季提那・霍內爾也將表達理論歸類為處理過去行為的理論。參照同註【54】，頁一三一。其並將雅可布（Jakobs）的理論歸為規範導向之表達理論。

【171】同註【72】，頁一〇二—一〇三。

【172】同註【90】，頁四〇〇。參照同註【12】，頁二四六。

【173】R. A. Duff, *Punishment, Communication, and Community*, p. xvii (2003).

【174】同註【72】，頁一〇三—一〇六。

【175】同註【12】，頁二五四—二五六。

【176】同註【173】，頁一〇七。

【177】同註【173】，頁一五一。

【178】同註【173】，頁六四。

【179】同註【173】，頁七七。

【180】同註【173】，頁一一三。

【181】Esther F.J.C. van Ginneken, "The pain and purpose of Punishment: A subjective perspective," the Howard League for Penal Reform (2016), https://howardleague.org/wp-content/uploads/2016/04/HLWP-22-2016.pdf, p. 13.

【182】同註【14】，頁一五〇。

【183】同註【72】，頁一〇九—一一〇。

【184】同註【72】，頁一二一—一二二。

【185】同註【54】，頁一三三—一三四。

第五章　結論

本書所要回答的三個主要問題分別是：近代國家的刑罰權是什麼？權力的型態又是什麼？懲罰又是如何被正當化？

第二章從古希臘的政治思想對於世界的目的論理解中，可知斯時政治與道德並非二分之不同概念，此時的城邦國家（civitas）到羅馬帝國，及其後的千年基督宗教國家，都尚未有主權國家（State）的概念，是直到馬基維利（Niccolò di Bernardo dei Machiavelli）的國家理性才將政治獨立於道德之外，使得倫理學上的德行不再等同於政治上的良好決策，甚至德行對於統治卻可能是有害的，國家理性的要求乃是自我保存，唯一有效的政治眞理即爲有效的統治，這代表的是即便要做出道德上的惡行也必須如此，而馬基維利的思想提出乃是國家走向世俗化的起點。

布丹（J. Bodin）提出的主權是爲絕對、不可分割、唯一且客觀的權能，此即近代國家的靈魂，霍布斯一六五一年出版的《利維坦》（*Leviathan*）則是以個人主義式的契約論建構近代國家：利維坦——俗世之神。而契約論的前設即爲自然狀態，其對自然狀態的想法因應於斯時對於英國三十年戰爭的恐懼，故而是沒有任何文明、生命野蠻且短暫的萬人對萬人的戰爭（bellum omnium contra omnes）的時期，這是一個道德失序的狀態，沒有客觀道德標準，在自然權的自我保存下使得毀滅是隨處的危險。爲了避免死亡之惡，遵循理性的結果即爲訂定契約將權力移轉，依照「保護與服從」的令式創造國家，相較於古典政治哲學目的論對於至善的追求，霍布斯式的近代國家產生是爲了避免至惡。

利維坦是締約結果而非締約者，收攏眾人意志故其判斷凌駕於所有人的判斷，法律即爲其意志的展現，自然狀態的混亂也因其之出現而被消弭，此即利維坦存在的理據——秩序。其之誕生仿造了上帝的造人命令，而在國家出現後國民也隨之產生，公私領域也被劃分開，在不違法——主權者意志——的情形下，個人擁有（消極）自由，內心良知無涉於公共秩序，而我們尤須注意者爲這都無關道德，卻是純然政治的方式證成國家的存在理據。洛克（John Locke）提出的社會契約論版本以財產權爲基礎，關心的是政府權力的分立，也區分出社會契約與政府契約，更提出懲罰權源自對罪犯懲罰的自然權——因罪犯滅絕理性爲向人類宣戰，故而人可將其當作動物一樣毀滅。

直到盧梭的社會契約論才發生了主權者位格的轉移——由君主到人民。他提倡自然狀態的緣由來自對文明導致德行墮落與不平等的批判。文明讓人遠離自身——包括最重要的「人的知識」，造成科學與閒散的惡性循環，相對於野蠻的無知卻無善無惡但沒有支配而自由安寧——是不被讚賞的。但自我保存是人性首要法則，個人無法憑本能對抗自然狀態的困難，故藉由眾人締約凝聚力量——並非轉移予第三人——創造出共同體來承載權力。

當所有人奉獻自身權利全部予共同體，也就未向所有人屈從，且從此締約過程取得等價的讓予權利，也獲得更大的力量來完成自我保存，所有人也隸屬於整體而互不隸屬仍然平等。

自然自由的放棄，換取了政治自由以及不可轉讓的主權，其間互爲對價，道德、法律平等取代了自然平等，而國家主權則爲普遍意志的表現。如此契約論的特點在於經由「同意」（consent）而來的統治關係，是讓原先的道德義務（誠信）轉化成爲政治義務（服從），守諾從道德原則昇華至政治上的統治正當性來源，這也對應到從自然狀態過渡到政治社會中的自然權利轉化成爲法律權利的過程。

普遍意志不同於總意志，前者以公共利益爲目標，其之宣示爲主權行爲、法律，且不受拘束，個人必須絕對服從，無須對任何人保證，且契約之強制性在於若有人不服從，則強迫他自由。且普遍意志是永善的，其之表達無人可代表，因其不可分割與轉讓，人民必須在場，方能表達普遍意志。然而，在民主取代君主後，主體的決斷性格也漸淡。

國家的理性與祛魅是韋伯（Max Weber）提出的資本主義社會重要的分析，其對國家的定義也獨特地從手段的面向予以觀察，即國家是擁有正當武力壟斷的人類組織。施密特（Carl Schmitt）提出的主權者概念，即爲恢復十六世紀政治神聖氣質的嘗試。政治性的概念是國家概念的前提，是指在政治場域中的友敵劃分，即一種群體間的張力，範疇獨立於道德、藝術、經濟、知識，任何群體間的對立在極端衝突中（由主體自行判定）若上升到否定「我群」存在格局時，他者即成爲敵人，而此敵人在概念本具有公敵的性質。僅因鬥爭——物理性消滅的眞實可能性——之可能性存在，政治——純然描述性的事實概念——即作爲一種向度存於社會之中。

主權者即爲極端狀態中，判定何者爲敵的政治性決斷者。決斷例外狀態的開啓及其中的行動。而例外狀態的決定也代表了日常狀態的決定，因例外是常態的前提，規範存在是以例外狀態的意志決斷爲基礎，因主體決斷有優位性，故而國家本質在於決斷——而非強制——的壟斷。憲法即爲群體形塑自我存在的行動——人民意志的根本政治決斷，制憲時刻顯現我群與他者——政治行動劃分出朋友與敵人，這對應了民族的觀念，因決斷不僅外在須符合主權者的意志，更須有共同政治信仰，超驗性的復甦是祛魅的反動，喚醒主體性格再現政治的神聖性。當代民族國家（nation）不同於血緣性的種族（ethnic），卻是以共同的想像與情感凝聚形成政治共同體，而這是經由媒體（報紙）的共時性讓個人意識到有與自身使用共同語言的同胞同存，祛魅後的宗教退位產生的價值眞空，由民族體現生命連續與生死連結，民族成員有相同的命運——過去、現在、未來，歷史敘事以反歷史的方式被建構——並非編年，而是逆溯。

第三章，承接前述主權（sovereignty）的本質是爲權力，權力可分爲能力性質的「有……的權力」（power to）與關係性質的「凌駕於……的權力」（power over），前者比後者更爲基本。然主體是社會中的存在而無法脫離脈絡，故「有……的權力」（power to），指涉主體在特定社會中，有使其他主體爲特定表現的潛能，潛能之實現即爲關係鏈結之成形。而爲免混淆於社會控制，權力的概念必然帶有意圖的性質。與權力（power）有關的概念有影響力（influence）、武力（force）、暴力（violence）、權威（authority）、能力（ability）、潛力（potency）。潛力與能力是類同的概念，屬於權力的次類別，而影響力則是權力的上位概念，其亦將重疊於非意圖性的權力——社會控制——結構性權力，武力則爲權力之其中一種形式，其可分爲肉體與心理兩個層面。肉體層面可再依照區分爲暴力與非暴力，暴力則爲武力的終極形式。武力以禁止的方式建立行爲結果與權力者間的因果連結，使主體改變行動形成威懾，這是透過信用的方式作用，僅於信用受到挑戰時再訴諸於武力。換言之，武力是爲了威懾而存在。

不同面向權力的共同核心爲「當A以一種違反B之利益的方式而影響B時，A對B行使了權力」。然而，作爲本質上可爭議的概念（an essentially contestable concept）所爭論者在於「利益」與「不利影響」。單面權力觀以羅伯・達爾（Robert Dahl）爲代表，「關係（主體—客體）」存在作爲前提，權力定義爲「在A能夠促使B去做一件原本不願做之事的範圍內，A對B行使了權力」。亦即，在決策情境中使他人改變決定的現象，而政策偏好（policy preference）是利益的表現，決策通過與否則是不利影響的闡釋；雙面權力觀以巴克拉克與巴拉茲（Bachrach and Barartz）爲代表，認爲權力亦須關注隱蔽的非決策制定情境（nondecision-making）——非決策制定或制定「非決策」，例如，操縱社群主流價値、信念或程序，讓決策範圍限縮在無害於決策者的議題上。利益的概念在此被理解爲決策制定情境中的政策偏好與非決策制定情境中權力客體的苦楚，不利影響則是以議案是否通過，以及議程設定與否判定；三面權力觀以史蒂芬・路克斯（Steven Lukes）爲代表，認爲社群成員不感到痛苦可能是虛假共識（false consensus）所致，權力者形塑社群的意識型態使其等偏好接受權力者的偏好，利益的概念必須要以政策偏好、苦楚以及眞正利益來理解。也就是，若權力客體了解本身的眞正利益，則潛藏衝突（latent conflict）會浮現成爲可觀察到的衝突，不利影響則以議案的通過與否、是否制定非決策、是否促成虛假共識來理解。

權威即爲具有正當性之權力行使，正當性（legitimacy）代表的是權力的行使是否在特定的規範作爲標準下被判定爲符合標準的，若有正當性，則對象就有服從的義務。韋伯所區分出的三種正當性支配分別是：一、法制型：建立在理性的基礎上，服從的是依法制定之客觀的、非個人的秩序，以及據此而占據某職位者的命令；二、傳統型：建立在傳統的基礎上，無須證成，確信悠久傳統之神聖性，傳統同時是支配的來源，但也限制支配的範圍；三、卡理斯瑪型：建立在卡理斯瑪（Charisma）的基礎上，對個人（及他所定之規範）之超凡、神聖性、英雄性特質的信仰與效忠，是特別非理性型之權威，然因不穩定故將必轉化爲傳統或法制型權威。

自由的追求來自受壓抑的經驗，作爲西方近現代文化歷史下的產物，《大憲章》中避免任意徵稅的威脅使得「自由民」（freeman）身分合法化並固定君主戰時軟弱狀態，自由在「個人主體（權利、義務、責任）」的框架中被建構。在權力與權利處於永恆拮抗的關係的政治社會中，權利的同義詞即爲自由，當我們說一人行使權力於他人時，即代表該他人之自由受限，在群體的政治生活中每個人的自由是零和的關係，一人的自由舒張（權力）即爲他人的自由收縮（權利）。甚至，自由同時也是權力，統治者是自由的，被統治者是不自由的，然而權力、權利與自由之三個概念並非等同，其間相等性須在特定條件與脈絡下才能成立。亦即，必須在不同主體置放權力與自由的概念方能理解其間所具有的相等與對峙性質。

政治社會中的自由並非無限制而包括自然狀態下殺害他人爲自我保存的自由，政治社會中的徹底自由至多是一種獨處（privacy），根據昆丁・史金納（Quentin Skinner），霍布斯提出的消極自由是：自由的存在與否以某些事物——干涉——之不存（absence）爲判準——「行動上不受外力干擾」（absence of external impediment of motion），而這外力指的是物理性質（肉體）；洛克《政府二論》（*Second Treatise of Government*）反駁霍布斯同時提出自由包括了意志受迫：若無選擇自由，行動也不自由。「不自由意味著受到實質外力干預，令人無法在能力所及範圍內行動，或是意志受外力強制，因此將你的意志『屈從於他人之所欲』。」而後，彌爾（James Stuart Mill）在《論自由》（*On Liberty*）提出的自由觀更涵蓋自我剝奪，包括激情（passion）：係指意志或與靈魂中的熱情聯合，基此而生的行動僅表現出放縱而非自由；虛矯（inauthenticity）：指的是社會的傳統與規範的內化使得人民的順服，進而無視自身的眞實願望；虛假意識（false consciousness）：以馬克思爲代表，認爲社會存在決定了意識（物質決定觀念），統治階級所掌控的資源形成的意識型態讓被支配者的偏好符合於支配者的偏好。而昆丁・史金納提出的新羅馬理論（neo-Roman theory）以「支配（關係）」作爲判準：如奴隸未必在實現目標時受到干涉，甚至可能未被干涉，然其等之不自由在於依賴主人的專斷意志（arbitrary will）上。「自由並非

『沒有干涉』，而是『沒有依賴關係』。」秩序與自由的相對，是在「狀態」的觀點下，秩序代表的是事件固定發生次序的概念，而對於秩序的追求卻是無法盡途的過程，也就是說「狀態」本身作爲統治者對於理想社會樣態的形塑，而以此爲標準來審視世間百態的過程必然會發現的是，事物未必會依照該狀態的模樣運作，也就是會與狀態有所扞格，而這是無論設定如何的秩序想像都必須要面臨的問題，亦即，政治體制都將必須一再地去泯除失序的現象，差異僅在於框架——標準的鬆緊與寬嚴不同而已。

權力的討論無法忽視傅柯（Michel Foucault）在《規訓與懲罰》（*Discipline and Punish*）中的分析，懲罰與拷問都是罪犯與統治者間的體力鬥爭，這過程是與眞理聯繫在一起的儀式。斷頭臺的出現是一七九一年法國修正法律所致，規定所有死刑皆以斷頭處刑，當我們認爲這是殘忍的時候，這卻代表的是法律平等的觀念實現，原先僅適用於貴族的斬首擴及適用於所有人，且死刑不再具有延遲性、接觸僅剩瞬間再無體力鬥爭。刑罰此時從肉體轉向精神。「懲罰從一種製造無法忍受的感覺的技術，變爲一種暫時剝奪權利的學問。」

懲罰從對君主的冒犯，成爲以人身爲媒介攫取「人身的知識」，權力與知識間的循環，在對人體的政治控制中，將人體轉爲知識對象予以征服，人體也在此個別化與對象化的知識攫取——權力供養——過程中被建構成法律主體，囚犯肉體在成爲被馴化的身體時，也成爲資本主義中有生產力的身體，個人同時作爲原子式個體，以及規訓技術製作出的實體而存在。監獄即爲國家攫取人體知識——對象化肉體——建構人的主體的處所。換言之，監獄因其對於個人的整體——肉體、能力、日常、道德、精神完全負責，是相較於學校、工廠、軍隊，在社會中對於人體之規訓最爲完整的處所。紀律則是透過反覆操演，使特定人對命令依循模式服從的現象。亦即，增加肉體的柔順性同時使得力量增強。柔順性設計掌握身體，嚴格劃分時空間與透過編碼活動，在不間斷的強制模式（modality）中征服肉體，同時也掌握了時間，並逐漸上升層級到極限。關於規訓「這是一種傳記知識和矯正個人生活的技術」。

規訓技術是因應瘟疫的政治策略而生，個人化的分析、網絡化、監視、控制，並持續以死亡作爲威脅等對應例外境況的方法，被常態化爲當代監視技術。監視以邊沁（Jeremy Bentham）的全景敞視監獄（panopticon）爲「理想型」，其特點在於監察員的中心位置，以及見人而不爲人所見（seeing without being seen）的設計，即知識的非對稱性。監察員對於犯人知悉一切，然而犯人卻對監察員一無所知。在這樣的關係中，犯人的自由於此被剝奪殆盡，而監察員卻是自由的，這無須訴諸良心，卻僅須外在行爲控制即足，但也因此對象無法更有德行，然行爲將更會符合特定模式。

法律的平等性與紀律的不對稱性相反，故規訓是反法律（counter-law）的。然而，規範體系卻是由規訓權力技術予以維持。社會化的過程，即是透過不同場所使得肉體更爲順從，透過技術性操演使得動作被編碼。尤其是，當代資本主義社會的工作占據個人絕大多數時間，柔順肉體因此被打造而出。亦即，社會化的過程即在去個人化的同時建構主體，刑法與刑罰從未爲消滅違法而存，卻是在區分、分配、利用，將違法者予以征服。

第四章，首先目的（end, purpose）必須區分於意義與功能，代表的是爲了該取向而有意義；意義是使得事物被正當化的依據，這可包括目的的正當性，包括目的的與非目的的；功能所代表的則是事物在現實上所產生的狀態。懲罰的定義是「一種惡（evil），作爲一種惡由人類機構（human agency）刻意施加於違犯者（offender），而此機構是被違犯者違反之法律的法秩序所授權」。而惡的意義是指「『惡』在這裡採取一個正式的意思，代表著『任何人們不想要被施加的東西』」，包括肉體與精神上的。而本書沒有區分惡與壞的必要，違犯者是指違犯之人，違犯是指刑法的違反，並且懲罰預設懲罰主體存在，故而懲罰者與被懲罰者永不同一，這排除了自我懲罰。

懲罰不僅是政治問題也是道德問題，在義務論式的應報理論中，正義是無可妥協的絕對價值。康德認爲，是平等原則讓懲罰使正義成爲自己的準則，正義是定言令式——先驗建立的普遍法則，其特質爲公正（just）與應得（desert）。遵循定言令式並非爲了追求任何更好的後果——更高的善，而是若無法遵循就不成爲人。所謂定言令式是指「除非我也願意格律應成爲普遍法則，否則不當有所行動」。也就是客觀上無關其他目的、必然的、自身即爲善，且定言令式命令的是格律而非行爲本身。存有者依照意志行動所產生作用的因果性，即爲自由；或說，將愛好從屬於普遍道德律的能力，而這意志即爲實踐理性，人作爲理性者不僅遵從法則，更是自我的立法者。亦即，不僅必須遵守義務，而必須有義務動機——出於義務，如此的意志原則本身將具有道德價值，此即善的意志。定言令式的檢驗是以，若格律成爲普遍法則將自我矛盾而毀滅，即非定言而是假言。人即目的的論式，則是有理性者始終爲目的自身而非（僅是）工具，而當每個有理性者依照相同理性根據如此設想「有理性者作爲目的自身而存在」的主觀原則時，即成爲客觀原則。去除有理性者的個別差異與個人目的內容後，將能想像依秩序結合成的整體——目的王國，而這就是道德秩序社會。應報主義所描繪的即爲道德上的秩序社會。

黑格爾從客觀面與主觀面正當化應報懲罰。客觀面，違犯是無效的（null），然因其作爲對權力的否定卻是存於法的脈絡中，故其因對自身的否定而內在矛盾，懲罰則是對此否定的否定——第二強制，透過使違犯無效來展現違犯的無效，基此以正當化懲罰；主觀面，違犯作爲特殊意志對立於普遍意志，故而不僅傷害被違反權利的人，也傷害違犯者自身的普遍意志，而普遍意志——包括違犯者自身的意志——因其絕對性對違犯要求懲罰。同時，個人的特殊意志也因其作爲理性存在者，而使得行動具有普遍性格，違犯行爲的規則對立於法的權利原則而不普遍有效；但對違犯者而言，因其透過行動主張此規則，故而對其有效，因此可以該規則對待之。所謂應得（desert），即「一個人應該從他過去或現在行善的對象身上得到善報，而應該從他過去或現在爲惡的對象身上得到惡報」。懲罰是公正應報的展現，應報（retribution）的拉丁語源re tribuo即是回報（pay back）。換言之，懲罰是公正的應報（付償），即暗示犯罪者應付出代價。

復仇（revenge）、報復（retalion）與應報（retribution）是不同的概念。復仇是自然狀態中無節制地基於正義所爲；而後發展出的報復，以同害報復法則的「以牙還牙，以眼還眼」爲依據；被誤解爲野蠻的法則，但實際卻是社群對於復仇的節制，而再昇華至應報則是以應得（desert）爲核心。其間的演化在於對違犯之惡行的不同回應，亦即，對事物之間是否相等的評價標準的進化，故當代應報理論的問題在於，如何正當化天秤（是否等價）的正當性。例如，無期徒刑如何能稱作是對於殺人犯的應得懲罰？對此，本書認爲參照同害報復法則，我們可以知道即便同屬「牙」、「眼」之種類，但實際上必然有各種特殊性質的差異，然若以正義作爲標準能使得兩方被評價爲相等，因此我們即便以不同的刑種對應不同的犯行，仍有可能符合應得、公正、正義的要求。然我們所證成的是應報是否作爲標準，亦即「懲罰是否該是應報的？」而非「如何的懲罰才是應報的？」，因前者方爲前提，故後者無需此論。價值（包括正義）的內涵並非恆久不移，具有普遍性的是正義的形式，內容則由不同的因素諸如文化予以填充。而消極應報認爲，應得只是必要條件，排除對無罪者的懲罰但不對有罪者要求懲罰，禁止不合比例懲罰，設有上限但無下限，故無須比例上完全考量行爲的嚴重程度，且或會結合其他後果式的考量；積極應報則是將應得作爲充分且必要之條件，懲罰須合比例，且不能懲罰無罪者，更要求應對有罪者懲罰。

威嚇理論的倫理學基礎是功利主義，主張苦與樂主宰人，苦樂告訴我們「應該」做什麼，其等之衡量即爲道德標準的依據，整體最大幸福即爲功利主義所追求的可欲狀態。道德語言都要經過「效益」（utility）轉譯，故而正義、公正、應得，至多僅因其重量勝於其他道德概念，然卻無絕對性。而本書以邊沁式的單一標準功利主義爲據即足，好壞的標準即爲苦樂的強度與持續期間，更高的美德就是更強、更久的快樂，能把功利最大化的（樂大於苦）就是對的、好的；或說好的就是對的（good is right）。事物之所以可欲若非因其本身具有快樂，即因事物能趨樂避苦，義務的衝突也只有透過效益的衡量來做出決定，即便是正義也不例外。因正義來自於「欲望」，而這使其並不絕對地超越於其他從欲望所衍生的道德概念。而懲罰雖然是帶來苦痛的惡害，但在功利主義對於理性人的假設中，能因其帶來更少苦痛的狀態——更多快樂，而被正當化。霍布斯也認爲，懲罰間的因果性才能形塑國民，以及在效益上與敵意區分。

懲罰的後果有預防與滿足：前者分爲特定與普遍，特定的預防效果有使罪犯無能、改正與威嚇；而普遍的預防則是在威嚇理論中最重要的追求，爲其正當性主要來源所在。蓋因使最大多數人被威嚇進而減少犯罪，將使懲罰所帶來的惡害因其所減少的惡害所帶來的善果而能被正當化；後者則是經由有形補償如財產，以及報復滿足作爲懲罰的後果。懲罰的衡量如邊沁所述，以不少於犯罪利益爲底線，以及隨著違犯嚴重程度提升懲罰程度，並以達成目的所必須者爲限。而懲罰的特性有：一、展示性：懲罰的兩種價值中，表象價值相較於眞實價值是威嚇理論懲罰主要所追求的目標，故而即便是對有罪者的懲罰，若無法產生表象價值那麼也會因爲沒有好的後果是不正當的，不過必須同時衡平表象價值與眞實價值之間的比例；二、受歡迎性：是指懲罰若不受歡迎，則會使得效益減低，甚至弱化法秩序，故而至少應使懲罰不會不受歡迎；三、可回復性：係指因裁判並非無誤，故若無可修復時將會使得因懲罰帶來惡害卻無效益，而無法被正當化。

復歸理論與威嚇理論所共同的是倫理學都站在後果主義式的思維上，然差異處即在，以何種方式追求可欲的後果。前者是希冀透過對人的改善使其自始斷絕犯罪之念；後者則是透過理性人的假設以懲罰作爲反誘因嚇阻人民犯罪。李斯特（Franz von Liszt）在馬堡綱領（Marburger Programm）所提出對於不同種犯罪類型的矯治中，對於有矯治可能的犯罪行爲人並非以隔離或是威嚇卻是以矯治的方式應對，即爲此思想的產物。所謂復歸指涉的是復歸於社會，亦即將個人「重塑」——再社會化，使成爲社會的成員。而其亦爲我國監獄行刑法第一條開宗明義所指明的目的。如同李斯特所說：「最好的刑事政策就是社會政策。」犯罪者在此思想中並非罪犯，而是偏差者、病人，故需要透過各種措施「治療」，使其「完善化」。修復式正義與復歸理論有所關聯，雖共享對於社會關係的關注，但是以罪犯、被害人以及廣大社群間，因犯罪破壞之關係的修復爲方法，主要以各方對程序的自主參與，透過罪犯的悔悟達成和解的方式來完成。然因刑罰權的權力行使從不以對象的同意爲條件，且若懲罰定義包括及於所有任何對犯罪的回應，那將會使包括公眾輿論在內的譴責也會是種「懲罰」。然而，這將會因懲罰的定義過度廣泛而成爲無效的概念。而且，修復式正義無法對應於全部的犯罪而不夠全面，故於此不被採爲懲罰理論之一。

一九七〇年後的新自由主義時代，來自政治光譜兩側批評國家福利主義以善意之名的暴力與過度浪費稅金的國家福利政策，使得民粹主義興起。刑罰民粹主義主張，大多數人的安全被枉顧，對於罪犯的過度關注使得與被害人的零和關係失衡，民粹所訴諸的感覺與直覺使得在社會變遷中——經濟復甦趨緩、國家福利政策無效、毒品犯罪叢生、全球化——不安感層升而瀕臨潰散的群體需要被重新凝聚社會連帶，這是個「正義復興」的時期。民粹主義的三個特徵分別是：區別、泛道德化、眞實人民。眞實人民在政治菁英——與普羅大眾的區別——的錯誤決策中被陷入風險，因此，大眾要收回權力以維護自身的安全，大眾才是「眞實人民」——對立於菁英。於是，民意與常識凌駕於專業與科學，同時，菁英是腐敗的，人民則是道德上正確的。民粹主義中所要求的正是法律與秩序，而秩序的政治社會狀態正是霍布斯的利維坦建構中所追求逃離於自然狀態野蠻暴死的目的，於是我們從後現代末期回歸到近現代的初期。

喬爾・費恩伯格（Joel Feinberg）提出的表達理論認爲，懲罰表達不認可、譴責、怨憤與憤慨，正義該在此面向符合犯罪，違犯引起的大眾情緒有正當性，懲罰則被正當於表達的行動，無論是J. F.史蒂芬（J. F. Stephen）以宣洩的方式理解，又或者是如A. C.尤英（A. C. Ewing）主張強化社會連帶，懲罰單向地以法律制裁同時道德譴責的方式合流。溝通理論則是表達理論的修正，以R. A.杜夫（R. A. Duff）的溝通理論爲主，認爲懲罰不只是單向的訊息傳達卻是雙向的呼應，透過懲罰將公共的不認可表達予罪犯，再經由罪犯對公共表達悔悟，經由懲罰說服罪犯悔悟並與錯行對象和解。嚴厲處罰與宣判共構溝通整體，在對話過程中罪犯都有拒絕的自由，接受者則如同經歷取得復歸資格的儀式——世俗的悔罪。於此，個人不僅作爲接收訊息的客體，亦是得以傳達訊息的主體，懲罰程序並非進行排除，卻是透過包容使得罪犯不因錯行即摧毀社群連帶，表達式正義的排除被溝通性的包容給取代。而溝通並非強迫對象遵從法律，卻是訴諸良心道德理解，而此即爲將主體作爲主體予以對待的理論。

在本書的考察中，我們可以知道的是國家是在秩序的追求——遠離自然狀態中的暴虐中形成，據此懲罰也必須被置放在主權的脈絡中予以理解；亦即，當代國家的懲罰是統治權的行使，而非僅爲措施，故有正當化的需求。在政治上是對於秩序的維持，以取得正當性，然而，此非唯一的正當性需求。

此故，本書認爲懲罰的意義是雙層的，分別是政治上的與道德上的。功利主義所訴諸的道德上的善並非倫理上可被接受的理論，即便結合於消極式應報也不是個選項，遑論因此的混合所產生的知識基礎衝突問題。然而，政治現實中對於秩序的需求是社會成立的根本，此故，政治上的正當性當以威嚇理論所訴諸的秩序維持爲據；而在道德上同樣也有正當性的需要，且此亦爲秩序的追求——道德秩序。在康德與黑格爾的理論中都將肉體與精神予以二分，我們所顧及的並非單純個人肉體的自我保存，而是人作爲道德主體的精神性存在，基此，在倫理上證成懲罰的正是將人作爲主體予以對待的應報理論，且爲積極應報理論。我們不僅不能懲罰無罪者，更必須對有罪者要求懲罰，這並不爲任何更好的後果，僅因若我們不如此實踐正義即無法作爲人——主體——而存在，同時，罪犯也不被作爲人而對待。惟無論如何，兩者都是「規範性—應然」的理論，故將免疫於所有來自於「事實性」的批評。

不將人作爲人予以對待，即爲我們應拒斥復歸理論的理由，即便此爲現行我國獄政所宣稱要追求的目的。然而，我們從不應因現實而更改理想，卻是應依理想調整現實的取徑。若在道德上我們要接受威嚇理論，即是把政治上的正當性轉化爲道德上的正當性，那麼我們也就必須接受例如爲了滿足全世界除了一個人的快樂，直播虐殺該人（假設大家對虐殺感到快樂）所帶來的痛苦被所帶來的快樂凌駕而正當化。固然這是極端的推論，但仍在推證的途徑上，而若我們認爲這是不道德的，那我們就無法接受功利主義作爲倫理學上證成懲罰意義的論據。故而，於本書所採取倫理上的應報理論立場，即便再小的錯誤，我們都應該要咎責，因爲正義是無從妥協的價值，而這是我們作爲主體存在的方式。

政治上必須追求的秩序是安全，道德上必須追求的秩序則是正義。

附錄　參考文獻[1]

[1] 依字母或筆畫排序。

壹、中文

一、書籍

1. A. Camus，嚴慧瑩譯，《反抗者》，大塊文化出版，二〇一四年四月。
2. A. Camus，石武耕譯，《思索斷頭台》，二版，無境文化出版，二〇一五年。
3. A. de Tocqueville，李焰明譯，《舊制度與大革命》，時報出版，二〇一五年十月。
4. A. Dershowitz，黃煜文譯，《你的權利從哪裡來？》，商周出版，二〇〇七年三月。
5. A. G. Johnson，成令方、林鶴玲、吳嘉苓譯，《見樹又見林：社會學作為一種生活、實踐與承諾》，二版，群學出版，二〇〇一年六月。
6. A. Giddens，簡惠美譯，《資本主義與現代社會理論：馬克思．涂爾幹．韋伯》，遠流出版，二〇一五年。
7. Arif Dirlik，馮奕達譯，《殖民之後？：臺灣困境、「中國」霸權與全球化》，衛城出版，二〇一八年五月。
8. Aristotle，高思謙譯，《尼各馬科倫理學》，二版，臺灣商務出版，二〇〇六年。
9. B. Anderson，吳叡人譯，《想像的共同體》，時報出版，一九九九年四月。
10. B. Dreisinger，陳岳辰譯，《把他們關起來，然後呢？九個國家監獄現場實錄，重思公平正義與應報懲罰》，商周出版，二〇一六年三月。
11. C. Beccaria，李茂生譯，《犯罪與刑罰》，二版，協志工業出版，二〇〇七年四月。

12. C. Schmitt，姚朝森譯，《政治性的概念》，聯經出版，二〇〇五年。
13. C. Taylor，李尚遠譯，《現代性中的社會想像》，商周出版，二〇〇八年。
14. D. Edmonds，劉泗翰譯，《你該殺死那個胖子嗎？為了多數人幸福而犧牲少數人權益是對的嗎？我們今日該如何看待道德哲學的經典難題》，漫遊者文化出版，二〇一七年二月。
15. D. F. Ford，李四龍譯，《神學》，牛津大學出版，二〇一六年。
16. D. Fassin，林惠敏譯，《懲罰的三大思辨：懲罰是什麼？為何要懲罰？懲罰的是誰？》，二〇一九年十一月。
17. D. Garland，周盈成譯，《控制的文化：當代社會的犯罪與社會秩序》，巨流圖書出版，二〇〇六年五月。
18. D. Garland，劉宗為、黃煜文譯，《懲罰與現代社會》，商周出版，二〇〇六年五月。
19. D. H. Wrong，高湘澤、高全余譯，《權力：它的形式、基礎和作用》，桂冠圖書出版，二〇〇〇年。
20. E. Cassirer，黃漢青、陳衛平譯，《國家的神話》，成均出版，一九八三年五月。
21. E. Craig，曹新宇譯，《哲學》，牛津大學出版，二〇一六年。
22. E. Fromm，劉宗為譯，《逃避自由：透視現代人最深的孤獨與恐懼》，木馬文化出版，二〇一六年。
23. Émile Durkheim，許德衍譯，《社會學方法論》，二版，臺灣商務出版，二〇一〇年。
24. Erving Goffman，徐江敏譯，《日常生活中的自我表演》，桂冠圖書出版，一九九二年。

25. Étienne de La Boétie，孫有蓉譯，《自願為奴》，想像文化出版，二〇一六年五月。
26. F. A. Hayek，殷海光譯，《到奴役之路》，國立臺灣大學出版中心出版，二〇一六年。
27. Friedrich Nietzsche，《論道德的系譜：一本論戰著作》，大家出版，二〇一七年四月。
28. G. Radbruch，王怡蘋、林宏濤譯，《法學導論》，二版，商周出版，二〇一一年九月。
29. H. L. A. Hart，許家馨、李冠宜譯，《法律的概念》，二版，商周出版，二〇一〇年。
30. I. Kant，李明輝譯，《道德底形上學之基礎》，聯經出版，一九九〇年三月。
31. I. Kant，李明輝譯，《道德底形上學》，聯經出版，二〇一五年三月。
32. I. Kant，李明輝譯，《康德歷史哲學論文集》，二版，聯經出版，二〇一五年。
33. J. Dunn，王晶譯，《為什麼是民主？》，聯經出版，二〇〇八年七月。
34. J. J. Rousseau，何兆武譯，《社會契約論》，唐山出版，一九八七年。
35. J. J. Rousseau，苑舉正譯，《德行墮落與不平等的起源》，聯經出版，二〇一七年。
36. J. Locke，葉啓芳、瞿菊農譯，《政府論次講》，唐山出版，一九八六年。
37. J. Morrow，李培元譯，《政治思想史》，韋伯文化出版，二〇〇四年三月。
38. J. S. Mill，孟凡禮譯，《論自由》，二版，五南圖書出版，二〇一五年。
39. J. S. Mill，邱振訓譯，《效益主義》，暖暖書屋出版，二〇一七年七月。
40. Jan-Werner Muller，林麗雪譯，《解讀民粹主義》，時報出版，二〇一八年七月。
41. José Ortega y Gasset，謝伯讓、高薏涵譯，《哲學是什麼》，商周出版，二〇一七年。
42. K. Farringdon，陳麗紅、李臻譯，《刑罰的歷史》，究竟出版，二〇〇五年四月。

43. K. Minogue，龔人譯，《政治學》，牛津大學出版，二〇一六年。
44. M. Abensour，吳坤墉譯，《倡議一個批判的政治哲學：條條道路》，無境文化出版，二〇一〇年一月。
45. M. J. Sandel，樂為良譯，《正義：一場思辨之旅》，雅言文化出版，二〇一一年三月。
46. M. J. Sandel，蔡惠伃、林詠心譯，《為什麼我們需要公共哲學：政治中的道德問題》，麥田出版，二〇一五年。
47. M. Webber，康樂等譯，《支配的類型：韋伯選集（III）》，二版，遠流出版，二〇〇六年。
48. M. Webber，顧忠華譯，《社會學的基本概念》，遠流出版，二〇一六年。
49. M. Webber，李中文譯，《以政治為志業》，暖暖書屋出版，二〇一八年九月。
50. Michel Foucault，劉北成譯，《規訓與懲罰：監獄的誕生》，桂冠圖書出版，一九九二年十二月。
51. N. Dodd，張君玫譯，《社會理論與現代性》，巨流圖書出版，二〇一三年。
52. N. Postman，吳韻儀譯，《通往未來的過去》，臺灣商務出版，二〇〇〇年五月。
53. Niccolò di Bernardo dei Machiavelli，閻克文譯，《君主論》，臺灣商務出版，二〇一四年。
54. P. Baert，何昭群譯，《社會科學哲學：邁向實用主義》，群學出版，二〇一一年四月。
55. Patrice Canivez，李沅洳譯，《什麼是政治行動？》，開學文化出版，二〇一六年十二月。
56. Plato，王曉朝譯，《法篇》，左岸文化出版，二〇〇七年六月。
57. Plato，謝善元譯，《柏拉圖理想國》，康德出版，二〇一二年九月。

58. Q. Skinner，蕭高彥譯，《政治價值的系譜》，聯經出版，二〇一四年八月。
59. R. A. Ferguson，高忠義譯，《失控的懲罰：頗析美國刑罰體制現況》，商周出版，二〇一四年十二月。
60. R. Dworkin，梁永安譯，《沒有神的宗教》，立緒文化出版，二〇一五年五月。
61. R. R. Palmer, J. Colton, and L. Kramer，孫福生、陳敦全、周鴻臨譯，《現代世界史前篇：從歐洲興起到一八七〇年》，麥格羅希爾與五南圖書合作出版，二〇一五年。
62. R. R. Palmer, J. Colton, and L. Kramer，董正華、陳少衡、牛可譯，《現代世界史後篇：一八七〇年起》，麥格羅希爾與五南圖書合作出版，二〇一三年。
63. S. Bruce，李康譯，《社會學》，牛津大學出版，二〇一六年。
64. S. Fuller，郭寶蓮、吳佳綺譯，《新社會學的想像》，韋伯文化出版，二〇一二年三月。
65. S. Lukes，林葦芸譯，《權力：基進觀點》，商周出版，二〇一五年。
66. Z. Bauman，楚東平譯，《自由》，桂冠圖書出版，一九九二年。
67. Z. Bauman，朱道凱譯，《社會學動動腦》，群學出版，二〇〇六年。
68. Z. Bauman，李培元譯，《後現代性與政治》，韋伯文化出版，二〇〇九年二月。
69. 吳庚，《韋伯的政治理論及其哲學基礎》，聯經出版，一九九三年五月。
70. 林山田，《刑法通論（上）》，增訂十版，林山田出版，二〇〇八年一月。
71. 林山田，《刑法通論（下）》，增訂十版，林山田出版，二〇〇八年一月。
72. 林山田，《刑罰學》，臺灣商務出版，二〇一五年。

73. 林火旺，《倫理學》，二版，五南圖書出版，二〇一六年。
74. 姚朝森，〈韋伯與許密特論現代國家與政治〉，收錄於：蔡英文、張福建主編，《政治思潮與國家法學——吳庚教授七秩華誕祝壽論文集》，元照出版，二〇一〇年一月。
75. 張旺山，〈韋伯的「國家」概念〉，收錄於：蔡英文、張福建主編，《現代性的政治反思》，中研院人社中心出版，二〇〇七年十二月。
76. 張旺山，〈國家理性〉，收錄於：吳庚教授七秩華誕祝壽論文集編輯委員會編，《政治思潮與國家法學——吳庚教授七秩華誕祝壽論文集》，元照出版，二〇一〇年一月。
77. 張旺山，〈論「近代國家」概念〉，收錄於：林從一編，《哲學分析與視域交融》，國立臺灣大學出版中心出版，二〇一〇年五月。
78. 張金鑑，《西洋政治思想史》，六版，三民出版，一九九四年二月。
79. 黃榮堅，《基礎刑法學（上）》，四版，元照出版，二〇一二年三月。
80. 黃榮堅，《基礎刑法學（下）》，四版，元照出版，二〇一二年三月。
81. 蔡英文，〈現代政治之基礎及其正當性之理據：社會契約論蘊含的民主與自由主義的緊張〉，收錄於：蔡英文、張福建主編，《現代性的政治反思》，中研院人社中心出版，二〇〇七年十二月。
82. 蔡英文，《從王權、專制到民主》，聯經出版，二〇一五年十二月。
83. 蕭高彥，〈霍布斯早期的民主理論〉，收錄於：吳庚教授七秩華誕祝壽論文集編輯委員會編，《政治思潮與國家法學——吳庚教授七秩華誕祝壽論文集》，元照出版，二〇一〇年一月。
84. 薩孟武，《政治學》，二版，三民出版，二〇〇八年六月。
85. 薩孟武，《西洋政治思想史》，六版，三民出版，二〇一一年八月。

二、期刊

1. T. B. Strong，萬毓澤譯，〈政治性的神聖特質：重新思考霍布斯與施密特〉，《政治與社會哲學評論》，二十二期，頁一—六三，二〇〇七年九月。
2. Tatjana Hörnle，鍾宏彬、李立暐譯，〈刑罰理論〉，《刑事法雜誌》，五十七卷五期，頁一一一—一六〇，二〇一三年十月。
3. 王振寰、錢永祥，〈邁向新國家？民粹威權主義的形成與民主問題〉，《台灣社會研究季刊》，二〇期，頁一七—五五，一九九五年八月。
4. 王效文，〈刑罰目的與刑法體系——論Günther Jakobs功能主義刑法體系中的罪責〉，《成大法學》，三〇期，頁一五一—二三一，二〇一五年十二月。
5. 江宜樺，〈西方「政治」概念之分析〉，《政治與社會哲學評論》，十二期，頁一—五七，二〇〇五年三月。
6. 吳豐維，〈何謂主體性？一個實踐哲學的考察〉，《思想》，四期，頁六三—七八，二〇〇七年一月。
7. 周保松，〈自由的優先性〉，《二十一世紀雙月刊》，五十八期，頁一四四—一四七，二

○○○年四月。
8. 周家瑜，〈為何不需要一個世界政府？——霍布斯論國際關係與自然狀態的（不）完美類比〉，《人文及社會科學集刊》，二十七卷三期，頁四四五—四七○，二○一五年九月。
9. 周家瑜，〈史特勞斯論洛克〉，《人文及社會科學集刊》，二十九卷二期，頁二一三—二四○，二○一七年六月。
10. 周漾沂，〈刑罰的自我目的性——重新證立絕對刑罰理論〉，《政大法學評論》，一四七期，頁一—六八，二○一六年十二月。
11. 林淑芬，〈傅柯論權力與主體〉，《人文及社會科學集刊》，十六卷一期，頁一一七—一五○，二○○四年三月。
12. 徐賁，〈從懲罰到權利的法律正義〉，《二十一世紀雙月刊》，八十三期，頁一○九—一一六，二○○四年六月。
13. 張旺山，〈韋伯的「文化實在」觀念：一個「方法論」的分析〉，《人文及社會科學集刊》，九卷二期，頁一—三八，一九九七年六月。
14. 張旺山，〈亞當與近代國家〉，《當代》，十一期，頁一四—二三，一九九八年五月。
15. 張旺山，〈史密特的決斷論〉，《人文及社會科學集刊》，十五卷二期，頁一八五—二一九，二○○三年六月。
16. 張旺山，〈國家的靈魂：論史密特的主權概念〉，《政治與社會哲學評論》，十二期，頁九五—一四○，二○○五年三月。

17. 梁裕康，〈《利維坦》及其當代之詮釋〉，《二十一世紀雙月刊》，六十八期，頁一四二—一五〇，二〇〇一年十二月。
18. 梁裕康，〈屬靈的或屬世的？論霍布斯的政教關係理論〉，《政治科學論叢》，七十一期，頁一—四〇，二〇一七年三月。
19. 許家馨，〈應報即復仇——當代應報理論及其對死刑之意涵初探〉，《中研院法學期刊》，十五期，頁二〇七—二八二，二〇一四年九月。
20. 許國賢，〈恐懼感與政治〉，《人文及社會科學集刊》，十二卷一期，頁七九—一〇一，二〇〇〇年三月。
21. 許國賢，〈德性、干預與個人自由〉，《政治科學論叢》，二〇期，頁一—二八，二〇〇〇年三月。
22. 郭秋永，〈對峙的權力觀：行為與結構〉，二〇期，頁二九—七八，二〇〇四年六月。
23. 郭秋永，〈權力概念的解析〉，《人文及社會科學集刊》，十八卷二期，頁二一五—二六七，二〇〇六年六月。
24. 郭秋永，〈行動的意義：一個社會科學的觀念〉，《政治與社會哲學評論》，二十七期，頁一〇五—一六五，二〇〇八年十二月。
25. 陳志龍，〈刑法目的與預防理論〉，《臺大法學論叢》，二十三卷一期，頁一一五—一五六，一九九三年十二月。
26. 陳欣之，〈霸權治理的省思：權力消長與權威起伏〉，《問題與研究》，四十九卷一期，頁五九—八六，二〇一〇年三月。

27. 陳建綱，〈效益主義的發軔：初探邊沁的政治思想〉，《人文及社會科學集刊》，二十九卷四期，頁五二七—五六二，二〇一七年十二月。

28. 陳思賢，〈政治哲學：政治生活的解釋或意識形態之表達——區克夏政治哲學初探〉，《政治科學論叢》，三期，頁三五—六三，一九九一年十二月。

29. 陳思賢，〈『個人自由』或『公共權威』？——簡論區克夏詮霍布斯〉，《政治科學論叢》，五期，頁八七—九七，一九九三年四月。

30. 陳瑞崇，〈利維坦的雙足：恐懼與驕傲〉，《思與言：人文與社會科學雜誌》，四十三卷四期，頁一—四四，二〇〇五年十二月。

31. 陳瑞崇，〈論利維坦的命令：「我們要造人」〉，《政治科學論叢》，三〇期，頁六一—九六，二〇〇六年十二月。

32. 陳嘉銘，〈「創造出公民，要什麼就都有了」？論盧梭的自由、愛國主義和實現共和的弔詭〉，《人文及社會科學集刊》，二十六卷二期，頁一七五—二二八，二〇一四年六月。

33. 曾慶豹，〈利維坦與政治神學：一個現代性的批判〉，《政治與社會哲學評論》，五期，頁二一九—二五五，二〇〇三年六月。

34. 曾慶豹，〈史密特的「政治神學」：現代性與性中的爭論〉，《中原學報》，三十三卷四期，頁六六七—六八〇，二〇〇五年十二月。

35. 劉幸義，〈論刑罰之目的——由刑法理論、語義學與哲學角度觀察〉，《月旦法學雜誌》，一九二期，頁一五六—一六五，二〇一一年四月。
36. 劉傳璟，〈論刑罰的目的——應報之綜合理論的再建構〉，《刑事法雜誌》，五十九卷五期，頁三七—八〇，二〇一五年十月。
37. 蕭全政，〈社會科學本土化的意義與理論基礎〉，《政治科學論叢》，十三期，頁一—二六，二〇〇〇年。
38. 蕭高彥，〈共同體的理念：一個思想史之考察〉，《台灣政治學刊》，一期，頁二五七—二九五，一九九六年七月。
39. 蕭高彥，〈馬基維利論政治秩序——一個形上學的考察〉，《政治科學論叢》，九期，頁一四五—一七二，一九九八年六月。
40. 蕭高彥，〈立法家、政治空間、與民族文化——盧梭的政治創造論〉，《政治科學論叢》，十四期，頁二五—四六，二〇〇一年六月。
41. 蕭高彥，〈西塞羅與馬基維利論政治道德〉，《政治科學論叢》，十六期，頁一—二八，二〇〇二年六月。
42. 蕭高彥，〈死刑存廢：政治思想與哲學的省思〉，《思想》，十七期，頁一二一—一四一，二〇一一年一月。
43. 錢永祥，〈個人抑共同體？——關於西方憲政思想的一些想法〉，《台灣社會研究季刊》，二卷二期，頁八七—一〇六，一九九〇年十月。
44. 錢永祥，〈偉大的界定者：霍布斯絕對主權論的一個新解釋〉，《人文及社會科學集刊》，五卷一期，頁八七—一二七，一九九二年十一月。

45. 錢永祥，〈主權政治的苦腥滋味：關於晚近政潮的幾段劄記〉，《台灣社會研究季刊》，六十五期，頁二〇一—二二三，二〇〇七年三月。

46. 謝世民，〈政治權力、政治權威與政治義務〉，《政治與社會哲學評論》，一期，頁一—四一，二〇〇二年六月。

47. 謝世民，〈政治哲學如何與身處的社會互動：一個台灣哲學家的嘗試〉，《思想》，十三期，頁二二三—二三五，二〇〇九年十月。

48. 謝煜偉，〈重新檢視死刑的應報意義〉，《中研院法學期刊》，十五期，頁一三九—二〇六，二〇一四年九月。

49. 鍾立文，〈霍布斯的神學政治觀〉，《政治與社會哲學評論》，二十七期，頁五一—一〇四，二〇〇八年十二月。

50. 顏厥安，〈民主社會的合法性與正當性〉，《思想》，十一期，頁一六三—一七一，二〇〇九年三月。

51. 蘇文流，〈洛克的同意論〉，《政治科學論叢》，十七期，頁一九九—二二八，二〇〇二年十二月。

52. 顧忠華，〈論社會科學的開放性與公共性〉，《臺灣社會學刊》，三十五期，頁一—一二，二〇〇五年十二月。

三、學位論文

1. 李韋均，〈利維坦的兩種面貌：施密特對霍布斯國家學說的詮釋與改造〉，國立中山大學碩士論文，二〇〇九年。
2. 周尜慧，〈刑罰民粹主義對台灣刑事政策的影響〉，國立中正大學法律學研究所碩士論文，二〇一五年一月。
3. 游惠瑜，〈刑罰理論的倫理學基礎〉，中央大學哲學研究所碩士論文，一九九一年。

貳、英文

一、書籍

1. Bennedict Anderson, *Imagined Communities: Reflections on the Origin and Spread of Nationalism*, 2nd ed. (New York: Verso, 2006).
2. Bodin, Jean, *Six Books of the Commonwealth*, translated by M. J. Tooley (U.S.: Seven Treasures Publications, 2009).
3. Carl Schmitt, *Political Theology: Four chapters on the Concept of Sovereignty*, translated by Schwab, George (Chicago: University of Chicago Press, 2005) (1992).
4. David Ross, *The Right and the Good*, edited by Philip Stratton-Lake, 2nd ed. (NY: Clarendon

Press, 2003).

5. Erich Fromm, *Escape from Freedom*, pp. 287-288 (NY: Open Road Integrated Media, 2013).

6. Honderich, Ted, *Punishment: The Supposed Justifications Revised* (London: Pluto Press, 2006).

7. Igor Primoratz, *Justifying Legal Punishment* (NY.: Humanity Books, 1997).

8. John C. H. Wu, *Juridical Essays and studies* (Shanghai: Commercial Press, 1928).

9. John Pratt, *Penal Populism* (New York: Routledge, 2006).

10. Keally Mcbride, *Punishment and Political Order* (Michigan: University of Michigan Press, 2007).

11. R. A. Duff, *Punishment, Communication, and Community* (Oxford: Oxford University Press, 2003).

12. Thom Brooks, *Punishment* (NY.: Routledge, 2013).

13. Thomas Hobbes, *Leviathan* (London: Penguin Classics, 1982).

14. Thomas Paine, *Common Sense* (NY.: Dover Publications, 1997).

二、專書論文

1. Fergus McNeil, "When Punishment is Rehabilitation," in *Encyclopedia of Criminology and Criminal Justice*, edited by Gerben Bruinsma and David Weisburd, pp. 4195-4206 (NY: Springer, 2014).

2. James Rachels, "Punishment and Desert," in *Ethics in Practice: An Anthology*, edited by Hugh LaFollette, pp. 470-479 (Oxford:Basil Blackwell, 1997).

3. Richard J. Arneson, "Desert and Equality," in *Egalitarianism: New Essays on the Nature and Value of Equality*, edited by Nils Holtug and Kasper Lippert-Rasmussen, pp. 262-293 (Oxford: Clarendon Press, 2006).

4. Ristroph, Alice, "Hobbes on 'Diffidence' and the Criminal Law," in *Foundational texts in Modern Criminal Law*, edited by Markus Dubber, pp. 23-39 (Oxford: Oxford University Press, 2014).

三、期刊

1. Bronsteen, J., Buccafusco, C., and Masur, J. S., "Retribution and the Experience of Punishment," *98 California Law Review*, pp. 1463-1496 (2010).

2. Burns, J. H., "Happiness and Utility: Jeremy Bentham's Equation," *17 Utilitas*, pp. 46-61 (2005).

3. C. S. Lewis, "The Humanitarian Theory of Punishment," *13 Religion and Psychotherapy*, pp. 147-153 (1987).

4. Claire Finkelstein, "Punishment as Contract," *8 Ohio State Journal of Criminal Law*, pp. 319-340 (2011).

5. Cohen, S. A., "An Introduction to the Theory, Justifications and modern Manifestations of Criminal Punishment," *27 Mcgill Law Journal*, pp. 73-91 (1981).

6. Dagger, R., "Social Contracts, Fair Play, and the Justification of Punishment," *8 Ohio State Journal of Criminal Law*, pp. 341-368 (2011).

7. Dahl, Robert A., "The Concept of Power," *2 Behavioral Science*, pp. 201-215 (1957).
8. Hanna, N., "Say What? A Critique of Expressive Retributivism," *27 Law and Philosophy*, pp. 123-150 (2007).
9. Herbert Morris, "Persons and Punishment," *52 The Monist*, pp. 475-501 (1968).
10. J. Bronsteen, "Retribution's Role," *84 Indiana Law Journal*, pp. 1129-1156 (2009).
11. J. Cottingham, "Varieties of Retribution," *29 The Philosophical Quarerly*, pp. 238-246 (1979).
12. Joel Feinberg, "The Expressive Function of Punishment," *49 The Monist*, pp. 397-423 (1965).
13. Jonathan Jacobs, "Luck and Retribution," *74 Philosophy*, pp. 535-555 (1999).
14. Kauppinen, A., "Hate and Punishment," *30 Journal of Inerpersonal Violence*, pp. 1719-1737 (2015).
15. Leo Zaibert, "Beyond Bad: Punishment Theory Meets the Problem of Evil," *36 Midwest Studies in Philosophy*, pp. 93-111 (2012).
16. Leo Zaibert, "Punishment and Revenge," *25 Law and Philosophy*, pp. 81-118 (2006).
17. Matt King, "Two faces of Desert," *169 Philosophical Studies*, pp. 401-424 (2014).
18. McDonnell, Cyril, "Why Punish the Guilty? Towards a Philosophical Analysis of the State's Justification of Punishment," *5 Maynooth Philosophical Papers*, pp. 21-34 (2009).
19. Mike C. Materni, "Criminal Punishment and the Pursuit of Justice," *2 British Journal of American Legal Studies*, pp. 263-304 (2013).
20. Mills, C. Wright, "The Structure of Power in American society," *9 The British Journal of*

Sociology, pp. 29-41 (1958).

21. Pansardi, Pamela, "Power to and power over: Two distinct concepts of power?" *5 Journal of Power*, pp. 73-89 (2012).
22. Parsons, Talcott, "On the Concept of Political Power," *107 Proceedings of the American Philosophical Society*, pp. 232-262 (1963).
23. Patrick Lenta and Douglas Farland, "Desert, Justice and Capital Punishment," *2 Criminal Law and Philosophy*, pp. 273-290 (2008).
24. Richard A. Posner, "Retribution and related Concepts of Punishment," *9 The Journal of Legal Studies*, pp. 71-92 (1980).
25. Rosebury, Brian, "Private Revenge and its Relation to Punishment," *21 Utilitas*, pp. 1-21 (2009).
26. Stillman, Peter G., "The Concept of Legitimacy," *7 Politiy*, pp. 32-56 (1974).
27. Walker, N., "Even More Varieties of Retribution," *74 Philosophy*, pp. 595-605 (1999).

1QA7

近代國家之懲罰與其正當化

作　　者 —— 曾友俞（280.9）
發 行 人 —— 楊榮川
總 經 理 —— 楊士清
總 編 輯 —— 楊秀麗
副總編輯 —— 劉靜芬
責任編輯 —— 黃郁婷、許珍珍
封面設計 —— 姚孝慈
出 版 者 —— 五南圖書出版股份有限公司

地　址 —— 台北市大安區 106 和平東路二段 339 號 4 樓
電　話 —— 02-27055066（代表號）
傳　眞 —— 02-27066100
劃撥帳號 —— 01068953
戶　名 —— 五南圖書出版股份有限公司
網　址 —— https://www.wunan.com.tw
電子郵件 —— wunan@wunan.com.tw

法律顧問 —— 林勝安律師事務所　林勝安律師
出版日期 —— 2022 年 9 月初版一刷
定　　價 —— 420 元

國家圖書館出版品預行編目資料

近代國家之懲罰與其正當化 / 曾友俞著 . -- 初版 -- 臺北市 :
五南圖書出版股份有限公司 , 2022.09
面 ; 公分
ISBN 978-626-317-803-8(平裝)

1.CST: 國家

571.1　　111005619